KB036110

기억 전쟁

가해자는 어떻게
희생자가 되었는가

임지현 지음

Humanist

차례

프롤로그 기억은 산 자와 죽은 자의 대화이다   9

1부 기록에서 증언으로

1. 진짜보다 더 진짜 같은 가짜   21
   진짜와 가짜의 경계 | 가짜의 호소력 | 기억의 회색지대 | 재현의 리얼리즘

2. 아우슈비츠의 아포리아   31
   "나는 거기 없었다" | 실증주의와 홀로코스트 | 부정의 실증주의 |
   홀로코스트를 둘러싼 기억 전쟁 | '지적 기억' 대 '깊은 기억'

3. 홀로코스트, 법정에 서다   41
   누가 누구의 명예를 훼손했는가 | 의도적 왜곡인가, 의도치 않은 오류인가 |
   실증의 이름으로 증인을 핍박하다 | 학문의 자유와 법적 규제 |
   사법적 정의와 역사적 진실

4. 부정론자 인터내셔널   55
   누가 홀로코스트를 기획했는가 | 팔레스타인에 혐의를 씌우다 |
   부정론자들의 국제적 연대 | 부정론의 세 가지 범주 |
   부정론에 맞서는 기억의 연대

2부 실존의 회색지대

1. 전사자 추모비와 탈영병 기념비   69

   탈영병을 위한 기념비 | 진정한 영웅은 누구인가 | 민족적 대의와 인간적 권리 |
   전사자 숭배의 신화

2. 공범자가 된 희생자   82

   어느 시인의 문학적 고발 | 부끄러움의 해방적 역할 | 방관자에서 공범자로 |
   희생자, 가해자 그리고 방관자 | 피로 쓰인 풀뿌리 기억

3. 희생자가 된 가해자   94

   재현된 홀로코스트 | 베일 뒤에 숨은 가해자 | 전도된 희생자의식 |
   역사의 제단에 바쳐진 '순결한 양'

4. 영웅 숭배와 희생자의 신성화   107

   영웅들의 후일담 | 홀로코스트를 경멸한 시오니스트 |
   반공주의와 미국의 유대인들 | 영웅적 전사에서 원통한 희생자로 |
   경쟁하는 희생자의식

5. 아우슈비츠와 천 개의 십자가   119

   현실사회주의와 반유대주의 | 폴란드 순교자와 유대인 희생자 |
   아우슈비츠의 수녀원 | 십자가 전쟁 | 홀로코스트와 일본 기독교

6. 히틀러와 스탈린 사이에서   131

   동유럽의 딜레마 | '피투성이의 땅' | 스탈린주의와 나치즘 |
   경쟁하는 기억, 연대하는 기억

7. 1942년 유제푸프와 1980년 광주   145

   그들에겐 학살자가 되지 않을 기회가 있었다 |
   타인의 목숨보다 소중한 나의 체면 | 아주 평범한 얼굴을 한 '수동적 공범' |
   1980년 광주와 자기 성찰의 기억

3부 국경을 넘는 기억들

1. 아르메니아 제노사이드와 일본군 '위안부'   159

   글렌데일의 소녀상 | 이민자들의 기억과 희생의 연대 |
   이주하는 기억과 내면적 지구화

2. 안네 프랑크와 넬슨 만델라   170

   숨겨진 두 페이지 | 남아프리카공화국으로 간 《안네의 일기》 |
   나치즘과 아파르트헤이트 | 변명과 비판 사이에서

3. 홀로코스트와 미국 노예제   180

   워싱턴의 홀로코스트 | 흑인과 유대인, 그 눈물의 연대 | 제노사이드와 노예제 |
   인종주의는 피부색의 문제가 아니다 | 더 많은 손을 내밀기 위하여

4. 식민주의와 홀로코스트   193

   아프리카의 괴링 | 나미비아 원주민 학살과 히틀러 |
   슬라브 동유럽과 '하얀 검둥이' |
   '서양' 지식인들은 왜 나치의 폭력에만 분노할까 |
   홀로코스트가 내장된 근대 문명

5. 홀로코스트와 제3세계   207

   식민주의 제노사이드와 홀로코스트 | 베트남과 뉘른베르크 |
   베트남전쟁이 일깨운 난징대학살 | 홀로코스트와 일본군 '위안부' |
   국경을 넘는 기억들

6. 나가사키와 아우슈비츠   220

   원폭의 기억과 반전 평화 | 위령의 도시 나가사키 |
   아우슈비츠의 성인과 나가사키의 성자 | 일본, 콜베 신부를 먼저 발견하다 |
   콜베 신부의 반유대주의를 지워버리다

4부 살아남은 자의 무게

1. 경계의 기억, 기억의 경계인   235

    조선인 가해자들? | 탈영토화된 기억과 기억의 경계인들 |
    경계를 넘나드는 기억의 조각들

2. 수난담의 기억 정치   245

    역사적 상상력과 기억 | 《요코 이야기》의 탈역사성 | 과장과 거짓의 경계 |
    가해와 피해가 중첩되다 | 괄호 안에 묶인 희생

3. 용서하는 자, 용서받는 자   257

    누구를 향한 사과인가 | 용서의 어려움 | "당신이라면 어떻게 했을까?" |
    누구도 대신 용서할 수 없다

4. 논리적 반성과 양심의 가책   267

    제국의 기억과 전후 부흥 | 실종된 죄책감 | 논리적 반성에서 양심의 가책으로 |
    양심의 가책과 도덕적 정당성 | 도덕적 정당성의 비윤리성

5. 이성과 도덕이 충돌하는 야만의 역사   278

    생존의 합리성과 인간적 존엄성 | 나치의 게임 법칙 |
    히틀러를 모방한 어릿광대 | 합리적 이성의 비합리성

    에필로그 연루된 주체와 기억의 책임   291

기억은 산 자와 죽은 자의 대화이다

영화 〈강철비〉에서 배우 곽도원의 브리핑 장면을 기억하는 독자들이 꽤 있을 것이다. 청와대 외교안보수석으로 분한 그는 남북 화해의 필요성을 역설하다가 갑자기 식민지의 역사를 소환한다. 남과 북이 대결로 치달아 수백만이 희생당한 식민지의 아픈 역사를 되풀이해서는 안 된다고 말하는 그의 어조는 결연하다. 너무도 결연해서 희생자 '수백만' 명은 누구도 의심할 수 없는 권위적인 수치처럼 느껴지기까지 한다. 하지만 아시아·태평양전쟁사의 대가 존 다우어(John W. Dower)의 통계는 다르다. 그는 제2차 세계대전 당시 식민지 조선인 사망자 수를 약 7만 명으로 추정한다. 징용·징병된 후 사망한 자들과 히로시마·나가사키에서 피폭으로 사망한 자들을 합친 수치이다. 이 수치를 처음 접했을 때, 멈칫했던 기억이 아직도 생생하다.

제2차 세계대전의 사망자 수를 엄밀하게 통계내기란 어렵다. 하지만 불가능한 것은 아니다. 비교적 객관적이라 평가받는 UN의 통계에 따르면, 아시아에서는 약 1,500만 명의 사망자를 낸 중국의 희생이 가장 컸다. 중국 다음으로 사망자가 많은 곳은 인도네시아인데, 자바섬에서만 약 300만 명이 기아와 영양실조, 질병 등으로 사망했다. 이런저런 희생자를 다 합치면 약 400만에 이른다. 전쟁 막바지인 1945년에 대기근을 겪은 베트남에서는 통킹과 안남에서만 약 100만 명이 굶어 죽었다. 말레이시아는 12만 5,000명, 필리핀은 12만 명, 인도에서는 약 18만 명이 제2차 세계대전 중에 목숨을 잃었다. 그러니 7만이라는 식민지 조선의 사망자 수는 아시아 대부분의 나라보다 적다. 일본 제국주의의 가장 큰 희생자임을 강조해온 한국 사회의 역사적 상식에서 보면, 이 통계는 불편하기 짝이 없다.

역사 이해에서 통계는 불가피하지만, 사람의 생명을 수치로 환원하는 것은 경계해야 한다. 억울하게 희생된 개개인의 죽음은 다 안타깝고 슬프다. '수백만' 중 하나의 죽음이라고 해서, 7만의 하나인 죽음보다 덜 중요하거나 덜 아픈 것도 아니다. 희생자 개인이나 가족의 내밀한 기억 속에서 같이 죽은 사람의 숫자는 중요하지 않다. 내 가족과 친구가 어떻게 죽었는지가 더 중요하다. 반면에 사회적 기억에서는 수치가 더 중요하다. 수치는 어느 편이 더 많이 죽었냐는, 그래서 어느 편이 더 큰 희생을 치렀냐는 저속한 논쟁으로 이어지기 쉽다. 더 많은 희생자를 낸 측이 더 큰 도덕적 정당성을 확보하는 듯한 착각 때문이다. '우리'가 더 많이 죽었다며 으스대는 느낌을 받을 때도 있다. 통계의 마술이다. 더욱이 '역사'의 권위를 등에 업으면, 이 마술은 트릭이 아니라 엄중한 현실이 된다. 트릭이 현실을 만드는 것이다.

제2차 세계대전 당시 폴란드의 사망자 수도 그중 하나다. 폴란드 사망자 수에 관한 통설은 '600만'이다. 전쟁 발발 당시 인구가 2,400만이었으니, 전 인구의 4분의 1이 목숨을 잃은 셈이다. 최근에는 이 수를 520만까지 내려 잡는 연구들이 나와 논란이 되었다. 600만이든 520만이든, 폴란 드인들이 겪어야 했던 고통의 크기는 별 차이가 없어 보인다. 인구 비례로 볼 때 폴란드가 가장 큰 희생자였다는 주장이 흔들릴 이유도 없다. 그런데 300만 명이란 유대계 폴란드인 희생자를 감안하면, 두 통계는 의미가 크게 다르다. 사망자를 600만으로 추산할 경우 슬라브계 폴란드인 300만, 유대계 폴란드인 300만으로 희생자 수가 같지만, 520만으로 추산하면 비유대계 폴란드인 220만, 유대계 폴란드인 300만이라는 수치에 도달하게 된다. 논란의 지점은 바로 여기에 있다. 유대계의 희생이 비유대계의 희생보다 더 큰 것이다. 폴란드의 순혈 민족주의자들이 520만이라는 통계수치를 받아들이기 어려운 이유이다. 유대계 폴란드인보다 슬라브계 폴란드인이 더 큰 희생을 치렀다는 전후 폴란드의 공식적 기억이 흔들리기 때문이다.

난징대학살의 사망자 통계도 비슷한 우여곡절을 겪었다. 미 점령군의 라디오 방송에서 주장한 2만 희생자 설부터 10만, 20만, 30만, 43만 명설 등 누가 셈하는지에 따라 희생자 수가 요동쳤다. 난징에서 피살된 중국의 민간인 숫자가 47명에 불과하다는 일본 우익 부정론자들의 극단적인 주장까지 더하면 이견은 더 많다. 중국에서는 아이리스 창(Iris Shun-Ru Chang)이 《난징의 강간─제2차 세계대전의 잊힌 홀로코스트(The Rape of Nanking: The Forgotten Holocaust of World War Ⅱ)》(1997)에서 못박은 30만 명이 정설이다. 그래야만 난징대학살의 희생자 숫자가 히로시마와 나가사키의 원자폭탄 희생자를 합친 숫자보다 많아진다. 이 정도면 강박관념을 넘어 도착적(倒錯的)이다. 일종의 통계 페티시즘이다.

통계 페티시즘에 대한 가장 날카로운 비판은 일상의 기억들을 복원해서 개개의 죽음들이 처했던 복잡한 양상을 드러내는 것이다. 전쟁에서

실제로 사람들이 어떻게 죽었는지 그 과정을 추적하다 보면 통계 밑에서 숨쉬고 있는 현실이 달라서 놀랄 때가 많다. 하라 가즈오(原一男)의 기록 영화 〈가자 가자, 신군(ゆきゆきて, 神軍)〉(1987)의 주인공 오쿠자키 겐조(奥崎謙三)는 자신이 복무했던 뉴기니 전선의 중대장(옛 상관)을 찾아가 종전 직후 동료 병사 두 명을 총살한 이유를 파헤치려 한다. 허기를 채우기 위해 부하들을 탈영병으로 몰아 죽이고, 식인 사실을 은폐하기 위해 나머지 병사들까지 죽인 게 아니냐고 따져 묻는다. 오쿠자키의 집요한 질문에 필름 속 중대장은 폭발적인 분노로 답한다. 그의 반발은 전후 일본의 기억 문화에서 대항 기억에 대한 공식 기억의 분노를 상징한다. 살아남은 또 다른 동료 병사의 고백을 통해 진실에 다가선 오쿠자키는 중대장 대신 그 아들에게 중상을 입히고 체포된다.

요시다 유타카(吉田裕)의 《일본군 병사(日本軍兵士)》(2017)는 오쿠자키의 의심이 사실임을 확인해준다. 요시다의 연구에 따르면, 300만이 채 안 되는 일본군 전사자 중 무려 61퍼센트에 달하는 180만 명이 굶어 죽었다. 일본군 지휘부는 태평양의 작은 섬들에 고립되어 있던 병사들을 헌신짝처럼 버렸다. 일본군의 허술한 보급체계야말로 일본군 병사들의 가장 큰 적이었던 셈이다. 요시다가 밝힌 180만이라는 아사자 수는 '국가를 위해 목숨을 바치는 게 병사의 본분'이라며 전사자들을 칭송한 '익찬 체제'와 그 이데올로기의 허구성을 폭로하는 것이기도 하다. '옥쇄'작전으로 적진에 뛰어들어 장렬하게 죽어간 병사나 봄바람에 떨어지는 벚꽃처럼 아름답게 스러져간 가미카제 특공대 등으로 그려진 일본군 전사자의 이미지는 많은 부분이 이데올로기적 착시 효과이다.

눈보라처럼 휘날리며 떨어지는 사쿠라 꽃잎같이 아름답게 스러져간 애국적 청춘들 그리고 야스쿠니 신사(靖國神社)의 명부에 든 아들과 남편을 자랑스러워하는 유족들 같은, 일본 시민들의 공식적 기억은 동료의 인육을 먹다 비참하게 굶어 죽은 180만이라는 아사자 수치 앞에서 여지없이 그 가식이 벗겨졌다. '조국과 민족을 위해 장렬하게 목숨을 바친 전사자'라는 공식 기억은 병사들의 식인이라는 처참한 현실을 감추는 장치였을 뿐이다. 안팎의 반발에도 불구하고 야스쿠니 신사를 참배하려는 일본 자민당 인사들의 고집은 그들의 기억 정치가 식인의 추악한 현실을 감추고 전쟁의 기억을 조작하는 장치임을 보여준다. 국가가 굶겨 죽인 장병들을 장렬하게 적과 싸우다 죽은 영웅들로 둔갑시켜 야스쿠니에 모시고 수상이 참배하고 위로하는 순간, 전쟁의 비극은 전후의 소극(笑劇)으로 전락해버린다.

역사가 과거와 현재의 대화라면, 기억은 죽은 자와 산 자의 대화이다. 역사가 공식적 대화라면 기억은 친밀한 대화이다. 역사학의 방법론이 문서 기록을 근거로 산 자가 죽은 자를 심문하고 재단하는 데 치우쳐 있다면, 기억 연구는 산 자가 죽은 자의 목소리에 응답해서 그들의 원통함을 달래는 데 힘을 쏟는다. 기억 연구자는 억울하게 죽은 자의 목소리를 산 자에게 전해주는 영매 역할을 자임한다. 전후 세대에게 그들이 태어나기도 전에 벌어진 일에 대한 책임을 물을 수도 없고 또 물어서도 안 되지만, 기억 연구라는 영매를 통해 과거의 비극과 만나고 죽은 자들과 소통하고 기억해야 하는 책임은 지금 여기에 살고 있는 우리에게 있다.

어원을 따져보면, 책임이라는 말 자체가 원통함을 풀어달라는 죽은 자의 목소리에 응답한다는 의미가 있다. 한자어에서 파생된 동아시아어의 '책임'은 '잘못[責]을 떠맡는다[任]'는 의미가 강하지만, 유럽어의 '책임'은 '응답'의 의미가 강하다. 영어 responsibility나 프랑스어 responsabilité

모두 응답의 의미를 지니고 있다. 독일어 Verantwortung이나 폴란드어 odpowiedzialność도 마찬가지다. 러시아어 ответственность, 체코어 odpovědnost 등 책임을 뜻하는 슬라브어도 대부분 응답한다는 의미가 있다. 더 직접적으로 '응답할 수 있는 능력'이란 의미의 영어 answerability는 책임이라는 의미를 동시에 가지고 있다. 누군가의 부름에 응답하는, 기억에 대한 책임이라는 뉘앙스가 강한 것이다.

그렇다면 전후 세대가 귀 기울여 듣고 응답하려는 그 '누군가'는 누구인가? 그 '누군가'는 어떻게 죽었고 그의 죽음은 어떻게 기억되고 있는가? 죽은 자인 그가 산 자인 우리에게 보내는 메시지는 무엇인가? 죽은 자들이 자신의 메시지를 전달하는 방식은 무엇이며, 그 안에 담겨 있는 간절함은 무엇인가? 산 자는 그 메시지를 어떻게 알 수 있는가? 그들의 부름에 귀 기울이고 간절한 원망(願望)에 응답하는 우리의 위치는 어디인가? 또 그 응답의 방식은 어떠해야 하는가? 전후 세대는 과연 기억을 통해서만 식민주의, 홀로코스트, 제2차 세계대전과 연결되는가? 혹은 지금 여기의 삶이 식민주의나 제노사이드의 비극과 연루되어 있다면, 그 연루되어 있음을 비판적으로 성찰하는 것은 어떻게 가능한가?

이 책은 위의 질문들에 대한 필자 나름의 답변이며, 죽은 자들의 신원(伸冤) 요청에 대한 나름의 응답이다. 지난 몇 년간 기억 연구를 진행해오면서, 역사가로서의 내 작업은 '기억 활동가(memory activist)'의 작업이라고 생각해왔다. 나 스스로를 역사가보다 기억 활동가라고 자리매김할 때도 많다. 이 책의 모태인 네이버캐스트 '파워라이터 ON' 〈임지현의 기억 전쟁〉을 연재할 때도 기억 활동가라는 위치를 잊은 적이 없다. 그러나 죽은 자의 억울함과 원한을 풀어줄 '영매'의 수준까지 이르지는 못했다. 영매는커녕 그 발끝에도 미치지 못했음을 고백한다. 타자의 고통을 껴안고 그것을 내 정의로 삼기에는 인간이 덜 된 탓이다. 지금부터 반성한다고 해도 이미 늦은 감이 있다. 다만 가능성이 무한한 후학들이 죽은 자들의 신원 요청에 응답하는 기억 활동가로 나아가는 데 이 책이 밟고 올라설 만한 디딤돌이 된다면 더는 바랄 게 없다.

2018년 봄 학기, 글을 연재하던 기간 대부분을 일본 도쿄의 구니타치 (国立)에서 보냈다. 히토쓰바시 대학의 글로벌 스터디즈 프로그램에 초청해준 아시와 요시코(足羽與志子)와 조너선 루이스(Jonathan Lewis), '글로벌 메모리' 수업에 진지하고 즐겁게 임했던 히토쓰바시의 다국적 학생들, 글로벌 스터디즈 '소소바시So(gang)-So(phia)-(Hitotsu)bashi' 마피아인 소피아 대학의 데이비드 왱크(David Wank)와 크리스티안 헤스(Christian Hess), 이들 덕분에 도쿄 한구석에서 잘 먹고 잘 쉬고 즐겁게 공부할 수 있었다. 부산한 걸 싫어하는 성격에도 서울과 도쿄를 분주하게 오가며 살아야 했던 아내는 힘이 들었을 것이다. 게다가 고작 한 학기였는데 예기치 않은 일까지 터져서 아내의 마음고생이 심했다. 구니타치의 그 저녁, 아끼던 샴페인을 따라주면서 비루하게 얽히지 말고 품위를 지키며 살자던 아내의 격려를 잊을 수 없다. 내 생애 가장 따뜻한 장면으로 기억될 것이다.

지난 몇 년간 기억의 문제들에 대해 같이 고민을 나누고, 서강의 울타리를 넘어 베를린과 라이프치히, 빌레펠트, 타이완 등을 같이 돌아다니며 공부했던 대학원생들에게도 고맙다. 서강대학교 트랜스내셔널인문학 연구소의 '지구적 기억의 연대와 소통' 연구팀과 행정팀에도 고맙다. 연구팀이 꾸려지자마자 바로 일본으로 건너가야 했기에 그들에게는 미안함이 더 크다. 소장의 부재 때문에 두서없이 밀려드는 일의 무게를 속절

없이 감내해야 했던 행정팀의 홍성희와 김수이에게는 특히 그렇다. 그 기간 동안 연구소 식구들을 따뜻하게 챙겨준 서강대학교 정치외교학과의 류석진 교수께는 그저 감사드릴 뿐이다.

이 책을 구상하고 썼던 지난 2년 동안 세계 여러 곳에서 강의와 세미나, 공동 워크숍, 현지답사를 할 기회가 있었다. 그 덕에 생각도 깨이고 글도 풍성해졌다. 베를린 셰네바이데의 '나치 강제노동자료센터', 바르샤바 대학 사회학과의 '기억의 계보학' 연구팀, 동유럽 4개국 연합 프로젝트 '기억과 연대를 위한 유럽 연구 네트워크', 독일-폴란드 역사 및 지리 공동교과서 위원회, 폴란드 자모시치 시정부, 빌레펠트 대학 사학과, 라이프치히 대학 동유럽연구센터, 웨스트 케이프타운 대학, 워싱턴 D.C. 홀로코스트 기념박물관, 독일일본연구소, 국제일본문화연구센터, 도쿄 외국어대학, 소피아 대학, 히토쓰바시 대학, 도쿄 인터내셔널 하우스, 홍콩 중문대학, 타이완 교통대학 등에서 초청 강연과 집중 세미나 등의 형태로 소중한 교류의 장을 마련해주었다. 그들의 환대와 지적 자극에 감사드린다.

일부지만, '역사'가 문제라는 점을 일깨워준 동료 역사가들에게도 고맙다. 그들의 구태의연함 덕에 역사의 담을 넘어 기억의 장으로 넘어가는 데 일순간의 망설임도 없었다. '우수학자' 및 '인문한국+' 프로그램을 통해 연구를 지원해준 한국연구재단에도 감사드린다. 문화만큼 유물론의 원칙이 지배적인 영역도 없다. 이전 책들도 그랬지만, 이번에도 휴머니스트 편집부의 도움이 컸다. 연재 기획단계부터 단행본 출간에 이르기까지 이들의 각별한 호의와 전문적 조언이 없었다면 이 책은 지금과 많이 달랐을 것이다. 연재의 장을 제공해준 네이버에도 감사드린다. 매주 돌아오는 마감일은 적지 않은 부담이었지만, 연재가 아니었다면 이 책은 내 머릿속에서만 맴돌고 있었을 것이다.

원통함을 풀지 못해 아직 구천을 헤매는 죽은 자들과 그들을 기억하려고 고군분투하는 산 자들에게 이 책을 바친다.

2019년 1월

임지현

HistoryHistory
Histo

1부

기록에서 증언으로

mory
Memory

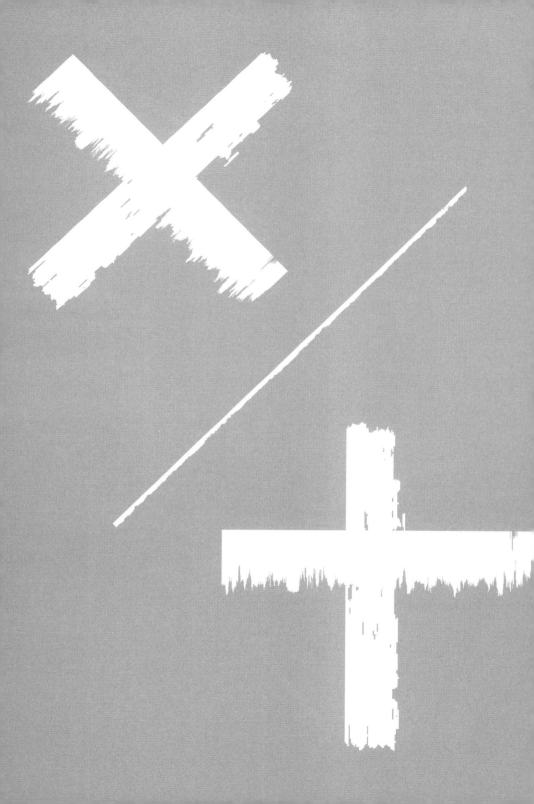

1. 진짜보다 더 진짜 같은 가짜

진짜와 가짜의 경계

《편린들: 전시의 어린 시절에 대한 기억, 1939~1948(Fragments: Memories of a Wartime Childhood, 1939-1948)》은 빈야민 빌코미르스키(Binjamin Wilkomirski)의 홀로코스트 생존 수기로서, 나치의 강제수용소 두 곳을 전전하며 살아남은 1939년생 유대인 소년이 기억을 더듬어 쓴 자전적 이야기이다. 1995년 책을 출판한 유대 출판사(Jüdischer Verlag)는 독일어권의 유대 문화를 전문으로 취급하는 출판사로 독일의 저명한 출판사 주어캄프(Suhrkamp)의 자회사이다. 출판사의 명성에도 힘입어, 이 책은 나오자마자 평단과 독서시장의 주목을 받으며 영어를 비롯한 9개 언어로 번역되었고, 이후 미국의 '전국 유대인 도서상(National Jewish Book Award)', 프랑스의 '쇼아 기록문학상(Prix Memoire de la Shoah)', 영국의 '유대 계간문학상(Jewish Quarterly literary prize)' 등 홀로코스트 관련 문학상을 휩쓸었다. 베스트셀러 반열에 오르지는 못했지만, 일부 비평가들에게는 프리모 레비, 안네 프랑크, 엘리 비젤의 수기에 버금간다는 찬사를 받기도 했다.

빌코미르스키는 전 세계 유대인 공동체와 비평가들의 주목을 받으며 라디오와 텔레비전 토크쇼에 출연했고, 이런저런 콘퍼런스에 연사로 초청되기도 했다. 빌코미르스키의 수기가 그토록 주목받은 데는 출판사의 지명도가 한몫했지만, 어린이 생존자가 쓴 최초의 수기라는 희소성도 크게 작용했다. 그러나 이는 오래가지 못했다. 기억의 진정성에 대한 의심이 발목을 잡은 것이다. 책이 시장에 풀리기 직전 출판사 편집부에 수기의 진정성을 의심하는 편지가 도착했지만, 편집부는 검토 끝에 문제가 없다고 결론을 내리고 시판에 들어갔다. 그런데 수기가 널리 회자되면서 여기저기서 내용에 대한 의심이 일기 시작했다. 이 수기는 1939년부터 10년간의 체험을 다루고 있는데, 1939년생이라면 수용소 일을 기억하기에는 너무 어리다는 등의 의심은 충분히 그럴 만했다.

책이 출간된 지 3년째 되던 해인 1998년, 스위스의 저널리스트 다니엘 간츠프리트(Daniel Ganzfried)가 빌코미르스키에 대해 파헤친 스위스판 〈그것이 알고 싶다〉가 그간의 의문에 불을 지폈다. 그에 따르면, 빌코미르스키는 본명이 브루노 그로장(Bruno Grosjean)으로, 책 내용과 달리 라트비아가 아니라 스위스의 비엘(Biel)에서 사생아로 태어나 어린 시절 부모에게 버림받은 뒤 고아원에서 자란 기독교도였다. 따라서 그가 묘사한 아우슈비츠는 관광객이 알고 있는 아우슈비츠일 뿐이라는 주장이었다. 그러자 수기를 극찬했던 평론가들이 빌코미르스키를 옹호하고 나섰다. 수기가 가짜라면 자신들은 실없는 사람이 될 것이기 때문이었다.

열띤 논쟁 끝에 결국 역사가가 개입했다. 스위스의 역사가 스테판 매흘러(Stefan Maechler)가 빌코미르스키의 출판 대리인으로부터 진실을 밝혀달라는 의뢰를 받고 많은 자료를 면밀히 검토하여 가짜 수기라고 결론지었다. 어린 시절 자신이 고아원에서 겪었던 일과 진짜 홀로코스트 생존자들의 인터뷰 내용이나 책에서 얻은 지식을 절묘하게 뒤섞어 독자들을 현혹했다는 것이다. 매흘러의 보고서에서 특히 흥미로운 점은 빌코미르스키의 고아원 경험이 폴란드 강제수용소 생활을 자신의 경험처럼 묘사하는 데 유용하게 쓰이고 있다는 것이다. 고아원에서의 경험이 어린 시절을 아우슈비츠에서 보낸 생존자들의 심리상태를 이해하는 데 도움이 된 것이다.

가짜로 판명되기 전까지 진짜 생존자들이 빌코미르스키에게 보낸 감사 편지들은 흥미를 넘어 당혹스럽기까지 하다. 편지의 요지는 대개 자신들을 기억의 멍에서 해방시켜주어 고맙다는 내용이었다. 비록 가짜였지만, 빌코미르스키의 수기는 다른 사람들이 믿지 않을 거라는 두려움에 오랫동안 기억을 억누를 수밖에 없었던 진짜 생존자들에게 치유 효과를 주었던 것이다. 결국 가짜 소동에 종지부를 찍은 것은 과학이었다. 2002년 취리히 검찰청의 지시로 이루어진 DNA 검사에서 빌코미르스키가 그로장과 동일 인물임이 밝혀지면서 논란은 마침표를 찍었다.

가짜의 호소력

역사는 과학이 아니다. 이 소동에서 중요한 것은 진짜와 가짜를 판명하는 것이 아니라 이처럼 날조된 수기가 지닌 호소력이 어디에서 비롯되는가 하는 질문이다. 실제로 빌코미르스키 이전에도 수기를 날조한 가짜 생존자가 적지 않았다. 그 가운데 헤르만 로젠블랫(Herman Rosenblat)은 오프라 윈프리의 토크쇼에 초대받아 시청자들의 심금을 울렸고, 엔리코

마르코(Enrico Marco)는 자신이 홀로코스트 희생자들을 진짜보다 더 잘 대변한다고 확신하기까지 했다. 반대로 진짜가 가짜로 오해받은 경우도 있다. 홀로코스트 생존 수기 가운데 가장 감동적이라고 평가받는 프리모 레비(Primo Levi)의 《이것이 인간인가(Se questo è un uomo)》가 대표적이다. 레비가 처음 원고를 보낸 이탈리아 출판사 에이나우디(Einaudi)는 그의 원고를 보기 좋게 퇴짜 놓았다. 출판사의 편집진과 심사위원들이 원고의 진정성을 의심했기 때문이다.

진짜와 가짜의 경계는 이렇듯 아찔할 정도로 흐릿하다. 평론가들도 '진짜 같은 가짜' 빌코미르스키의 수기에 환호하기까지 객관적 진실과 주관적 진실, 사실과 상상 사이에서 망설이고 주저하며 역사와 문학의 관계를 진지하게 묻고 고민했다. 진짜보다 더 진짜 같은 가짜 수기와 가짜보다 더 가짜 같은 진짜 수기 가운데 어느 쪽이 더 과거를 잘 재현하고 있을까? 빌코미르스키의 가짜 수기가 진짜 생존자들이 감사 편지를 보낼 정도로 수용소 어린이들의 삶을 생생하게 묘사하고 있다면, 진짜와 가짜를 구분한다는 게 어떤 의미가 있을까? 물론 빌코미르스키의 서술이 아무리 생생하고 또 그의 의도가 순수하다 할지라도, 진짜인 양하는 태도는 실제 생존자들의 증언이 갖는 가치를 저해할 수 있다는 점에서 심각한 문제를 불러온다. 하지만 그가 처음부터 자전적 수기가 아니라 상상에 기댄 문학작품이라고 선언했다면, 의미는 크게 달라진다.

가짜 수기가 불러올 수 있는 문제 때문에 홀로코스트에 대한 문학적 상상이나 재현을 거부해서는 곤란하다. 아우슈비츠와 같은 끔찍한 비극을 문학적으로 재현하는 것이 죽은 자들에 대한 예의가 아니라는 생각이야 모를 바 아니지만, 홀로코스트의 문학적 재현이 점점 불가피해지고 있는 것이 사실이다. 1949년 "아우슈비츠 이후에도 시가 가능한가"라며 홀로코스트의 문학적 재현에 반대했던 테오도르 아도르노(Theodor W. Adorno)도 이미 자신의 질문이 낡은 것임을 인정한 바 있다. 세월이 흘러 마지막 생존자마저 생을 마감한다면 홀로코스트 재현은 간접 경험이나 문학적 상상에 기댈 수밖에 없게 된다. 일본군 '위안부'의 경험을 재현하는 과제도 같은 문제에 부딪힐 수밖에 없다.

적잖은 수의 홀로코스트 생존자들이 살아 있는 오늘날에도 이 문제는 어느 정도 불가피하다. 가령 생존자들 가운데 아우슈비츠의 가스실에서 살아남은 사람은 단 한 명도 없다. 가스실을 직접 경험하지 못한 것은 아우슈비츠 생존자들도 마찬가지다. 그러니 가스실에서 일어난 일에 대한 묘사는 상상에 의존할 수밖에 없다. 생존자들이 경험하지 못한 부분에 대해서만큼은 문학적 상상의 개입이 어느 정도 불가피한 것이다. 진짜 수기와 가짜 수기의 경계에는 이처럼 과거의 기억과 문학적 상상력이 뒤엉킨 회색지대가 놓여 있다.

기억의 회색지대

사실이라 알려진 것들의 허와 실을 곰곰이 따지다 보면, 진짜와 가짜 사이에 놓여 있는 그 회색지대는 무한히 확장된다. 진짜 사진과 위조된 사진의 조잡한 이분법이나 '사진은 인간의 개입 없이 기계가 냉정하게 기록한 자료'라는 순진한 리얼리즘이 무릎을 꿇는 것도 이 회색지대에서다. 제2차 세계대전 당시 일본 제국 육군의 보도부원으로 종군한 야마하타 요스케(山端庸介)의 사진들이 대표적인 예다. 나가사키 피폭 현장에서 포착된 주먹밥을 쥔 아이, 일본의 대중국 전선에서 중국 아이들과 놀고 있는 일본군 병사들, 가정적인 이미지의 전후 히로히토 천황을 촬영한 사진들이 그러하다. 이 사진들은 있는 그대로의 광경을 카메라에 담았다는 점에서 작위적이거나 위조된 사진은 결코 아니다.

그러나 이 사진들이 전달하는 광경의 역사적 해석과 의미에 생각이 미치면, 역사와 허구, 진실과 거짓의 경계가 다시 흐려진다. 사진은 애초에 객관적일 수 없다. 보이는 광경을 그대로 담았다고 하지만 사진은 결국 촬영하는 사람의 선택과 배제의 결과물이기 때문이다. 그래서 야마하타의 사진 속 히로히토는 전범이 아니라 평화를 사랑하는 가정적인 가장이 되고, 삼광작전(三光作戰)의 끔찍한 살육을 주도한 일본군 병사들은 적국의 아이들과 웃으며 노는 따듯하고 착한 젊은이들이 된다. 나가사키 피폭 현장의 순진무구한 어린이의 눈동자는 제2차 세계대전의 역사적 배경을 옆으로 제쳐놓고 '희생당한 일본 국민'이라는 이미지를 만들어낸다. 제국 육군의 종군사진사이자 천황가의 전속 사진사였던 야마하타의 시선은 전후 수정주의 역사학의 시선과 놀랄 정도로 닮아 있다.

역사적 사실과 허구 사이를 오가는 시각적 재현의 회색지대는 비단 야마하타 같은 전문 사진사들뿐만 아니라 아마추어들의 작품에도 버젓이 도사리고 있다. 독일의 사진 영상 전문업체인 폴라필름(PolarFilm)은 나치 독일군 병사들이 찍은 16밀리미터 다큐멘터리 필름들을 모아 2004년에 DVD로 발매했다. 〈제3제국의 병사들: 일상, 삶, 생존〉이라는 제목의 이 DVD는 무성 필름인 원본에 임의로 사운드트랙을 덧붙였다. 예컨대 나치 병사들이 점령지의 숲속에서 블루베리를 따는 장면에 새소리를 집어넣었다. 여기에 영화배우 마티아스 포니어(Matthias Ponnier)의 유쾌하고 따듯한 내레이션이 결합되자 나치 병사들은 평화롭고 고요한 숲과 어울리는 순진무구한 청년이 되었고, 끔찍한 전쟁과 나치의 범죄행위는 병영

생활의 나른한 평화로 대체되었다. 제3제국과 침략 전쟁의 폭력성이 슬그머니 지워져버린 것이다.

　사운드트랙이 주는 효과라는 측면에서 또 다른 흥미로운 예는 러시아 점령지에서 상반신을 노출한 채 춤추는 집시 소녀를 촬영한 영상이다. 마치 서구 식민주의자들의 아프리카·아시아 여행기에 나오는 이국적 취향의 사진과도 같다. 그렇지만 반라로 춤추는 집시 소녀와 그녀를 둘러싸고 흥을 돋우는 나치 병사들을 촬영한 이 영상만으로는 당시의 구체적인 정황을 알기 어렵다. 집시 소녀가 압도적인 무력을 지닌 이방인들 앞에서 기꺼이 옷을 벗고 춤을 추었을 것이라고 생각하기는 어려우니, 아마도 나치 병사들이 점령지에서 원하는 것은 무엇이든 강제할 수 있었다는 증거가 아닐까 싶다. 그런데 이 장면에서 흥겹게 흘러나오는 집시풍의 음악은 소녀가 병사들의 강요에 의해 춤추는 게 아니라 마치 음악에 도취되어 자발적으로 춤추는 듯한 분위기를 연출한다. 미디어 재현에서 시각적 효과뿐만 아니라 청각적 효과가 얼마나 중요한 역할을 하는지 새삼 깨닫게 되는 것도 이 장면에서이다.

　DVD에 추가된 사운드트랙이 영상 자체를 왜곡하거나 조작했다고 할 수는 없지만, 사운드트랙이 추가된 영상이 사실 그대로를 전달하고 있다고 믿기에는 무언가 꺼려진다. 폴라필름의 〈제3제국의 병사들: 일상, 삶, 생존〉 DVD 프로젝트는 나중에 더한 음향 효과로 피사체의 이미지를 조작했다는 혐의에서 자유로울 수 없다. 실제로 DVD 재킷 뒷면에는 "다양한 일상생활이 영위되는 틈새의 자유 공간들"이라는 광고 문구가 쓰여 있다. 그러므로 낡은 16밀리미터 롤 카메라 필름을 디지털화한 이 작업은 영상을 더 잘 보존하기 위해 새로운 기술을 적용했다는 차원을 넘어선다. 시각 자료에 청각 효과를 덧입힘으로써 결국 역사적 사실성 자체를 조작한 것이다. 음향이 덧씌워진 이 영상들은 사실인가, 거짓인가? 진짜인가, 가짜인가? 역사인가, 허구인가?

재현의 리얼리즘

역사적 현실의 조작은 시각적 재현에서 훨씬 다양하고 정교하게 이루어진다. 오른쪽은 아우슈비츠-비르케나우 수용소의 이미지를 대표하는 사진이다. 두 갈래의 철로가 수용소를 향해 달려가다가 정문 바로 앞에서 하나로 합쳐지는 듯 보인다. 독자들에게도 가장 익숙한 사진일 것이다. 이 사진만 놓고 보면 누구든 밖에서 아우슈비츠-비르케나우 수용소 정문을 향해 찍었다고 생각할 것이다. 그러나 실은 수용소 안에서 밖을 향해 찍은 사진이다. 즉, 한 줄기로 계속되던 철로가 정문을 지나 수용소 안으로 들어오면서 두 갈래, 세 갈래로 갈라지는 것이다. 아마도 새로 도착한 유대인들을 빠르게 정렬하기 위해서였을 것이다.

흥미로운 것은 아우슈비츠-비르케나우 수용소와 이어지는 철로 사진이 대부분 안에서 밖을 향하고 있는데도 방향에 대한 설명은 그 어디에도 없다는 점이다. 두세 갈래로 들어오던 철로가 수용소 안에서 하나로 합쳐지는 이미지가 유대인들을 유럽 각지에서 아우슈비츠로 실어 날랐다는 사실에 더 걸맞은 느낌을 주기 때문일 것이다. 누구도 이 사진이 위조되었다고 주장할 수는 없다. 하지만 방향의 실체를 알고 나면 조금 속았다는 느낌을 지우기 어렵다.

영화 〈쉰들러 리스트〉는 가짜가 진짜보다 더 생생한 느낌을 줄 수도 있음을 보여주는 대표적인 예가 아닐까 한다. 영화 촬영용 세트는 수용

아우슈비츠−비르케나우 수용소의 철로. 수용소 밖에서 찍은 것처럼 보이지만 사실은 아우슈비츠 안에서 밖을 향해 찍은 사진이다. 하나로 뻗어 있던 철로가 저 멀리 보이는 죽음의 문을 통과하면서 두 갈래, 세 갈래로 나뉘는 것이다. 이는 트릭인가, 리얼리즘인가?
〈출처:셔터스톡〉

소에 도착한 유대인들이 기차에서 내리는 플랫폼과 숙소, 시체 소각장 등을 모두 한 장면에 담을 수 있도록 만들어졌다. 덕분에 관객들은 수용소의 전모를 한눈에 볼 수 있었다. 실제 수용소에서 촬영했더라면 불가능했을 일이다. 진짜 아우슈비츠-비르케나우 수용소는 너무 넓어서 아무리 애를 써도 모든 시설물을 한 화면에 담을 수 없다. 그러니까 가짜가 진짜보다 더 진짜 같은, 생생한 효과를 준 셈이다. 촬영 기법도 그에 못지않은 생생함을 전달했다. 영화감독 스티븐 스필버그는 게토 폐쇄작전 같은 긴박한 장면들을 일부러 미세한 떨림이 있을 수밖에 없는 휴대용 카메라로 촬영했다. 〈쉰들러 리스트〉의 촬영감독 야누쉬 카민스키(Janusz Kamiński)에 따르면, 전체 촬영분의 40퍼센트를 휴대용 카메라로 촬영했다고 한다. 스토리텔링이나 시나리오의 구성도 그렇지만, 카메라가 피사체를 따라다니는 듯한 카메라 워크 또한 관객들에게 영화가 아니라 뉴스를 보는 듯한 착각을 불러일으킴으로써 영화의 리얼리티를 높였다.

이 모든 게 단순한 트릭이라면 문제는 차라리 쉽다. 문제는 이 트릭조차 우리가 세상의 현실을 이해하는 방법의 하나라는 점이다. 에리히 아우어바흐(Erich Auerbach)가 《미메시스(Mimesis)》에서 '수사적/형상적 리얼리즘(figural realism)'이라고 이름 붙인 재현의 리얼리즘이 그것이다. 백 마디 말보다 한 장의 이미지가 긴박한 역사의 한 장면을 훨씬 더 진짜처럼 재현하는 이상, 역사적 사실의 시각적 재현은 더는 무시할 수 없는 논의의 주제다. 기억도 마찬가지다. 기억도 이미지인 것이다. 나는 포토샵의 특허권이 스탈린이나 북한의 선전매체 일꾼들에게 주어져야 마땅하다고 생각하는데, 독자들 생각은 어떠신지?

2. 아우슈비츠의 아포리아

"나는 거기 없었다"

라울 힐베르크(Raul Hilberg)의 대작 《홀로코스트-유럽 유대인의 파괴(The Destruction of the European Jews)》는 홀로코스트에 관한 탁월한 종합연구서이다. 1961년 초판이 출간된 이래 두어 차례의 수정 증보판을 내면서 오늘날에도 여전히 홀로코스트 연구의 정전(正典)처럼 군림하고 있다. 김학이 교수가 공들여 번역한 한국어판을 비롯해 모두 9개 언어로 번역 출판되기도 했다. 이 책은 힐베르크가 서가 길이만 무려 8킬로미터에 달하는 나치 관련 문서들을 읽고 집대성한 것이다. 나치의 정부 조직, 독일 군대의 편제와 명령 체계, 친위대와 제국 보안청만이 아니라 폴란드 총독부를 비롯해 모든 점령 지역의 명령 체계 등을 정리한 정밀한 도표들에서 알 수 있듯이, 이 책은 방대한 분량의 자료들을 폭넓고 엄밀하게 분석하여 읽는 사람을 압도한다. 앞으로도 이를 능가하는 저작을 기대하기는 어려울 것이다.

한마디로 라울 힐베르크는 홀로코스트 실증 연구의 대가이다. 그런 그가 노년에 엉뚱한 글을 한 편 썼다. 〈나는 거기 없었다(I was not there)〉라는 에세이다. 이 흥미로운 제목의 에세이에서 힐베르크는 뜻밖의 통렬한 질문을 던진다. "아우슈비츠 이후에 각주를 단다면 그것도 똑같이 야만적인 일이 아닌가?" 이 질문은 분명 "아우슈비츠 이후에도 시가 가능한가"라는 아도르노의 질문을 패러디한 것이다. 아도르노가 시로 아우슈비츠의 문학적 재현을 문제 삼았다면, 힐베르크는 실제 경험 없이 문헌 자료에만 의지해 아우슈비츠를 재현해온 자신의 연구에 의문을 제기한 것이다. 힐베르크의 질문은 홀로코스트 연구가 어떻게 변하고 있는지를 한마디로 함축하고 있다는 점에서 역시 그가 탁월한 역사가임을 보여주는 것이기도 하다.

《홀로코스트-유럽 유대인의 파괴》 초판이 나온 1961년에는 공교롭게도 이스라엘에서 아돌프 아이히만(Adolf Eichmann) 재판이 열렸다. 재판을 지켜본 연구자들은 홀로코스트 생존자들의 증언에 주목했고, 이를 계기로 홀로코스트 연구는 문서 자료에서 생존자들의 증언으로 서서히 중심이 이동하기 시작했다. 사실, 증인으로 소환된 생존자들은 나치의 범죄 행위를 입증하기보다는 자신들의 고통을 전달하기 위해 애썼다. 이들의 증언은 목소리에 한정되지 않았다. 다양한 표정과 제스처는 그 시각적 효과로 인해 증언에 생생함을 더했다.

재판 당시 할리우드의 전설적인 촬영감독 레오 후르비츠(Leo Hurwitz)가 지휘하는 촬영팀은 법정 곳곳에 카메라를 몰래 설치하여 전 세계에 재판을 생중계했다. 이제 머지않아 역사를 시각적으로 재현하는 문제가 논란이 될 터였다. TV 생중계 덕에 아이히만 재판은 과거의 역사를 재현하는 데 시각적 재현이 문자적 재현과는 비할 수 없이 효과적이라는 교훈을 남겼다. 그리고 이 교훈은 1970년대 들어 영화나 TV 드라마, 사진, 카툰 같은 대중매체가 역사 서술의 주요한 양식으로 자리 잡는 계기가 되기도 했다.

실증주의와 홀로코스트

역사 인식론의 관점에서 볼 때, 힐베르크의 에세이는 더 중요한 물음을 던졌다. 특정한 역사 사건에 관한 공식 문서 기록과 그 사건을 직접 경험한 증인들의 목소리 가운데 어느 쪽이 더 역사적 진정성을 갖느냐는 질문이 그것이다. 특히 생존자 예히엘 디누어(Yehiel De-Nur)가 증언 도중 쓰러져 의식을 잃고 들것에 실려 나가는 광경이 그대로 방영되면서, 사람들은 비극의 주인공에게 더 크게 공감했다. 재판이 한 편의 드라마처럼 비치기 시작한 것이다. 비극의 주인공들의 등장은 재판에 대한 국제 여론을 바꾸어놓았다. 나치의 범죄행위는 인류에 대한 범죄이므로 이스라엘 법정이 아닌 국제법정에서 아이히만을 재판해야 한다는, 카를 야스퍼스(Karl Jaspers)나 마르틴 부버(Martin Buber)의 비판적인 목소리가 심금을 울리는 증인들의 영상에 묻혀버렸다. 사실 아이히만의 유죄를 입증하는 데는 문서 자료만으로도 충분했다. 그럼에도 이스라엘 검사 기드온 하우스너(Gideon Hausner)가 인터뷰를 거쳐 증인을 선별하고 이들을 법정에 세운 이유는 TV를 통해 재판을 지켜보는 시청자들의 감정에 호소하기 위해서였다.

결과는 대성공이었다. 이제 재판의 주인공은 아이히만이 아니었다. 트라우마를 극복하고 가슴속 깊이 묻어두었던 기억들을 끄집어내기 시작

Rivka Kupper

한 증인들이 관객의 시선을 끌기 시작했다. 기억의 관점에서 본다면, 아이히만 재판은 홀로코스트 생존자들을 증언에 대한 두려움에서 해방시켰다는 데 의의가 있다. 아무도 자신들의 이야기에 관심을 갖지 않거나 믿어주지 않을 것이라는 두려움 말이다. 이 재판으로 홀로코스트 생존자들의 말문이 트였다. 홀로코스트 희생자나 생존자라는 사실은 이제 숨기거나 창피해야 할 문제가 아니었다. 더 나아가 그들은 존경과 경외의 대상이 되기도 했다. 이는 훗날 역사 연구에 '감정의 전회(emotional turn)'라는 패러다임적 전환을 가져오는 계기가 되기도 했다.

감정의 전회는 홀로코스트 생존자들의 증언을 연구하는 과정에서 기존의 실증주의적 방법론에 회의를 품고 이를 성찰하는 데서 출발했다. 문서만이 과거를 입증할 수 있는 유일한 증거라는 실증주의의 폭력에서 증인들을 보호할 장치들을 어떻게 마련할 것인가 하는 고민이 그 밑에 깔려 있었다. 실증주의도 이데올로기다. 기억 전쟁에서 실증주의는 특히 '아래로부터의 기억이란 과장되고 부정확하며, 정치적으로 왜곡되었거나 심지어는 조작된 것'이라는 인상을 주기 위해 자주 소환되는 이데올로기인 것이다. 힘있는 가해자가 관련 문서와 역사적 서사를 독점한 상황에서 힘없는 희생자들이 가진 것은 대개 경험과 목소리, 즉 기억과 증언뿐이다. 그런데 증언은 불완전하고 감정적이며 때로는 부정확하다. 그러므로 증언에 의존할 수밖에 없는 힘없는 자들의 풀뿌리 기억은 실증주의라는 전선에서는 문서에 비해 상대적으로 약할 수밖에 없다. 실증주의로 무장한 부정론자들이 증인을 취조하듯이 압박하고 증언과 증언 사이의 모순을 끄집어내 증언의 역사적 가치에 흠집을 내려는 시도가 잦은 것도 이 때문이다. '거짓말', '혐오스러운 조작', '진실의 왜곡', '사실의 날조', '전적으로 날조에 의존한 싸구려 픽션', '각주가 있는 소설', '수백 가지 거짓말' 등과 같은 언어폭력이 역사적 비극의 생존자-증인들에게 가해지고, 이는 '실증'이란 이름으로 정당화된다.

부정의 실증주의

부정론에 실증주의를 가장 먼저 활용한 것은 홀로코스트 부정론자들이었다. 나치가 홀로코스트를 실행했다면 아돌프 히틀러의 명령이 담긴 문서가 반드시 있어야 하는데 그런 문서는 한 통도 발견되지 않았다는 식이다. 명령서가 하늘에서 툭 떨어지지 않는 한 홀로코스트 부정론자들에게는 모든 생존자의 증언이 꾸며낸 이야기가 된다. 아시아·태평양전쟁 당시 일본군 '위안부'의 존재를 부정하는 사람들의 논리도 유사하다. 국가나 군이 '위안부' 제도에 관여했다고 증명할 문서 기록이 없으므로 일본군 '위안부'는 사실이 아니라며 피해자들의 증언을 모두 위증으로 몰고 간다. 특히 '위안부' 부정론자 중 한 사람인 후지오카 노부카쓰(藤岡信勝)는 "일본군이 강제로 조선 여성을 연행했다면, 명령서가 반드시 남아 있을 것이다. 그러나 그러한 문서는 한 통도 발견되지 않았다"라며 일본군 '위안부'에 대한 역사적 논의를 느닷없이 강제 연행으로 제한해버리고는, 강제 연행을 지시한 군의 공식 문서가 없으니 피해자들의 증언은 거짓이라고 몰아붙인다. '일본군에 의한 조직적 성폭력'이라는 '위안부' 문제의 본질을 흐리는 전략으로 실증주의를 활용하고 있는 것이다. 후지오카는 '위안부' 피해자들이 특정 시간과 장소를 기억하지 못하고, 문서 자료로 확증할 수도 없으니 그들의 증언은 '사실'이 아니라고 한다. 이뿐만 아니다. "저 할머니들이 정말로 위안부였다고 보증할 만한 것이 어디에 있는가?"라고 반문하기까지 한다. 사실 부정론자들에게 '증거(= 문서)'의 존재 유무는 중요하지 않다. 여기서 중요한 것은 '증거' 그 자체가 아니라 '증거의 정치'인 것이다.

부정론자들은 실증주의를 자신의 주장을 입증하기 위해서가 아니라 상대방의 주장을 반박하기 위해 사용한다. 즉, 문서가 아니라 기억에 토대한 상대방의 증언이 지닌 허점을 파고들어 기억의 진정성에 타격을 입히기 위해 사용한다. 음모론이 횡행하는 것도 이 때문이다. '위안부' 피해자들의 증언이 '돈'을 노린 거짓이며, 그 배후에는 일본국의 명예를 실추시키려는 '국내외의 반일 세력'이 있다는 식이다. 그러면서도 자신의 음모론을 실증하려는 노력은 기울이지 않는다. 이들의 실증주의는 사실을 확인하기보다는 증언의 진정성을 깎아내리는 데 목적이 있기 때문이다. 이때 실증주의는 사실과 상관이 없다.

'부정의 실증주의'는 홀로코스트나 일본군 '위안부' 부정론에만 한정되지 않는다. 잘 알려진 난징대학살이나 아시아·태평양전쟁 말기인 1945년 일본군 점령하 베트남에서 일어난 대기근에 관한 부정론도 이 부류에 속한다. 종전 직후인 1945년 9월 2일 호찌민은 〈베트남민주공화국 독립선언〉에서 처음으로 200만 명 아사설을 제기했다. 200만 명은 당시 베트남 전체 인구의 15퍼센트에 달할 만큼 엄청난 수치이다. 문제는 이 대기근에 관한 문헌 자료가 거의 없어 증언에 의존할 수밖에 없다는 데 있다. 더구나 이 사건에 대한 기억은 베트남에서조차 민족해방투쟁의 영웅주의적 기억에 묻혀 오랫동안 말할 수 없는 기억으로 억압되었다. 일본은 이 역시 실증주의를 내세워 '믿기 어렵다'고 공식적으로 부인한다. 부정의 실증주의는 결국 대기근에 관한 베트남 희생자들의 기억을 부정하고 일본의 책임을 모호하게 만들었다. 기억에 대한 '사실'의 폭력인 것이다.

홀로코스트를 둘러싼 기억 전쟁

'예드바브네의 유대인 학살(Jedwabne pogrom)'에 대한 폴란드인 이웃들의 책임을 부정하는 논리에서도 '부정의 실증주의'는 어김없이 발견된다. 이 충격적인 사건은 폴란드 출신의 유대계 미국인 역사학자 얀 그로스(Jan T. Gross)의 책 《이웃들(Sąsiedzi)》을 통해 밝혀졌다. 제2차 세계대전이 한창이던 1941년 7월 10일, 폴란드 북동부 인구 3,000여 명의 소도시 예드바브네에서 남녀노소를 막론하고 유대인 1,600여 명이 학살되었다. 당시 예드바브네는 독일군 점령 아래 있었지만 유대인들을 무참히 학살한 것은 오랜 이웃인 폴란드인들이었다. 가해자가 이웃들이었다는 점도 참으로 충격적이지만, 생존자가 전하는 학살 광경 또한 참혹하기 짝이 없었다.

얀 그로스가 밝힌 이 비극적인 사건에 대해 부정론자들은 전혀 다르게 해석한다. 이들은 그로스의 접근방식이 폴란드에 뿌리 깊은 반감을 가진 유대인들의 폴란드 때리기이며, 폴란드인들은 타고난 반유대주의자라는 편견을 증폭시키려는 악의에서 비롯되었다고 주장한다. 이들은 예드바브네의 유대인 학살이 폴란드인 이웃이 아니라 독일 게슈타포의 짓이라고 규정한다. 그뿐 아니라 독소불가침조약에 따라 소련이 이 지역을 지배한 1939년부터 1941년까지 오히려 폴란드인들이 유대인들의 손에 고통받았다고 주장한다. 이들은 소련의 비밀경찰에 협력하는 유대인 공산주의자들이 폴란드 민족주의 진영의 반공 파르티잔들을 밀고하여 중앙아시아나 시베리아로 쫓아내는 데 앞장섰다는 점을 강조한다. 이 역사에서 희생자는 유대인이 아니라 폴란드인이었고, 유대인들은 배반자였을 뿐이라는 것이다. 그래서 부정론자들은 소련 점령기를 '소비에트-유대 점령기'라고 재정의하고 유대인들이 폴란드인들을 박해했다는 점을 강조한다.

인식론적 차원에서 예드바브네 학살 부정론자들은 근대적 실증주의의 입장을 취한다. 기억에 의존하는 생존자의 증언보다는 문서 자료가 항상 더 신뢰할 만하다는 것이다. 트라우마에 시달리는 증인들의 기억은 부정확해서 믿을 수 없다는 게 이들의 기본 입장이다. 그로스가 의거한 주요 자료는 전쟁 직후인 1946년 폴란드 유대사연구소 비아위스토크(Białystok) 위원회에서 증언한 슈물 바세르슈타인(Szmul Wasersztajn)을 비롯한 유대인 생존자들의 증언인데, 증언 자체를 믿을 수 없으므로 그로스의 연구도 신뢰할 수 없다는 것이다. 그로스에게 포스트모던적이며 주관주의적인 역사 서술을 한다는 비판이 쏟아지는 것도 같은 맥락에서이다. 예드바브네에서 폴란드인이 유대인을 학살한 배후에는 '나치 독일'이 있었는데, 그로스는 이 '사실'에 눈을 감고 있다는 것이다. 그러나 이 부정론자들 역시 나치가 예드바브네의 폴란드인에게 유대인을 학살하도록 유도했거나 명령했다는 문헌 증거는 제시하지 못하고 있다. 부정론자들의 실증주의와 맞서다 보면, 결국 문서 자료와 증언의 관계나 증언의 자료적 가치를 어떻게 평가할 것인가 하는 더 근원적인 문제를 생각하지 않을 수 없다.

'지적 기억' 대 '깊은 기억'

루마니아 출신의 유대계 미국인 심리학자인 도리 라우브(Dori Laub)는 예일 대학교 홀로코스트 생존자 증언 비디오 아카이브 프로젝트의 책임자로서 오랫동안 아우슈비츠 생존자들의 심리 분석을 해왔다. 그는 '지적 기억' 대 '깊은 기억'이라는 대조법을 통해 '사실'과 '진실'에 대한 아주 흥미로운 통찰을 제시한다. 사건을 기록한 문서보다 부정확한 증언이 더 진정한 과거를 말해줄 때가 있다는 것이다. 예컨대 1944년 10월 아우슈비츠 수감자들이 폭동을 일으켰을 당시 "굴뚝 네 개가 폭파됐다"는 어느 생존자의 증언은 역사가들에게 거짓이라고 무시되어왔다. 이 증언은 폭파 현장에 굴뚝이 하나뿐이었던 사실과 분명 어긋나는 것이었다. 그런데 라우브는 오히려 사실과 어긋나기 때문에 이 증언이 더 진정성이 있다는 신선한 해석을 내놓았다.

라우브에 따르면 도저히 일어날 것 같지 않던 일이 눈앞에서 벌어질 때, 인간은 그것을 과장되게 기억하는 경향이 있다. 굴뚝 하나가 사실에 부합하는 '지적 기억'의 영역이라면, 사실과 모순되는 굴뚝 네 개는 '깊은 기억'의 영역인데, 아우슈비츠 생존자들처럼 트라우마를 겪은 사람들의 기억은 대개 '깊은 기억'에 속한다. 아우슈비츠 폭동을 목격한 생존자의 증언은 사실과 부합되기 때문이 아니라 오히려 어긋나기 때문에 더 진정성이 있다는 것이다. '사실'과 '진실'이 일치하지 않는 이 재현의 역설은 증언과 문서 자료의 역사적 진정성에 관해 많은 시사점을 던져준다. 날조된 아우슈비츠 생존 수기들이 진짜 수기들보다 역사적 사실을 더 확실하게 복원하고 있다는 역설도 이 지점에서 흥미로운데, 이는 날조된 수기들이 대부분 역사 자료들을 주도면밀하게 검토하고 연구한 뒤에 쓰이기 때문이다.

조르조 아감벤(Giorgio Agamben)이 아우슈비츠의 해결할 수 없는 문제라는 의미의 '아우슈비츠의 아포리아(aporia)'라고 이름 붙인 이 재현의 역설은 기억과 역사의 관계를 함축적으로 보여준다. '목소리 소설'이라는 독특한 장르를 개척해 노벨 문학상을 받은 벨라루스 출신의 소설가 스베틀라나 알렉시예비치(Svetlana Alexievich)는 자신을 '사람의 마음을 살피는 역사가'라고 소개한 바 있다. 기억 연구는 알렉시예비치처럼 타인의 아픔에 대해 '공감'할 줄 아는 역사가들만 할 수 있는 일이다. 트라우마가 있는 증인들을 문서 자료에 비추어 날카롭게 신문할 때 역사적 진실이 드러난다고 생각하는 역사가는 하수일 뿐이다. 역사, 특히 실증주의적 역사에 비추어 기억 연구가 갖는 윤리적 감수성은 다른 무엇보다 알렉시예비치의 목소리 소설들에서 잘 표현되는 게 아닌가 싶다.

3. 홀로코스트, 법정에 서다

누가 누구의 명예를 훼손했는가

'홀로코스트 부정' 하면 아마도 영국의 재야 역사학자 데이비드 어빙(David Irving)이 가장 먼저 떠오를 것이다. 어빙은 2017년 국내에서도 개봉해 화제를 모은 영화 〈나는 부정한다(Denial)〉에도 주인공 중 한 사람으로 등장했다. 영화는 이른바 '데이비드 어빙 대 펭귄 출판사와 데버라 립스탯(Irving v Penguin Books and Deborah Lipstadt)' 사건의 재판과정을 다루고 있는데, 어빙의 홀로코스트 부정론과 그 함의를 둘러싼 법정 공방이 주요 내용이다. 소송의 시작은 어빙이 명예훼손 혐의로 미국의 역사학자 데버라 에스터 립스탯(Deborah Esther Lipstadt)과 그녀의 저서 《홀로코스트 부정하기(Denying the Holocaust)》를 출간한 영국의 펭귄 출판사를 영국 법정에 고소한 1996년 7월로 거슬러 올라간다.

립스탯은 책에서 어빙을 홀로코스트 부정론자로 규정했다. 이 책은 우리에게 미용실과 샴푸로 잘 알려진 비달 사순(Vidal Sassoon)의 재정 지원으로 설립된 비달 사순 반유대주의 국제연구센터(Vidal Sassoon International Center for the Study of Antisemitism, SICSA)에서 연구 기금을 지원받아 1993년 미국에서 먼저 출간되었다. 책은 출간되자마자 《뉴욕타임스》, 《보스턴글로브》 등에 우호적인 서평이 실려 주목을 끌었다. 다음 해에 펭귄 출판사를 통해 영국에서 출간되었지만, 영국에서는 유대계 미디어를 제외하면 별다른 관심을 끌지 못했다. 첫해 판매 부수도 총 2,088부에 불과했다. 그런데 1996년에 어빙이 명예훼손으로 립스탯을 고소하고 변호팀의 '증거개시절차(discovery)'를 거쳐 2000년 1월부터 런던 법정에서 역사 해석을 놓고 불꽃 튀는 재판이 진행되면서부터 영국 언론의 관심을 끌게 된다. 어빙은 립스탯이 공개 사과와 함께 자신이 지정하는 자선단체에 500파운드를 기부하면 고소를 철회하겠다고 공개 제안했다. 본격적인 재판이 시작되기도 전에 이처럼 도발적인 공개 제안을 한 배경에는 나름대로 주도면밀한 계산이 있었다. 미국에서는 명예훼손소송 시 무죄 추정의 원칙이 적용되어 소송을 제기한 원고 측에서 피고의 명예훼손 의도를 입증해야 하는 반면, 영국에서는 반대로 피고가 원고의 명예를 훼손할 의도가 없었음을 입증해야 한다. 원고는 그저 피고의 명예훼손적인 말이나 글 또는 행위의 일단을 법원에 증거로 제시하기만 하면 된다. 명예훼손 관련 고의성을 입증하기가 얼마나 어려운지를 감안하면 미국 법정은 명예훼손에 관한 한 피고에 유리하다는 평가를 받을 수밖에 없다. 그래서 가능하다면 미국 법정을 피해 대서양 건너 영국 법정에 제소하는 관행이 생겼고, 미국 법조계에서는 이를 '명예훼손법 이민'이라고 농담처럼 부르기도 한다. 그러니 영국에서의 재판은 시작하기도 전에 이미 원고인 어빙에게 유리한 재판이었다. 립스탯은 어빙의 제안을 단호하게 거절했다. 어빙이 내세운 조건이 상당히 모욕적이기도 했지만, 입증의

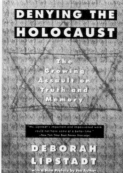

홀로코스트 부정론을 둘러싼 이 법정 공방은 《홀로코스트 부정하기》(가운데)에서 역사학자 데버라 립스탯(왼쪽)이 데이비드 어빙(오른쪽)을 홀로코스트 부정론자로 지목한 것을 빌미로 시작되었다. 〈출처:위키미디어 커먼즈〉

어려움을 빌미로 싸움을 포기하면 자칫 홀로코스트 부정론을 공인하는 꼴이 될 수도 있기 때문이었다. '데이비드 어빙 대 펭귄 출판사와 데버라 립스탯' 사건 재판은 이렇게 시작되었다.

어빙이 전개한 논지의 핵심은 아우슈비츠에 가스실이 있었다는 주장은 사실무근이므로 홀로코스트는 역사적 사실이 아니며, 따라서 자신을 홀로코스트 부정론자로 규정하는 것은 명백한 명예훼손이라는 것이었다. 그러니 립스탯이 어빙의 명예를 훼손했다는 판결이 내려지면 영국 법정이 가스실의 존재를 부정함으로써 홀로코스트 자체를 부정하려는 어빙의 홀로코스트 부정론을 공인하게 되는 꼴이었다. 이 재판을 취재하여 책(《법정에 선 홀로코스트(The Holocaust on trial)》)으로 출간한 미국의 저널리스트 돈 거튼플랜(Don D. Guttenplan)의 표현을 빌리면, 결국 '홀로코스트가 법정에 서게 된 것'이었다.

의도적 왜곡인가, 의도치 않은 오류인가

  피고 측의 비용만 하루에 1만 파운드씩 소요되는 비싼 재판이었다. 게다가 데버라 립스탯은 학교가 있는 애틀랜타와 런던을 수없이 왕복해야 했다. 펭귄 출판사가 비용의 대부분을 떠맡았다 해도 대학교수가 감당할 수 있는 수준이 아니었다. 립스탯은 미국의 유대인 단체들과 영화 〈쉰들러 리스트〉의 감독인 스티븐 스필버그가 설립한 쇼아 재단의 지원으로 겨우 데이비드 어빙에게 맞설 수 있었다. 어빙이 역사를 왜곡하고 거짓말을 했음을 입증하는 차원의 문제였다면 차라리 간단했을 것이다. 법정 공방이 계속되면서 어빙이 의도적으로 역사를 왜곡했는가, 아니면 단지 자료를 해석하는 과정에서 누구나 범할 수 있는 오류를 범했는가 하는 문제로 논쟁이 발전했다. 변호팀은 어빙의 의도를 밝혀야 하는 어려운 과제에 직면했다. 어빙의 머릿속에 들어가 의도적인 왜곡이었는지 단순 실수였는지를 파헤치는 것은 결코 쉬운 일이 아니었다. 그럼에도 변호팀은 정면대결을 택했다.

  전략은 다음과 같았다. 첫째, 아우슈비츠에 가스실이 존재했고 나치가 유대인 말살을 위해 가스실을 이용했다는 증거에 초점을 맞춰 홀로코스트가 역사적 사실임을 증명하는 자료를 제시하되, 합리적이고 공정한 역사가라면 이를 의심할 수 없음을 보여주어 어빙은 합리적이지도 공정하지도 않음을 드러낸다. 둘째, 어빙의 정치적 견해와 네오나치 집단과의 협력을 문서로 입증한다. 셋째, 어빙의 역사 왜곡을 어빙의 저작과 자료들을 통해 입증한다. 법률적으로는 위험부담이 큰 결정이었지만, 어빙의 홀로코스트 부정론이 영국의 법정에서 공식적으로 인가받게 할 수는 없다는 도덕적 고려가 크게 작용했다. 그러려면 각 분야의 전문가들이 필요했다. 미국의 역사학자이자 홀로코스트 연구자인 크리스토퍼 브라우닝(Christopher Browning)과 독일의 역사학자 페터 롱게리히(Peter Longerich), 네덜란드의 건축 전문가 로버트 얀 반 펠트(Robert Jan van Pelt)가 첫 번째 전략을, 베를린 자유대학의 정치학 교수 하요 풍케(Hajo Funke)가 전문가 증인(expert witness)으로서 두 번째 전략을 책임지기로 했다. 세 번째 전략이 성공하려면 뛰어난 나치즘 연구자가 필요했다. 나치즘에 관한 어빙의 역사 지식은 웬만한 역사학자들보다 깊고 풍부했기 때문이다. 그 때문에 피고 측 변호사들은 탁월한 나치즘 연구자로 평가받는 역사학자에게 자문 역할을 맡기려 했다. 먼저 접촉한 이언 커쇼(Ian Kershaw)는 너무 바쁘다며 거부 의사를 밝혔다. 변호팀은 고민 끝에 케임브리지 대학의 독일사 전문가 리처드 에번스(Richard J. Evans)를 유력한 전문가 증인이자 자문역으로 끌어들이는 데 성공했다. 에번스의 합류에 힘을 얻은 변호팀은 재판 전 증거개시절차를 신청했다. 이를 통해 어빙의 서재에 들어가 비밀스러운 연구 파일과 자료를 확보했다. 에번스의 지휘 아래 박사과정 학생 두 명이 약 18개월 동안 어빙의 책과 자료 들을 샅샅이 읽고 분석했다.

2000년 1월 11일, 드디어 런던 법원 제37호 법정에서 재판이 시작되었다. 이후 에번스 이하 전문가 증인들의 조언을 받은 피고 측 변호사들이 어빙과 벌인 법정 공방은 통렬하다. 예컨대 변호사들은 어빙이 쓴 헤르만 괴링(Hermann Göring) 전기의 한 대목을 꼭 집어 이렇게 물었다. "1923년 뮌헨 반란 실패 직후의 집회에서 괴링이 눈을 부릅떴다고 썼는데, 그가 눈을 부릅떴는지 어떻게 알았는가?" 어빙은 "작가의 재량"이라고 대답했다. 그러자 변호사들이 다시 물었다. "당신이 지어냈다는 말인가?" 어빙이 대답했다. "그렇다." 어빙이 인종주의자인지를 놓고 벌인 공방도 흥미롭다. 어빙은 자기 집에서 일했던 유색인들의 사진을 법정에 제시하고는, 이 사진들이야말로 자신이 인종주의자가 아니라는 훌륭한 증거라고 주장했다. 에번스가 반문했다. "당신이 인종주의자가 아니라는 것을 입증할 직접적인 문서상의 증거(documentary proof)가 있습니까?" 문서가 아닌 정황 증거들만으로는 홀로코스트를 증명할 수 없다는 어빙의 논리 그대로 어빙의 주장을 반박한 것이다.

실제로 어빙은 히틀러가 홀로코스트를 명령했다는 공식 문서를 찾지 못하는 한 히틀러에게는 책임을 물을 수 없다는 논리를 폈다. 또 히틀러가 학살에 개입했다는 문서를 대는 사람에게는 1,000달러를 주겠다는 기상천외한 제안을 하기도 했었다. 크리스토퍼 브라우닝이 법정에서 증언했듯이,○2부 7장 실제로 히틀러가 유대인 학살을 명령한 문서는 발견된 적이 없다. 그러나 히틀러는 자신이 무엇을 기대하는지 하인리히 힘러(Heinrich Himmler) 등 측근에게 여러 번 이야기했고, 그들도 히틀러의 의중을 이해했다. 그런데도 히틀러의 유대인 학살 명령서를 찾지 못하는 한 히틀러에게 책임을 물을 수 없다는 어빙의 주장은 역사적 논변이기보다는 궤변이었다.

재판을 맡은 판사 찰스 그레이(Charles Gray)는 "판사는 역사학자가 아니다"라고 했지만, 법정에서 역사 이야기가 빠진 날은 하루도 없었다. 에번스는 어빙이 어떻게 자료를 왜곡하고 오역을 남발했으며, 자신의 왜곡을 숨기기 위해 어떤 술수를 썼는지에 대해 700페이지가 넘는 상세한 보고서를 작성했다. 졸지에 역사 논쟁에 휘말린 판사는 9명의 증인이 쏟아낸 150만 단어에 달하는 증언 기록과, 수천 페이지의 보고서 및 수만 페이지에 달하는 역사 자료를 읽어야 했다. 2000년 4월 11일 열린 선고 공판에서 판사는 무려 300페이지가 넘는 판결문을 공시했다. 판결문의 4분의 3을 제출된 모든 증거를 분석하는 데 할애한 후에야 판사는 "객관적이고 공정한 역사학자라면 누구나 아우슈비츠에 가스실이 있었고 이것들이 상당한 규모로 가동되어 수십만 유대인의 목숨을 앗아갔다는 사실을 의심하지 않을 것"이며, 어빙이 네오나치즘을 조장하는 극우주의자들과 협력하며 자신의 이데올로기적 의도에 따라 역사적 증거들을 왜곡하고 조작했다고 결론을 내렸다.

실증의 이름으로 증인을 핍박하다

홀로코스트를 입증하는 압도적인 증거와 증언을 모두 무시한 데이비드 어빙의 홀로코스트 부정론은 반유대주의의 표현이라고 보는 게 옳을 것이다. 피고 측 변호인단이 증거개시절차를 통해 어빙의 출발점에 서서 그의 생각을 따라가며 그가 사용한 증거와 논리를 하나하나 면밀히 검토해서 반박한 과정은 칼 포퍼(Karl Popper)의 '오류의 반증가능성(falsifiability)' 테제를 연상케 한다. 그러나 포스트모더니즘이나 헤이든 화이트(Hayden White)류의 구성주의가 어빙과 같은 홀로코스트 부정론자에게 빌미를 주었다는 데버라 립스탯이나 리처드 에번스의 비판은 너무 성급하다. 그런 비판은 어빙이 홀로코스트 생존자들의 증언을 무시한다는 점을 무시한다. 유대인 생존자의 증언을 무시하는 어빙의 태도는 정치적으로는 반유대주의의 반영이지만, 기술적으로는 문서중심적 실증주의의 결과다.

립스탯 측 변호인단은 법정에서 직접 증언하겠다는 홀로코스트 생존자들의 제안을 받아들이지 않았다. 생존자들의 기억이 부정확하다는 점을 노려 마치 범인을 취조하는 형사처럼 어빙이 덤벼들 게 불 보듯 뻔했기 때문이다. 어빙의 실증주의적 공격에 생존자들이 상처받게 할 수는 없었다. 이들에 대한 배려도 재판에서 이기는 것 못지않게 중요했다. 히틀러의 최종 명령서에 1,000달러의 상금을 건 데서 보이듯이, 어빙의 역사 서술은 생존자의 증언이나 기억을 무시하고 공식적인 문서에 집착한다. 어빙의 논리는 1980년 5·18민주화운동 당시 전두환의 발포 명령서를 찾지 못했으므로 전두환에게 광주시민 학살에 대한 책임을 물을 수 없다는 논리나, 군대의 관여를 증명할 만한 공식 문서가 없다는 이유로 일본군 '위안부'를 부정하는 일본 우익의 논리와 놀랄 정도로 가깝다.

이 같은 부정론들은 포스트모더니즘이나 구성주의보다는 실증주의를 따르는 전통적 역사 방법론에 더 의지하고 있다는 게 내 판단이다. 물론 이 부정론자들은 필요할 때 서슴없이 포스트모더니즘이나 구성주의를 받아들인다. 자신들의 정치적 의제를 위해서는 언제든지 역사적 진실을 희생할 준비가 되어 있기 때문이다. 그럼에도 문서 자료가 없거나 사라진 상황에서는 실증주의가 이들에게는 한층 더 유리한 무기이다. '있음'을 증명하기보다는 '없음'을 지키는 게 더 쉽기 때문이다. 그러니 부정론자 어빙이 증인의 기억이 사실과 어긋난다 하여 그것이 가짜는 아니며 때때로 '진실(목격자의 기억)'이 '사실'과 어긋나기도 하는 '아우슈비츠의 아포리아'를 이해하고 받아들일 것이라고는 생각하기 어렵다.

홀로코스트 수기 중 진짜는 작가가 직접 경험하거나 목격했다는 사실에 의존해 자신의 기억을 문서 자료와 대조하는 과정을 소홀히 하는 반면, 가짜는 그 과정을 충실히 이행함으로써 당시의 상황을 더 사실에 가깝게 묘사하고 있는 역설을 상기할 필요가 있다. 실증의 이름으로 증인의 진정성을 무시하고 증언의 신빙성을 떨어뜨리는 것은 홀로코스트, 일본군 '위안부', 식민주의 제노사이드 등을 부정하는 거의 모든 사람에게서 널리 발견되는 현상이다. 타자의 아픔에 공감하는 기억의 연대를 위해서는 부정론을 재생산하고 있는 '부정'의 국제주의를 깨트리는 것이 급선무이다.

학문의 자유와 법적 규제

재판의 후일담도 흥미롭다. 리처드 에번스 교수는 처음부터 피고 측에서 어빙 대 립스탯 재판에 참가한 경험을 바탕으로 어빙의 홀로코스트 부정론을 실증적으로 조목조목 반박한 책《히틀러에 대해서 거짓말하기 (Lying about Hitler)》(2001)를 출간했다. 그러나 출판과정이 순조롭지 않았다. 애초에 출간하기로 한 영국의 출판사에서 계약을 취소하는 바람에 할 수 없이 미국에서 출간해야만 했다. 2,000부 조금 넘게 팔린 책을 위해 200만 파운드에 이르는 막대한 재판비용을 감당해야 했던 펭귄 출판사의 전철을 밟지 않겠다는 게 그 출판사의 판단이었으리라. 재판비용 때문에 펭귄 출판사는 이기고도 진 셈이었다. 출판사들은 명예훼손소송이 두려워 아예 논쟁적인 책을 출판하지 않으려 했다. 비용이라는 시장의 검열체제가 작동하기 시작한 것이다.

반면 어빙은 지고도 이긴 셈이었다. 어빙은 우선 보상금으로 재판비용의 일부인 15만 파운드를 지불하라는 선고를 받았지만 보상금을 내지 않으려고 버티다가 파산 선고를 당하고 런던 메이페어의 살던 집까지 잃게 되었다. 그러나 어빙은 이 재판을 계기로 세계 언론의 주목을 받으며 세계 곳곳 홀로코스트 부정론자들의 영웅으로 떠올랐다. 처음부터 그의 의도는 여기에 있었는지도 모르겠다. 2005년 11월에는 오스트리아를 여행하던 어빙이 홀로코스트를 부정했다는 혐의로 오스트리아 경찰에 체포되면서 재판의 후일담이 계속되었다. 홀로코스트 부정을 범죄로 규정하는 오스트리아 정부는 1989년 빈 강연에서 홀로코스트를 부정하는 논지를 편 어빙에 대해 이미 체포영장을 발부해놓은 상태였다.

어빙이 체포되자 미국의 신망 있는 역사학자들은 어빙의 석방을 촉구하는 연판장을 돌렸다. 홀로코스트 부정론은 학문의 장에서 학문적으로 걸러 소멸시켜야지 법으로 제재한다면 학문과 표현의 자유를 침해할 수 있다는 이유에서였다. 흥미로운 것은 어빙에게 고소당했던 립스탯까지 연판장에 서명했다는 사실이다. 영국이나 미국은 홀로코스트 부정론을 법적으로 처리하는 문제에 대해 유럽 대륙의 국가들과 다른 입장을 취하고 있다. 유럽 대륙에서는 홀로코스트 부정을 형법으로 처벌해야 한다는 여론이 대세인 반면, 영국이나 미국에서는 학문과 표현의 자유를 우선시하는 분위기이다.

이는 어느 편이 옳고 어느 편이 그르냐의 문제는 아니다. 학문과 표현의 자유에 대한 각각의 사회적 기준과 공감대에 따라 입장이 다를 수밖에 없는 문제이다. 게다가 이는 홀로코스트 부정론에만 해당되는 문제도 아니다. 예컨대 홀로코스트 부정론이 학문의 자유에 속한다면, 타자 집단에 대한 증오를 부추기는 '혐오 발언(hate speech)'도 표현의 자유에 넣어야 하는가? 만약 혐오 발언을 법적으로 규제한다면 홀로코스트 부정론도 규제해야 하는 게 아닌가? 홀로코스트 부정론과 혐오 발언은 어떻게 같고 어떻게 다른가? 또 식민주의 제노사이드, 일본군 '위안부', 민간인 학살 부정론 등은 어떻게 다룰 것인가? 법리를 따져서 이런 문제들에 대한 답을 얻을 수는 없다. 특히 홀로코스트 부정론에 대한 유럽 대륙과 영미권의 입장 차이는 홀로코스트와 연루된 역사적 경험의 차이와 무관하

50

기억 전쟁

지 않다. 제2차 세계대전 당시 나치 독일에 점령당했던 유럽 대륙의 여러 나라가 홀로코스트 부정론에 대해 더 엄격한 입장을 취하는 것은 나치의 공범이라는 굴레에서 자유롭지 못하기 때문이다. 이에 비해 영국과 미국은 같은 교전 당사국이었지만 유럽 대륙 국가들과 달리 나치의 점령 하에 놓인 적이 없으니 나치에 협력한 홀로코스트 공범자라는 과거의 굴레 같은 것도 없다. 따라서 홀로코스트 부정론에 대해서도 사상과 학문의 자유에 더 방점을 찍고 법적 규제보다는 공론장에서의 학문적 토론을 선호하는 게 아닌가 한다.

사법적 정의와 역사적 진실

우리나라에서도 2013년 〈반인륜 범죄 및 민주화운동을 부인하는 행위의 처벌에 관한 법률안〉이 발의된 데 이어, 2014년에는 〈일제 식민 지배 옹호행위자 처벌 법률안〉과 〈일본 제국주의의 식민 통치 및 침략 전쟁 등을 부정하는 개인 또는 단체의 처벌 등에 관한 법률안〉이 발의된 바 있다. 또한 조선 여성들이 일본군의 성노예로 끌려가 학대당한 사실을 부인하거나 왜곡하고 그들을 매춘부라 칭하며 명예를 훼손하는 행위에 대해 엄격히 처벌하려는 〈일제하 일본군 위안부 피해자에 대한 생활안정지원 및 기념사업 등에 관한 법률 일부개정법률안〉이 2018년 현재 국회에 입법 예고된 상태이다. 한국 역시 역사 부정을 법으로 규제하는 문제를 진지하게 성찰해야 하는 시점인 것이다.

홀로코스트를 부정하는 개인이나 단체에 형사 책임을 물어온 독일의 경험이 유용한 참조가 될 것이다. 독일에서는 네오나치를 견제하기 위해 형법에 대중선동죄를 규정하고 있다. 통상 '아우슈비츠 거짓말(Auschwitzlüge) 법'이라고도 불리는 형법 제130조는 국가사회주의(나치) 지배하에 벌어진 반인도적 범죄를 공공의 평온을 교란하기에 적합한 방식으로 공연히 승인, 부인, 고무한 자(제3항)와 나치 피해자의 존엄을 침해하는 방법으로 공공의 평온을 교란한 자(제4항)를 처벌하도록 규정하고 있다. 아우슈비츠 거짓말 법은 홀로코스트 부정을 개인의 법익을 넘어 집단의 법익, 더 나아가 사회의 법익을 침해하는 범죄로 보았다는 데 그 특징이 있다. 요컨대 홀로코스트를 부정하거나 정당화하는 언행은 유대인 개개인에 대한 모욕일 뿐만 아니라 독일이라는 국가에 대한 모독이자 사회 통합을 해치는 행위라는 것이다. 법이 보호하려는 이익, 즉 보호법익이 사적 권리를 넘어 사회적 기억으로 확장되었다고도 해석할 수 있다.

아우슈비츠 거짓말 법 이전에는 홀로코스트 부정론을 규제할 만한 법 규정이 마땅찮아 명예훼손에 관한 법률에 기댈 수밖에 없었다. 문제는 고소인의 자격을 둘러싸고 논란이 벌어지곤 했다는 점이다. 독일에서 명예훼손죄는 친고죄에 해당하는 관계로 재판이 성립되기 위해서는 홀로코스트 부정론으로 모욕당하거나 명예가 훼손된 피해 당사자가 직접 부정론자를 고소해야 했는데, 고소인이 유대인이 아니라는 이유로 공소가 제기되지 못한 경우도 있었다. 반대로 공소가 성립된 경우도 곤혹스럽기는 마찬가지였다. 고소인 자격을 인정받으려면 유대인임을 입증해야 했는데, 1979년의 한 판례가 그러한 예이다. 이 재판에서는 홀로코스트 생존자가 1935년 나치에 의해 제정된 뉘른베르크 법에 의거해 유대인의 피가 4분의 1가량 섞인 '2등급 혼혈'임을 근거로 피해자로서 고소인 자격을 인정받았다. 홀로코스트 부정론자를 처벌하기 위해 인종주의와 반유대주의에 토대한 나치의 뉘른베르크 법에 의거해야만 했던 모순 앞에서는 누구라도 경악하지 않을 수 없다.

아우슈비츠 거짓말 법은 바로 이런 딜레마를 해결하는 방법이었다. 이 법은 명예가 아닌 역사적 진실을 보호법익으로 하고 있기 때문에 모욕죄와 달리 친고죄의 제약을 받지 않는다. 고소인의 자격을 문제 삼을 근거가 사라진 것이다. 아울러 독일 형법 제194조는 해당 모욕이 나치 치하에서 받은 박해와 연관되어 있을 경우, 피해자가 이의를 제기하지 않는 이상 고소 없이도 형사소추, 즉 기소가 가능하다고 명시하고 있다. 입법 과정에서 과거의 죄를 인정하는 독일의 솔직함은 '망각'을 통해 정통성을 확보하려는 다른 국가들과는 도덕성에서 분명히 차별된다.

그러나 이 법에도 그늘은 존재한다. 법제화를 위해 보수파의 협력이 절실했던 아우슈비츠 거짓말 법 추진 세력은 제2차 세계대전 말기 동유럽 점령지에서 추방당한 독일인들의 고통을 부정하는 부정론자들도 형사소추 대상으로 못박았다. 1,200만 명에 달하는 대규모의 피란민과 많게는 200만 명으로 추산되는 독일 민간인의 희생을 간과하거나 부정하는 것은 물론 있을 수 없다.○2부 3장 그러나 적어도 이 법의 틀 안에서는 독일인 피란민이 홀로코스트 희생자와 똑같은 역사적 지위를 차지하게 된 것이다. 유대인 희생자 개개인을 대신해서 국가가 홀로코스트 부정론자를 고소할 수 있도록 만든 이 법의 함의는 이처럼 역설적이다. 이 법이 입법자들의 의도와는 달리 1990년대 이후 통일 독일의 기억 문화에서 독일의 희생자의식이 다시 고개를 드는 데 기여했는지도 모르겠다. 역사 부정론을 법으로 규제하는 일은 생각보다 훨씬 복잡한 문제를 낳는다.

민주화운동, 일본의 식민 지배와 침략 전쟁, 일본군 '위안부' 부정론에 대한 법적 규제 문제도 다르지 않다. 만약 남한의 우파가 북한의 남침설을 부정하는 부정론자들을 처벌하자고 주장한다면? 만약 좌파가 제

주 4·3 사건이나 한국전쟁 당시 미군과 정부군이 저지른 양민 학살을 부정하는 행위를 처벌하자고 주장한다면? 또 좌파와 우파 민족주의자들이 합심해서 구한말 의병운동의 민족적 대의를 깎아내리는 역사학자를 반민족주의자로 처벌해야 한다고 주장한다면? 고구려가 중국도 한국도 아닌 복합적 역사 공간이라는 변경사의 주장을 반민족행위로 처벌해야 한다고 주장한다면?

상식적인 기억 연구자라면 실증의 이름으로 일본군 '위안부' 피해자를 모욕하고 상처를 덧내는 역사 서술 방식에 분노하고 비판하는 것이 당연하다. '사실'과 '진실'이 모순되기도 하는 과거 재현의 복잡성을 이해하지 못한 채 트라우마로 고통받는 희생자에게 '문서적 사실에 의한 실증'의 폭력을 휘두르는 사람들의 지적·도덕적 천박성을 감쌀 생각은 추호도 없다. 그렇다고 해서 법이 홀로코스트, 식민주의 제노사이드, 일본군 성노예제에 의한 피해 등의 역사를 윤리적이고 책임 있는 사회적 기억으로 만드는 데 적합한 도구인지는 자신이 없다. 또 국가가 희생자를 대신해서 역사 서술의 모독으로부터 그들을 보호할 수 있다는 생각이 마땅한지도 모르겠다. 법이나 공권력에 피해자에 대한 정서적 공감을 기대하기는 어렵기 때문이다.

타자의 고통에 공감하고 과거에 대해 책임을 지며 미래를 향해 열려 있는 사회적 기억은 어떻게 가능한가? 이 질문에 대한 답은 어쩌면 법을 넘어서 구해져야 하는 것이 아닐까?

• 법조문의 해석에 대해 초고의 오류를 바로잡고 귀중한 가르침을 준 연세대 이철우, 제주대 이소영 두 분께 깊이 감사드린다.

4. 부정론자 인터내셔널

누가 홀로코스트를 기획했는가

만약 이스라엘의 수상이자 매파 시오니스트인 베냐민 네타냐후 (Benjamin Netanyahu)가 홀로코스트 부정론자라면 어떨까? 이스라엘이라는 국가에 인종주의적 색깔을 끊임없이 덧입히고 트랜스내셔널한 다문화 도시 예루살렘을 유대인의 도시로 독점하고 아랍인 이웃을 쫓아낸 자리에 유대인의 정착촌을 세우는 데 적극적이었던 그가 홀로코스트 부정론 자라면 누구나 고개를 갸웃할 것이다. 그렇지만 네타냐후가 2015년 10월 21일 예루살렘에서 열린 '세계 시오니스트 대회(World Zionist Congress)' 에서 연설한 내용을 보면 생각이 달라질 수도 있다. 때때로 이스라엘 신문의 지면을 독차지할 정도로 화제를 몰고 다니는 문제아이기는 하지만, 그의 이날 발언은 수많은 문제 발언 중에서도 단연 돋보였다.

네타냐후에 따르면, 히틀러는 원래 유대인을 유럽 밖으로 추방하려고만 했다. 그런데 누군가가 히틀러에게 '유럽 유대인 절멸'이라는 생각을 심어주었는데, 그 누군가가 바로 예루살렘의 이슬람 율법학자 하지 아민 알 후세이니(Haj Amin al-Husseini)였다는 것이다. 1941년 11월 후세이니는 베를린으로 히틀러를 예방해, "당신이 유대인들을 추방하면 그들은 전부 팔레스타인으로 올 것"이라며 깊은 우려를 표명했다. 그러자 히틀러가 물었다. "그러면 유대인들을 어떻게 하면 좋겠는가?" 후세이니의 답은 간명했다. "불태워버리시게." 다시 말해 히틀러는 유럽에서 단순히 유대인들을 쫓아내려고만 했을 뿐 홀로코스트를 저지를 생각은 없었는데, 팔레스타인의 율법학자 후세이니에게 설득되어 유대인을 태워 죽였다는 것이다.

히틀러와 후세이니의 대화를 엿들었을 리도 만무하고 또 그 대화 내용을 확인할 수 있는 처지도 아니지만, 네타냐후는 마치 현장을 중계하듯 생생한 말투로 그들의 대화를 전했다. 데이비드 어빙이 뮌헨 반란 직후의 한 집회에서 헤르만 괴링이 "눈을 부릅뜨고" 연설했다고 썼을 때처럼, 네타냐후도 건조한 사실의 나열보다는 현장감을 살린 생생한 묘사가 청중을 자기편으로 끌어들이는 데 더 유용하다고 여겼을 것이다. 더구나 국가 안보에 경각심을 심어줄 수 있다면 실존 인물들의 대화 내용을 비트는 것쯤이야 대의를 위한 선의의 사소한 거짓에 불과하다고 스스로를 합리화했을 것이다. 네타냐후는 앞서 2012년에도 이스라엘 의회 크네세트(Knesset)에서 후세이니가 홀로코스트를 기획한 인물 가운데 한 명이라고 주장한 바 있다. 네타냐후의 이 독특한 역사 해석은 이스라엘의 리버럴한 언론은 물론이고 많은 유대인 지식인과 홀로코스트 전문가의 공분을 샀다.

네타냐후의 발언은 개인의 생각이 돌출된 것이라기보다는 이스라엘 내부의 특정한 흐름을 반영하는 것이었다. 히틀러를 지지한 후세이니와 야세르 아라파트(Yasser Arafat)가 이끄는 팔레스타인해방기구(PLO)의 연속성을 강조하는 연구가 그것이다. 이스라엘에서 만든 홀로코스트 백과사전에서도 그런 경향이 감지된다. 사전의 항목들을 비교해보면 후세이니에 대한 설명이 파울 괴벨스(Paul Joseph Goebbels)나 헤르만 괴링의 두 배에 달하고, 심지어는 하인리히 힘러와 라인하르트 하이드리히(Reinhard Heydrich)를 합친 것보다 길다. 히틀러를 설명한 항목만이 후세이니 항목보다 약간 더 길 뿐이다. 백과사전이 갖는 정전적 성격을 감안하면, 심각한 문제가 아닐 수 없다.

팔레스타인 사람들을 홀로코스트 공범자로 모는 주장들이 이스라엘 홀로코스트 연구의 주류라고 할 수는 없다. 그러나 이런 연구가 존재하는 것도 엄연한 사실이다. 팔레스타인을 비롯한 중동의 이슬람교도에게 홀로코스트 공범자라는 이미지를 덧씌움으로써, 이스라엘의 팔레스타인 지배를 도덕적으로 정당화하려는 얄팍한 의도가 엿보인다. 이는 이스라엘의 국가주의가 어떻게 홀로코스트의 기억을 독차지했는가를 잘 설명해준다. 그러나 네타냐후의 발언에서 돌출된 이스라엘의 국가주의적 기억은 역설적이게도 새로운 종류의 홀로코스트 부정론을 생산하는 것이 아닌가 한다. 어빙이 최종 명령서가 없다는 이유로 히틀러에게 홀로코스트에 관한 면죄부를 주려 했다면, 네타냐후는 이슬람 책임론을 통해 히틀러의 책임을 경감시키거나 이슬람에 책임을 전가하고 있기 때문이다.

네타냐후의 독특한 주장은 폴란드의 홀로코스트 부정론을 묘하게도 빼닮았다. '은폐된 홀로코스트' 같은 폴란드의 홀로코스트 부정론을 한마디로 요약하면, 폴란드 점령 당시 히틀러가 절멸시키려던 대상은 유대인이 아니라 '폴란드인'이었다는 것이다. 유럽의 유대인을 아프리카의 마다가스카르로 강제 이주시키려던 마다가스카르 계획(Madagascar Plan)에서 보듯이, 히틀러는 그저 유대인을 유럽 밖으로 내쫓아 유대인 없는 유럽을 만들려 했을 뿐이라는 게 그들의 주장이다.

부정론자들의 국제적 연대

홀로코스트 부정론은 상상 이상으로 스펙트럼이 넓다. 지구화의 흐름을 타고 지구적 기억 공간이 대두하면서 홀로코스트 부정론은 아르메니아 제노사이드, 식민주의 제노사이드, 일본군 '위안부', 한국전쟁과 베트남전쟁 당시 민간인 학살, 오스트레일리아의 '잃어버린 아이들', 르완다와 구 유고슬라비아 제노사이드 부정론 등과 서로 영향을 주고받으며 질량이 더 불어난 느낌도 있다. 실제로 부정론자들은 국경을 초월해 연대한다. 나는 이것을 '부정론자 인터내셔널'이라고 잠정적으로 부르고자 한다.

부정론자 인터내셔널을 상징하는 대표적인 예로는 2006년 12월 이란의 테헤란에서 '홀로코스트 검토: 지구적 전망(Review of the Holocaust: Global Vision)'이란 주제로 열린 학술대회를 들 수 있다. 이란 외무부가 공식 후원한 이 행사에는 이란 대통령 마무드 아마디네자드(Mahmoud Ahmadinejad)와 외무장관 등 이란의 고위 각료가 거의 전부 모습을 드러냈고, 30개국에서 67명이 참가했다. 언젠가는 이스라엘을 지구상에서 쓸

어버리겠다는 아마디네자드의 개막연설이 끝나자, 미국의 데이비드 듀크(David Duke)가 기조연설을 했다. 그는 홀로코스트에 의문을 제기하는 것 자체를 범죄시하는 서구의 분위기를 성토하며 이슬람의 반유대주의 정서를 자극했다. 루이지애나주 출신으로 상원에도 출마한 바 있는 듀크는 미국의 극우 비밀결사단체 KKK 대표를 지낸 대표적인 백인우월주의자였다. 홀로코스트 부정론이 인종주의에 기초한 반유대주의의 표현임을 감안하면 지나칠 수 없는 대목이다. 그와 그의 동료들은 21세기 들어 중동지역을 자주 방문했는데, 홀로코스트 부정론자를 처벌하는 서구의 법망을 피하기 위해서였다.

역사적으로 따져보면 반유대주의는 오랫동안 서구의 특별한 현상이었다. 중세 기독교 세계와 비교해봐도 이슬람 세계가 유대인에게 훨씬 관대했다. 그러던 것이 1948년 이스라엘 건국을 계기로 이슬람 세계에 반유대주의가 본격적으로 뿌리내리기 시작했다. 더불어 홀로코스트 부정론도 이스라엘 건국의 정당성을 깎아내리기 위한 담론으로 이슬람 세계에 널리 유포되기에 이르렀다. 백인우월주의자인 듀크가 이슬람 세계에 주목한 것도 이런 이유에서였다. 더구나 이슬람 세계와의 접목은 홀로코스트 부정론에 제3세계적 외양을 띠게 함으로써 인종주의적 색채를 옅게 만드는 효과를 가져왔다. 최근 들어 듀크 같은 백인우월주의자들이 민족자결권의 수사를 빌려 '백인우월주의' 대신 '백인분리주의'라는 용어를 사용하기 시작했다는 점에 주목할 필요가 있다. 테헤란 회의에는 듀크 외에도 프랑스의 로베르 포리송(Robert Faurisson)을 비롯해 스웨덴, 말레이시아, 스위스, 오스트리아, 헝가리, 오스트레일리아 등지에서 내로라하는 부정론자들이 다 참가했다. 이들은 대회 기간 중 홀로코스트 연구를 위한 세계 기구를 만드는 데 동의하고, 이란의 문화부 차관이자 아마디네자드 대통령의 보좌관인 모하마드 알리 라민(Mohammad-Ali Ramin)을 사무총장으로 선출했다.

이를 계기로 이란은 홀로코스트 부정론자 인터내셔널의 새로운 맹주로 부상했다.《테헤란타임스》는 데이비드 어빙과 포리송 등 영국과 프랑스 부정론자들의 주장을 여과 없이 게재하고, 이란 라디오 방송은 독일의 에른스트 췬델(Ernst Zündel)과 미국의 마크 웨버(Mark Weber) 같은 부정론자들과의 인터뷰를 방송했다. 그 이전에도 이란 정부는 홀로코스트 부정론자들에게 연대의 손을 내밀었었다. 이를테면 1998년 홀로코스트 부정론을 전파한 혐의로 감옥에 갔던 스위스의 위르겐 그라프(Jürgen Graf)에게는 정치적 망명처를 제공하기도 했다.

사실 테헤란 회의에 참가한 홀로코스트 부정론자들은 그저 파시즘적 이데올로기와 인종적 편견에 사로잡혀 부정론을 고집하는 부류에 지나지 않는다. 테헤란 회의는 부정론이라는 거대한 빙산의 일각일 뿐이다. 대단히 유감스럽게도 부정론의 목록은 한없이 길다. 그런 만큼 부정의 형태나 이유도 천차만별이다. 명백한 증거에도 불구하고 자신은 죽인 적이 없다는 학살자들의 뻔뻔한 부정, 가해행위의 국가적 책임을 외면하는 국가적 부정, 언론의 스포트라이트를 받아 이름을 내기 위한 기회주의적 부정, 인간이 그런 끔찍한 일들을 저질렀다고는 도저히 생각할 수 없다는 '순진'파의 부정, 언론의 자유를 빙자해 부정론자를 편드는 부정, 뻔뻔한 증거 조작을 통한 부정, 엄밀히 말해서 대량 학살이지 특정 민족 집단을 절멸할 목적으로 그 구성원을 의도적이고 체계적으로 살해 또는 박해한다는 의미의 제노사이드는 아니라는 '정의론(definitionalism)적' 부정, 학살의 맥락에 대한 상대화나 규모의 최소화를 통한 부정, 자기 민족만이 특별한 제노사이드의 희생자이고 다른 집단은 그냥 대량 살상의 희생자일 뿐이라는 자민족 중심주의에 기초한 부정, "내 홀로코스트 경험은 정말 대단했다"라는 식의 제노사이드 박물관 방명록의 문구나 '제노사이드 연회장'을 알리는 학술대회의 화살표 안내문처럼 제노사이드를 속화(俗化)하는 부정 등등. 지면 관계상 부정론의 유형별 사례들을 일일이 거론할 수 없는 것이 안타까울 정도다. 여기서는 다만 여러 유형의 부정론들을 종횡으로 가로지르는 논리적 특성을 중심으로 세 가지 범주의 부정론을 제시함으로써 부정론이 어떤 방식으로 사회적 기억을 생산해내고, 그렇게 생산된 부정론은 어떤 경로를 통해 유통되고 소비되는지에 대해 독자들과 함께 생각하는 기회를 갖고자 한다.

부정론의 세 가지 범주

첫 번째로 단도직입적인 부정론이 있다. 이런 부류의 부정론은 상대적으로 단순하고 눈에 잘 띄어 생각만큼 위험하지는 않다. 조금만 생각해보면 부정론임을 쉽게 알아챌 수 있기 때문이다. 자신의 기억과 다른 상대방의 대항 기억을 단순 부정하는 가장 설익은 논리인데, 이들이 자주 사용하는 단어들은 '거짓말', '혐오스러운 조작', '진실의 왜곡', '사실의 날조', '날조된 역사', '싸구려 소설', '각주가 달린 소설', '수백 가지 거짓말' 등처럼 즉물적이다. 테헤란에 모였던 가장 단순한 홀로코스트 부정론자들과 일본군 '위안부'의 폭력성을 부정하는 일본의 극우 논객들은 물론이고, 가해자가 아닌 '피해자'로서 자신들의 민족주의에 도덕적 정당성을 부여해온 민족 집단, 예를 들어 폴란드인 이웃들이야말로 예드바브네의 유대인들을 학살한 장본인임을 주장한 얀 그로스의 《이웃들》을 공격하는 폴란드 민족주의자들이나 1945년 한반도에서 일본으로 귀환하던 일본인들이 그 과정에서 겪은 생명의 위협, 굶주림, 성폭행의 공포 등을 묘사한 요코 가와시마 왓킨스(Yoko Kawashima Watkins)의 《요코 이야기》에 분노 어린 비판을 퍼붓는 한국의 민족주의자들 등에게서 이처럼 즉물적인 부정론의 수사가 자주 발견된다.○2부 2장, 4부 2장

폴란드나 한국의 민족주의자들은 그로스나 왓킨스의 책들이 역사적 사실을 잘 모르는 순진한 국제 여론이나 미국의 독자들을 속이고 역사책과 자전적 소설로 위장한 채 서점가에 음모론을 전파하고 있다고 주장한다. 이들에 따르면, 그 책들은 폴란드나 한국 민족의 명예를 훼손하려는 적들의 음모일 뿐이다. 유감스럽게도 이는 일본군 '위안부' 피해자를 부정하는 일본 극우의 논리와 결코 다르지 않다. 이들은 일본군 '위안부' 피해자 문제야말로 일본 민족의 명예를 더럽히려는 한국 민족주의자들의 거짓말이라는 입장을 고수해왔다.

두 번째는 '혐의(嫌疑)'의 부정론이다. 대부분이 소문에 의거해 상대방에게 혐의를 씌우는 형태로, 격한 감정을 불러일으키는 게 목적이다. 검증과정에서 혐의가 사실이 아닌 것으로 밝혀져도 상관없다. 그 즈음이면 이미 혐의가 불러들인 감정들이 기억의 공간과 담론 질서를 지배하는 상황이기 십상이다. 따라서 혐의 제기만으로도 절반은 성공한 셈이다. 혐의는 부정론자들이 자기주장에 대한 신뢰성을 강화하기 위해 자주 사용하는 담론 장치 가운데 하나다. 부정론자는 자신이 제기한 혐의를 굳이 입증할 필요가 없다. 혐의 제기만으로도 혐의를 쓴 대상에 대한 의심과 의혹, 불신을 불러일으키기에 충분하다. 비판적 기억의 역사적 진정성에 흠집을 내고 신뢰성을 뒤흔들어 반박하는 가장 손쉬운 도구로 혐의가 자주 사용되는 것도 이 때문이다.

예드바브네 논쟁 당시 폴란드 민족주의자들은 얀 그로스가 《이웃들》에서 자주 인용한 증언의 주인공인 학살 생존자 슈물 바세르슈타인을 타깃으로 삼았다. 그들은 바세르슈타인이 소련 비밀경찰의 일원이자 폴란드 안전보위부 간부였다고 주장했는데, 이는 그로스의 주장이 신뢰할 만하지 못하다는 인상을 주기 위해 절묘하게 선택된 혐의였다. 바세르슈타인에게 씌워진 혐의는 그의 증언이 소련이나 폴란드 스탈린주의자들의 정치적 각본에 따른 것이며, 따라서 그로스의 주장은 그 근거 자체가 스탈린주의자들의 음모에서 비롯된 엉터리라는 인상을 줄 수 있었다. 폴란드 민족주의자들의 주장 아래에는 폴란드인 이웃들이 예드바브네에서 유대인을 학살했다는 주장은 소련의 스탈린주의자들과 폴란드의 유대계 공산주의자들이 공모하여 날조한 거짓이라는 전제가 깔려 있다. 아마도 폴란드 공산당이 혐의를 걸었다면 바세르슈타인이 미국 CIA의 첩자라고 했을 가능성이 크다.

키엘체(Kielce) 학살에 대한 혐의도 그 전제나 논리가 유사하다. 1946년 7월 4일 폴란드의 중소도시 키엘체에서 성난 군중이 유대인 난민센터를 습격하여 42명의 홀로코스트 생존자를 학살했다. 유대인들이 비밀스러운 제의(祭儀)에 가톨릭 소년의 피를 사용하기 위해 폴란드 소년을 납치해서 살해하려고 했다는 소문이 학살의 발단이었다. 그런데 당시 경찰복을 입고 유대인 학살을 지휘한 인물이 1960년대에 이스라엘 주재 소련 대사관에서 목격되었다는 주장이 제기되기 시작했다. 이는 키엘체 학살이 소련 비밀경찰의 각본에 따른 비극이었다는 의미이다. 그렇다면 진범은 폴란드인이 아니라 소련의 비밀경찰이 된다.

2007년 《요코 이야기》 파문 당시 주인공 요코의 아버지가 악명 높은 731부대의 장교였다는 주장도 사실 여부와 상관없이 요코 왓킨스의 기억이 왜곡되었다는 인상을 주었다. 왓킨스는 자신과 자신의 가족을 희생자로 그렸지만, 아버지가 생체실험을 일삼은 731부대의 악질 일본군 장교라면 그 가족이 희생자일 수는 없다는 인상을 주기에 충분했다. 일본군 '위안부' 피해자들을 상업적 동기로 지원한 매춘 여성으로 매도하는 일본 극우 정치가들의 악질적인 주장도 혐의의 부정론으로 분류할 수 있다. 혐의가 사실무근으로 드러나도 이들은 '아니면 말고' 하는 식으로 도망가면 그만이다. 하지만 이미 증언의 진정성은 훼손된 뒤이고 무엇보다 생존자들이 이 과정에서 크게 마음의 상처를 받는다는 점에서 혐의의 부정론은 고약하다.

세 번째는 앞에서 이미 살펴본 바 있는 '실증주의적 부정론'을 들 수 있다. 실증주의는 혐의와는 정반대의 시각에서 부정론자들이 자신의 주장에 대한 신뢰성을 강화하는 장치로 사용한다. 자신에게 대항하는 비판적 기억에서 사소한 오류들을 찾아내 이를 빌미로 증언의 역사적 진정성에 의문을 제기하고 결국 증언 자체가 거짓이라는 인상을 주는 수법이다. 실증주의적 부정론에서 가장 자주 사용하는 것은 수치이다. 예컨대 얀 그로스는 예드바브네의 유대인 희생자 수를 약 1,600명으로 추산했지만, 책 출간 이후 학살 현장에서 유해가 발굴되고 새로운 자료가 발견되면서 새로 추계된 희생자 수는 300~400명으로 줄어들었다. 문제가 되고 있는 것은 수치뿐만 아니다. 학살이 교도소를 제집처럼 드나드는 폴란드 범죄자들의 주도하에 이루어진 것이며 마을 주민들은 이들의 협박에 못 이겨 어쩔 수 없이 동참했고 학살의 마스터플랜을 짠 것은 마을에 주둔했던 독일군 헌병이었다는 주장 등이 새로운 자료와 더불어 제기되었다. 이로써 그로스는 '학문적으로 정직하지 못한' 역사가가 되고 그의 책은 신뢰할 수 없는 이야기들로 가득 찬 '각주가 달린 소설책'이 될 위혐에 처했다.《요코 이야기》에서 요코가 살던 한반도 북부의 나남 지역은 대나무 숲이 없고 미군의 B-29기가 이 지역을 폭격했다는 기록이 없다며 책 내용을 전부 거짓말로 몰아가는 주장들도 같은 맥락에서 이해된다. 혐의의 부정론은 많은 경우 결정적인 혐의를 부정론자들 스스로 입증하려 들지 않거나 입증할 수 없다는 점에서 혐의 자체를 문제 삼는 것으로도 반박이 가능하지만, 실증주의적 부정론은 사소한 오류를 집어낸 뒤 실증주의에 의거해 이를 공격함으로써 자신들의 혐의에 근거가 있는 듯한 인상을 주기 때문에 반박이 쉽지 않다. 사실은 사실인 것이다.

아마도 이와 관련된 가장 큰 추문은 독일군의 잔학행위를 다룬 '절멸전쟁: 1941~1944년 독일 국방군의 범죄행위'라는 주제의 전시가 취소된 사건일 것이다. 이 전시는 1995년부터 약 5년에 걸친 독일 순회 전시에 이어 미국 뉴욕에서 열릴 예정이었으나, 개막 두어 주 전에 돌연 취소되었다. 소련의 비밀경찰이나 독일의 우군인 헝가리 군대와 핀란드 군대에 의해 희생된 사람들의 사진에 '독일군에 의한 희생자'라는 설명을 붙였다는 이유 때문이다. 총 1,433장의 사진 가운데 설명에 오류가 있는 사진은 채 스무 장이 안 되고, 또 그 사진들에 붙은 잘못된 설명이 독일 국방군의 범죄행위를 입증하는 다른 수많은 사진의 역사적 진정성을 부정하는 근거가 될 수는 없었지만, 전시회를 취소시킬 정도의 스캔들을 일으키기에는 충분했다. 실증주의의 서사는 일본군 '위안부' 부정론자들이 가장 애용하는 무기이기도 하다. 이들은 공식 문서가 없다는 이유로 피해자들의 증언을 간단히 기각해버린다. "아우슈비츠 이후에도 각주를 다는 것은 야만적이지 않은가?"라는 라울 힐베르크의 질문은 실증주의적 부정론자들에 대한 가장 통렬한 반론일 것이다.

부정론에 맞서는 기억의 연대

　지구적 기억 공간에는 부정론만 있는 것은 아니다. 부정론자 인터내셔널에 맞서 타자의 아픔에 공감하는 기억의 연대를 도모하는 움직임도 감지된다. 홀로코스트 부정론자들의 새로운 근거지 중동지역에서조차 그런 움직임들이 있다. 2006년 테헤란 회의가 끝난 바로 다음 날 강연을 하러 테헤란 공과대학에 간 아마디네자드 대통령은 자국의 대통령이 홀로코스트 부정론을 후원하는 데 반대하는 시위대와 마주쳐야 했다. 이스라엘 나사렛 마을의 한 팔레스타인인 변호사는 이슬람계 최초로 홀로코스트 전시회를 열었다. 이뿐만 아니다. 이스라엘의 이슬람교도가 아우슈비츠 답사에 참가하기도 하고, 북아프리카의 나치 점령지나 비시 프랑스 치하의 식민지에서 에스파냐 및 포르투갈계 유대인인 세파르디(Sephardi)들을 구한 이슬람교도에 대한 책이 출간되기도 했다. 기억 공간 속에서 희생자를 두 번 죽이는 부정론의 연대와 타자의 아픔에 공감하는 기억의 연대 사이의 힘겨루기는 아직 끝나지 않았다.

2부

실존의 회색지대

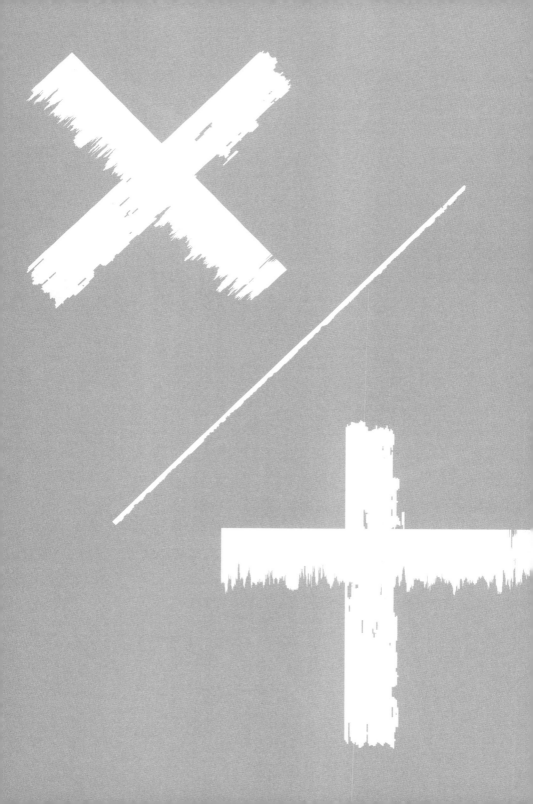

1. 전사자 추모비와 탈영병 기념비

탈영병을 위한 기념비

2014년 10월 24일, 오스트리아의 수도 빈에서 색다른 비(碑)의 제막식이 열렸다. "all alone"이라는, 한 스코틀랜드 시인의 단어 두 개짜리 알 듯 모를 듯한 시가 장식처럼 부조된 X 자 형상의 이 비는 특이하게도 나치의 군사재판에 희생된 오스트리아인 탈영병을 위한 기념비였다. 비를 세운 곳이 1938년에 빈 시민 25만여 명이 독일의 오스트리아 합병을 발표할 아돌프 히틀러를 열렬히 환영한 헬덴 광장(Heldenplatz) 지척에 있는 발하우스 광장(Ballhausplatz)이란 점도 흥미롭다. 특히 헬덴 광장에는 무명용사 기념비와 더불어 합스부르크 제국의 전사자 및 나치의 희생자를 기리는 추모비가 서 있다. 전사자 추모비 가까이에 탈영병 기념비를 따로 세운 데는 이유가 있을 것이다. 내게는 자꾸 이 탈영병 기념비가 전사자 추모비를 향한 무언의 항변처럼 느껴진다. 아니, 비 자체보다는 오스트리아의 사회적 기억에 대한 항변이라는 편이 더 맞겠다.

오스트리아 빈의 발하우스 광장에 있는 탈영병을 위한 기념비. '전우를 배반'한 탈영병을
위해 기념비를 세울 수 있다는 것은 오스트리아의 사회적 기억이 그만큼 민주화되었다
는 방증이다. 〈출처:위키미디어 커먼즈〉

전후 오랫동안 오스트리아인들은 자신들을 '히틀러의 첫 번째 희생자'로 기억해왔다. 그러나 이 기억은 조작된 것이다. 통계를 보면 적어도 인구 비율상으로는 오스트리아인들이 독일인들보다도 더 적극적인 히틀러 협력자였다는 사실을 알 수 있기 때문이다. 머릿속에서 협력의 기억을 지운다고 해서 통계까지 없애거나 바꿀 수는 없다. 당시 오스트리아 인구는 제3제국 전체 인구의 8퍼센트에 불과했지만, 나치 친위대(SS)에서 오스트리아인이 차지하는 비율은 14퍼센트에 달했다. 게다가 그 가운데 40퍼센트가 홀로코스트에 가담했다는 통계가 엄연하다.

흥미로운 것은 오스트리아인들이 스스로를 '히틀러의 첫 번째 희생자'라고 규정하면서도 히틀러의 군대에 복무한 자국 병사들을 전사자 추모비의 비문('의무를 다하던 중의 희생Opfer in Erfüllung der Pflicht')처럼 의무를 다했다거나 심지어 영웅적이었다고까지 여겨왔다는 점이다. 반면 히틀러의 군대에서 탈영한 병사들은 '전우를 버린 배반자'로 인식해왔다. 그런 오스트리아가 수도의 중심부에 탈영병을 기리는 비를 세웠다는 것은 어쨌거나 사회적 기억에 변화가 있었다는 징표이다.

제2차 세계대전 당시 히틀러의 군대에서 탈영한 오스트리아 병사는 2만 명 정도로 추산된다. 그 가운데 1,500명가량이 나치의 군사법정에 회부되어 약식 재판을 받고 처형되었다. 물론 탈영병의 기억을 내세움으로써 오스트리아의 희생자의식을 정당화하는 측면도 있을 것이다. 그렇다고 해도 조국을 배반하고 전선을 이탈한 병사를 추모한다는 것은 그리 쉬운 일이 아니다. 게다가 전후 오스트리아에서 탈영병들은 민족의 배반자로 오랫동안 기억되어왔다. 기념비 건립에 앞서 2009년 오스트리아 의회가 나치에 의해 범죄자로 낙인찍힌 탈영병들을 복권한다는 결의안을 통과시켰지만, '전우를 배반했다'는 사회적 낙인까지 지우지는 못했다.

BBC 방송과의 인터뷰에서 일부 완고한 오스트리아 재향군인회 회원들은 '전우를 배반한' 탈영병들을 나치와 싸운 '레지스탕스 전사'들과 혼동해서는 안 된다고 못박았다. 이들에게는 탈영이 나치에 대한 저항이 아니라 자신들에 대한 '배반'으로 비친 모양이다.

실제로 이들의 탈영이 나치에 대한 저항행위였다고 단정하기는 어렵다. 탈영병 중 한 사람으로 기념비 제막식에 참석한 92세의 리하르트 바다니(Richard Wadani)는 입영 전날 어머니가 넌지시 건네준 하얀 손수건을 언급했다. 그 손수건에는 억울하게 죽지 말고 항복의 표시로 하얀 손수건을 흔들며 목숨을 보전하라는 어머니의 애틋한 마음이 묻어 있었다. 죽음을 무릅쓰고 탈영한 이들을 죽기 살기로 싸운 자들보다 비겁하다고 생각할 이유는 없다. 유대인 학살에 가담한 과거를 뼈저리게 후회한다고 한 예비역 병사가 토로했듯이, 전우의 눈치를 보느라 내면의 목소리에 귀를 막아버린 사람이 더 비겁한지도 모르겠다. 전우를 배반한 일이 다른 사람을 죽이는 일보다 더 큰 죄악이라고 판단할 이유는 더더욱 없다. 전사자를 기억하는 것이 탈영병을 추모하는 것보다 더 소중한 일이라고 지레 판가름할 이유도 없다.

진정한 영웅은 누구인가

일본의 《아사히신문》은 1995년 제2차 세계대전 종전 50주년을 맞이해 귄터 그라스(Gunter Grass)와 오에 겐자부로(大江健三郎)가 주고받은 편지를 게재했다. 이 중 탈영병에 대한 이야기는 자못 흥미로웠다. 이야기의 물꼬를 튼 것은 귄터 그라스였다. 그라스는 전쟁 당시 서부전선에서 즉결 처형된 독일군 탈영병들의 시신이 전봇대에 걸려 있는 광경을 목격했다. 그 참혹한 기억을 지울 수 없었던 그라스는 편지에 "이들은 비겁자가 아니라 전쟁범죄를 거부한 제2차 세계대전의 진정한 영웅"이라고 썼다. 오에 겐자부로가 기억하는 일본군 탈영병의 상황은 더 끔찍했다. 그는 전쟁이 한창일 당시 일본군 헌병대가 탈영병으로 처형된 아들의 시신을 짓밟는 모습을 지켜보기만 하던 어느 부모의 이야기를 꺼냈다. 오에는 부모가 탈영병 아들을 치욕스럽게 여겼다며 "천황제로 대변되는 전체주의 윤리가 가족 안에까지 깊숙이 침투했기 때문"이라고 설명한다. 반면, 야스쿠니 신사에 안치된 아들의 '영령' 앞에서 기쁨의 눈물을 흘리는 어머니도 있다. 탈영한 아들의 시체 앞에서 느끼는 욕된 감정과 전사자로서 야스쿠니 신사에 안치된 아들의 영령 앞에서 흘리는 기쁨의 눈물은 동전의 양면과도 같은 것이다. 제국을 배신한 아들에 대한 수치심이 아들을 잃은 슬픔을 가리거나 제국을 위해 목숨을 바친 자식에 대한 자부심이 자식을 잃은 슬픔을 덮을 때, 제국주의적 욕망은 아래로부터 동력을 얻어 제어할 수 없는 폭력, 곧 전쟁으로 치닫게 된다.

권터 그라스와 오에 겐자부로가 국가의 기억에 갇힌 전사자들을 가족의 품으로 돌려보냄으로써 국가를 위해 장렬하게 전사한 애국자가 아니라 사랑하는 어머니와 아내, 자식을 두고서 비극적으로 세상을 떠난 한 사람으로 기억해야 한다고 강조하는 것은 사회적 기억이 전쟁이 아닌 평화를 지향하는 기억이길 바라는 때문이다. 평화를 지향하는 기억이라는 관점에서 보면, 무명용사의 탑 같은 전사자 추모비보다 탈영병을 위한 기념비가 더 소중해진다.

전사자와 탈영병에 대한 이런 시선은 최근 들어 생긴 것이 아니다. 일찍이 1943년 제2차 세계대전 당시에도 이탈리아 베네치아의 한 반파시스트 파르티잔이 "조국을 위해 죽은 자들에게 바친 우스꽝스러운 기념비들을 부수고 그 위에 탈영병들을 위한 기념비를 세우자"고 했었다. 전사자들 역시 죽는 순간에는 모두 전쟁을 저주하면서 그리고 탈영한 병사들을 부러워하면서 죽어갔기 때문이라는 이유였다. 이 파르티잔에 앞서 전사자 숭배에 일침을 가한 사람은 독일의 평화운동가이자 언론인이며 작가였던 쿠르트 투홀스키(Kurt Tucholsky)였다. 그는 곳곳에 제1차 세계대전 전사자 추모비가 들어서는 모습에 분개하여 1925년에 탈영병을 위한 기념비를 제안하며 직접 비문을 썼다. "여기 같은 인간을 쏘아 죽이기를 거부한 한 남자가 살았노라. 그에게 경의를." 투홀스키가 제안한 탈영병 기념비는 제1차 세계대전은 물론 제2차 세계대전이 끝나고도 한참 뒤에야 현실화했는데, 1986년 브레멘에 첫 비석이 세워진 후 1987년 카셀, 1989년 울름, 1995년 에르푸르트, 1999년 포츠담, 2007년 슈투트가르트 등 독일 각지로 퍼져나갔다.

민족적 대의와 인간적 권리

　나치 독일은 탈영병들을 붙잡아 원대에 복귀시키거나 처형하는 특수부대를 운영했다. '전방사냥꾼부대'라 불린 야전헌병대(Feldjägerkorps)가 그것이다. 부대원들은 모두 3년 이상의 전투 경험을 쌓은 베테랑들로, 2급 철십자 훈장 이상의 높은 표창을 받은 충성도 높은 군인들이었다. 이들은 헌병 이상의 역할을 수행했다. 탈영병뿐만 아니라 전투에 나서지 않거나 숨어 있는 15세에서 70세까지의 남자들을 찾아내 군사재판에 회부하고 처형했다. 전쟁 막바지에는 특히 탈영병에 대한 히스테리가 극에 달했다. 실제로 베를린에서는 아주 작은 의심만으로도 즉결 처형이 가능했다. 전쟁이 끝나기 직전 3개월 동안 베를린에서만 1,000여 명이 그렇게 죽어갔다. 1945년 4월 말 연합군의 한 축인 소련군이 베를린으로 진격할 당시 도시의 가로수와 가로등, 바리케이드에는 그렇게 처형된 시신들이 매달려 있었다. 제2차 세계대전 말기에 처형당한 독일군 탈영병들의 주검에 대한 귄터 그라스의 회고도 놀랍지만, 처형된 탈영병의 수가 동부전선과 서부전선을 합쳐 거의 2만 2,000명에 달한다는 사실은 더욱 놀랍다.

그런데 이는 소련군에 비하면 새 발의 피다. 전쟁 중에 탈영이나 반역, 비겁함 등을 이유로 군사법정에서 사형을 선고받은 소련군 병사의 수는 무려 15만 8,000명에 달한다. 이뿐만 아니다. 소련군은 1942년 스탈린의 명령 제227호에 따라 탈영병들을 민간인 중범죄자들과 묶어 형벌부대(Shtrafbat)를 창설하고는 공격할 때는 맨 앞에서 적의 강력한 방어선을 뚫기 위한 총알받이로, 후퇴할 때는 대열의 가장 뒤쪽에서 아군의 안전한 후퇴를 위한 방패막이로 삼아 소모했다. 기갑부대에서는 적의 포탄을 맞았을 때 생존율이 극히 낮은 T-34 전차의 조종사로, 공군에서는 적기의 집중사격을 받기 쉬운 폭격기의 기총사수로 이들을 배치했다. 형벌부대에 복무한 50만 명의 병사 대부분이 전장에서 살아남지 못한 것으로 알려져 있는데, 그 가운데 탈영병 출신이 17만 명에 달한다. 이는 전체의 34퍼센트에 이를 만큼 높은 전사율이었다. 그러나 탈영병들의 막대한 희생이나 억울한 죽음은 전후 독일이나 소련의 사회적 기억에서 쉽게 배제됐다. '전우를 배반하고 조국을 등진' 탈영병들은 기억되기는커녕 잊혀야만 하는 존재였다.

2015년에는 그간 사회적 기억에서 지워졌던 소련군 탈영병들이 느닷

없이 뉴스의 초점이 되었다. 러시아가 1990년대 초 리투아니아 독립 투쟁 당시 소련군에서 탈영한 리투아니아인 병사들을 처벌하겠다며 뒤늦게 리투아니아 정부에 탈영병 명단을 요구했기 때문이다. 1990년 리투아니아가 분리 독립을 선언하고 투쟁을 시작하자 소련군에 소속되어 있던 리투아니아인 병사들이 탈영했다. 소련군은 탈영병들이 머물던 병원과 적십자 건물에 공수부대를 투입해 수십 명을 붙잡아서는 극동의 항구도시인 마가단으로 보내버리기도 했다. 이듬해 9월에는 리투아니아가 분리 독립을 인정받고 탈영한 자국 병사들을 사면했으나, 앞서 언급한 것처럼 20년이 훌쩍 지난 지금까지도 탈영병들을 향한 러시아의 뒤끝은 섬뜩하다. 그러니 러시아에서 어떤 형태로든 탈영병을 기리는 일은 당분간 없을 것이다.

독일에서도 작금의 소박한 수준으로나마 탈영병 기념비들이 세워지기까지 적지 않은 우여곡절이 있었다. 보수 세력의 반발도 무시할 수 없었지만, '전우를 배반하고 조국을 등진 배신자'라는 탈영병을 향한 사회적 통념도 큰 장애물이었다. 통념을 바꾸는 일은 쉽지 않았다. 탈영병들을 인정하고 이들의 명예를 회복시켜주면 다른 군인들의 사기가 떨어질 수 있다는 등의 이유 때문이었다. '배신자'라는 낙인은 탈영병들에게만 찍힌 것이 아니었다. 1950년대 초·중반 시베리아에 억류되었던 독일군 포로들이 귀향했을 때, 서독은 포로수용소에서 소련군에 협력한 병사들을 '전우를 배반하고 학대한 죄(Kameradenschinder)'로 기소했다. 오랫동안 이 나라가 나치를 법정에 세우는 데 적극적이지 않았음을 감안하면 나치에 협력해서 홀로코스트에 가담한 죄보다 소련군에 부역하여 전우를 배반한 죄, 즉 '인류에 반하는 범죄'보다 '민족을 배반한 죄'를 더 무겁게 처벌한 셈이다. 이처럼 독일에서 탈영병은 '반인도적 범죄'에 저항한 휴머

니스트가 아니라 '반민족적 범죄'를 저지른 배신자로 기억되는 경우가
더 많았다. 이런 상황에서 탈영병 기념비가 환영받았을 리 만무하다. 예
컨대 투홀스키의 명문이 새겨진 울름의 기념비는 처음에 시 중심부에 세
워졌지만 시의회의 결의에 따라 이내 한적한 사유지로 자리를 옮겨야 했
다. 이 기념비는 2005년에야 비로소 지금의 자리인 울름 대학의 식물원
입구로 옮겨질 수 있었다. 이라크전쟁에 반대하는 평화운동에 탄력을 받
기도 했지만, 2002년 독일 의회가 전시 나치가 탈영병에게 내린 유죄 판
결을 무효화하는 법안을 통과시킨 덕분이었다. 그 밖에도 나치 법정에서
내려진 많은 판결이 뒤집히거나 무효로 판정되었지만, 나치군의 탈영병
이나 소련군에 부역한 전쟁포로들을 '배신자'로 바라보는 독일인들의 시
선은 크게 바뀌지 않았다.

전사자 숭배의 신화

　동아시아의 상황은 더 답답하다. 포스트 일본 제국이 됐든 포스트 식
민지 한국이나 중국이 됐든, 탈영병 기념비는 아예 기대조차 할 수 없다.
동아시아는 여전히 일본 총리의 야스쿠니 신사 참배 문제로 시끄럽다.
그런데 야스쿠니 신사 논란에 전사자를 기리는 행위 그 자체에 대한 문
제 제기는 없다. 야스쿠니에 안치된 위패의 주인공과 참배객을 놓고 일
본과 그 주변 국가들이 입씨름을 벌이는 수준에서 크게 벗어나지 못한
다. 사실, 21세기 동아시아의 기억 문화는 국가가 전사자를 호국영령으
로 제사함으로써 전사자 추모를 호국영령 숭배라는 정치종교의 차원으
로 승화시킨, 전사자 숭배의 정점을 보여준다. '무명용사의 탑'이나 '꺼

지지 않는 불꽃'에서 볼 수 있듯이 '국가를 위해 희생한' 자들의 죽음을 특권화하고 제사하는 20세기의 국민국가적 제의는 동아시아의 기억 문화에서 중심을 차지한다. 단순화를 무릅쓰고 말한다면, 러일전쟁에서 시작하여 총력전체제에서 만개한 일본 제국의 정치종교가 여전히 동아시아 각국의 정치 문화를 지배하고 있는 것이다.

무엇보다 야스쿠니 신사는 도쿄 한복판에만 있는 것이 아니다. 전사자를 국가가 나서서 호국영령으로 현창하는 야스쿠니 신사의 논리는 베이징의 인민항일전쟁기념관, 서울의 전쟁기념관이나 국립서울현충원에도 적용된다. 이를 증명하듯 현충원에는 아예 '정국교(靖國橋)'라는 이름의 다리가 세워져 있다. '정국'은 일본식으로 읽으면 '야스쿠니'다. 비슷한 예는 중국에서도 찾을 수 있다. 중화민국 시기 쓰촨 지역의 일부 군벌은 자신들을 '정국군(靖國軍)'이라고 불렀다. 그 탓인지 쿤밍시에는 '정국소학교(靖國小學校)'도 있다. 일본식으로 읽으면 야스쿠니 군대와 야스쿠니 초등학교다. 정국은《춘추좌씨전(春秋左氏傳)》희공(僖公) 23년조의 "오이정국야(吾以靖國也)"에서 비롯된 말로, 전쟁에 공이 있는 자를 포상함으로써 '나라[國]를 평온케 한다[靖]'는 맥락으로 쓰였다. 야스쿠니 신사의 '야스쿠니'도 여기서 따온 이름이라고 한다. 하지만 야스쿠니는《춘추좌씨전》의 '정국'과는 다르다.《좌씨전》의 '정국'이 고대 왕권 국가의 도덕률이라면, 야스쿠니 신사의 '야스쿠니'는 근대 국민국가의 헤게모니적 지배 장치에 가깝다.

이탈리아의 파시즘 이론가인 엔리코 코라디니(Enrico Corradini)는 자국의 파시스트들에게 일본의 정치종교를 권장했다. 러일전쟁을 거치면서 본격화된 일본의 전사자 '숭배'는 국민이 국가를 종교적 숭배의 대상으로 여기게끔 만든 일등공신이었다. 그 안에서 코라디니가 본 것은 고대

동아시아 왕국의 도덕률인 '정국'이 아니라 근대 국민국가의 헤게모니적 지배 장치인 '야스쿠니'였다. 야스쿠니 문제를 동아시아의 역사적 특수성으로 환원시켜서는 곤란한 것이다. 전사자를 어떻게 매장하고 추모할지, 전쟁기념물에 어떤 상징성을 투영할 것인지, 전사자 묘역의 건설과 관리는 어떻게 할 것인지의 문제는 유럽 각국에서 이미 1914년에 널리 논의되고 정리되었다. 조지 모스(George Lachmann Mosse)의 지적처럼, "전사자 숭배는 국가라는 종교에 순교자를 제공했고 죽은 이들의 마지막 안식처는 국가적 경배의 신전이 되었다."

민족을 '기억할 수 없는 먼 과거에서부터 영속된 운명공동체'라고 믿는 민족주의는 조국을 위해 죽어간 자들을 제사함으로써 이 점을 재확인한다. 전사자 숭배가 제국과 식민지, 독재와 민주주의, 사회주의와 자본주의를 막론하고 모든 국민국가에서 당연한 듯 자리 잡은 것도 민족이 지닌 제사공동체적 성격 때문이다. 조국과 민족을 위해 목숨을 바친 전사자가 많으면 많을수록 공동체의 유대는 강화된다. '국사'와 '민족문학'은 제사공동체로서 국가가 죽은 자들에게 바치는 제문이다. 이 제문을 통해 전사자들은 호국영령으로 부활하여 민족의 영속적 삶을 가능케 하는 수호자로 자리매김한다.

전사자를 숭배함으로써 전쟁을 미화하고 신화화하는 것이 '위로부터'의 정치종교적 시도라면, 포탄, 탄약통, 철모, 철십자훈장 같은 군수물자를 주방용품이나 거실의 장식물 같은 소비재로 만들어 일상에 침투시키는 전쟁의 사소화(trivialization)는 전쟁을 익숙한 것으로 다가오게 만드는 '아래로부터'의 헤게모니화 작업이었다. 국가의 지도나 분쟁 지역의 영토 모양이 그려진 병따개나 앞치마가 '머그 잔 민족주의'의 형태로 일상화에 기여하는 것과 유사한 효과였다. 그림엽서나 포스터, 전쟁 영화 속에는 고향과 가족을 그리워하면서도 자신의 의무를 다하는 꿋꿋하고 강인한 남성 병사만 있을 뿐, 부상으로 고통스러워하거나 이미 주검이 되어버린 병사들은 없었다. 그림엽서 속, 전쟁터 부근 자연의 아름다움을 즐기는 듯한 자국 병사들의 평온한 이미지는 남색행위에 몰두하거나 야만적인 약탈과 살인을 일삼는 적군 병사들의 정형화된 이미지와 대조되었다.

막스 베버는 종교적 심성에서 세속적 합리주의로의 전환이 '탈주술화'를 불러왔으며, 이를 근대의 특징이라 꼽았다. 그러나 베버는 근대의 '재주술화' 과정에도 주목했다. 루이 15세 때 세운 전통 종교 신전이 프랑스혁명 이후 정치종교의 신전으로 탈바꿈한 팡테옹의 예에서 알 수 있듯이, 탈주술화는 재주술화의 과정이기도 했다. 전사자 숭배의 신화가 프랑스혁명과 더불어 시작되었다는 점도 흥미롭다. 프랑스 민족의 승리를 상징하는 개선문 아래 무명용사들의 죽음을 상징하는 '꺼지지 않는 불'이 자리 잡고 있는 것도 우연은 아니다. 자코뱅 혁명가들은 부르봉 왕가의 공식 교회를 팡테옹으로 바꾸고, 이곳을 가톨릭 성인들 대신 공화국과 민족을 위해 희생한 민족영웅들을 기리는 정치종교의 신전으로 만들었다. 중세의 용병들이 물질적인 보상을 약속받았다면, "혁명의 대의와 국가를 위해 자원입대한 의용병"들에게 약속된 보상은 민족주의적 신화였다. 죽은 자들을 조국과 민족의 이름으로 불러내어 전유하는 권력의 은밀한 메커니즘은 '재주술화'라는 근대 국가의 이면을 이해할 때 잘 드러난다. 전사자 추모비라는 무성한 숲속에서 탈영병의 윤리적 결단과 용기를 기리는 탈영병 기념비를 찾아볼 수 없는 이유도 여기에 있다. 탈영병에 관한 기억은 재주술화를 통해 권력을 정당화하는 민족주의적 제의에 찬물을 끼얹는 거북한 코드인 것이다. 반대로 전사자 숭배는 민족주의가 지닌 주술적 힘의 원천이다. 따라서 전사자 숭배의 메커니즘을 벌거벗기는 행위는 민족주의를 탈주술화하는 출발점이 된다. 야스쿠니 신사 문제를 일본의 고유한 문제가 아니라 동아시아 공통의 문제이자 근대 국민국가의 문제로 사유해야 하는 이유도 여기에 있다. 국가와 민족으로 회수되지 않으면서 죽은 자들을 기리고 남은 자들을 위로하는 기념 문화는 어떻게 가능할 것인가? 탈영병을 위한 기념비가 혹 하나의 대안은 아닐까?

2. 공범자가 된 희생자

어느 시인의 문학적 고발

한국과 폴란드는 1980년 일년 내내 세계 언론의 주목을 받았다. 한국에서는 그해 5월 광주에서 '민주화의 봄'이 권력의 야만성에 짓밟히면서 겨울공화국으로 얼어붙었고, 폴란드에서는 최초의 대안적 노동자조직 '연대(solidarność)'가 현실사회주의의 폭압을 뚫고 홀연히 모습을 드러냈다. 광부 출신의 시인 김명수가 '연대'의 운동을 응원하며 에둘러 한국 사회의 민주화에 대한 염원을 노래한 것도 그즈음의 일이다. 그해 겨울 스웨덴 한림원은 폴란드 시인 체스와프 미워시(Czesław Miłosz)를 노벨 문학상 수상자로 발표했다. 사회주의권 최초로 대안적 노조운동이 전개된 미묘한 시점에 현실사회주의의 검열과 억압을 피해 일찌감치 프랑스로 망명했다가 결국 미국에 정착한 미워시에게 노벨 문학상이 돌아간 것은 다분히 정치적이었다. 그런 이유로 나는 미워시의 문학적 성취에 심드렁해했다.

한참 뒤에야 나는 그게 얼마나 바보짓이었는지 깨달았다. 1996년 크라쿠프에서 안식년을 보내던 중 우연히 미워시의 시 두 편을 읽은 게 계기였다. 〈불쌍한 기독교인들 게토를 바라보네(Biedny chrześcijanin patrzy na getto)〉와 〈피오리 광장(Campo dei Fiori)〉이라는 시였다. 이 중 〈불쌍한 기독교인들 게토를 바라보네〉가 전달하는 이미지는 그로테스크하기 짝이 없다. 죽은 자의 '허파'에 벌집을 짓는 벌들과 '검은 뼈' 위에 집을 짓는 개미들, 피가 넘쳐흐르는 '붉은 강', 머리카락 한 올 한 올에도 깊이 밴 시체 태우는 냄새 같은 시어들은 끔찍하다는 말로도 표현하기 부족하다. 무엇보다 "재림 예수께서 폴란드 기독교도인 나를 유대인 살해의 공범자라고 심판할 것"이라고 쓴 구절은 그야말로 폴란드의 묵시록이라 해도 과언이 아니다.

폴란드에서는 제2차 세계대전 중 전체 인구 2,400만 명 가운데 20퍼센트가 넘는 580만여 명이 사망했다. 특히 엘리트 계급의 희생이 컸는데, 성직자, 교수, 법률가, 의사, 군 장교 등 엘리트 계급의 절반 이상이 몰살당했다. 대졸 이상의 고학력자들 전체로 보면 약 3분의 1이 죽었다. 비단 엘리트뿐 아니라 인구 대비 사망자 비율로만 따진다면 폴란드가 가장 큰 피해자였다. 그런데 미워시는 전쟁이 한창이던 1943년에 이 시를 쓰면서 폴란드인 가톨릭교도를 유대인 살해의 공범자로 지목한 것이다. 목숨을 걸고 유대인을 숨겨준 행위를 인정받아 이스라엘의 홀로코스트 기념관 야드 바셈(Yad Vashem)에서 '의로운 사람들' 중 하나로 선정된 바 있는 미워시의 이력을 떠올리면, 그의 문학적 고발은 '왜?'라는 궁금증을 자아낸다.

미워시의 또 다른 시 〈피오리 광장〉은 더 통렬하다. 미워시는 이단으로 몰려 로마의 피오리 광장에서 화형당하는 르네상스 휴머니스트 조르다노 브루노(Giordano Bruno)와 그의 고통에도 아랑곳없이 흥겨운 일상을 즐기는 로마 시민들을 묘사한 데 이어, 바르샤바 게토에서 포연이 피어오르고 기관총 소리와 포성이 따가운 가운데 크라신스키 광장(Plac Krasiński)에서 회전목마를 타며 휴일을 즐기는 바르샤바 시민들의 모습을 그린다. 이웃들의 무관심 속에서 끔찍하게 죽어가는 로마의 조르다노 브루노와 장벽 너머 바르샤바 게토 유대인들의 이미지가 겹쳐지는 시적 콜라주는 처연하다.

부끄러움의 해방적 역할

미워시가 쓴 이 시들은 1987년 폴란드의 문학 평론가 얀 브원스키(Jan Błoński)의 에세이를 통해 거듭나면서 역사·철학·도덕 논쟁의 중심에 섰다. 브원스키는 미워시의 시 제목을 패러디한 《불쌍한 폴란드인들 게토를 바라보네(Biedni Polacy patrzą na getto)》라는 에세이에서 홀로코스트에 대한 폴란드인의 책임을 제기했다. 브원스키는 폴란드인들이 "어쩔 수 없는 상황이지 않았는가? 우리 폴란드인이 그처럼 가혹한 상황에서 무엇을 더 할 수 있었단 말인가? 항상 최고의 이웃은 아니었지만, 그래도 우리는 유대인들과 공생해오지 않았는가? 폴란드인-유대인 관계가 삐걱거린 적도 있지만, 그게 폴란드인만의 잘못인가? 누가 감히 나치의 가장 큰 희생자인 폴란드 민족에게 손가락질할 수 있다는 말인가?" 같은 자기방어 논리 뒤에 숨어 책임을 덮어버리지 말고, 고통스럽더라도 그 끔찍한 과거를 직면해야 한다고 주장했다. 폴란드인이 유대인 학살에 직접 관여하지 않았다고 해서 방관자로서의 도덕적 책임마저 면제받을 수는 없다는 이야기였다.

폴란드 바르샤바에 있는 유대인 공동묘지. 제2차 세계대전에서 유대계 폴란드인 300만 명이 사망했다. 폴란드인은 제2차 세계대전의 희생자이자 유대인 학살에 직간접적으로 연루된 공범자이기도 하다. 〈출처: ©임지현〉

브원스키의 양심선언은 많은 반론을 불러일으켰다. 이런 논란은 나치가 폴란드 남서부에 아우슈비츠와 비르케나우를 건설해 폴란드를 유대인 절멸의 기지로 삼았을 때 이미 예견된 것이었다. 나치의 잔악한 통치는 사람들에게서 인간적인 행위를 기대할 수 없는 조건들을 만들어냈다. 아우슈비츠 생존자 프리모 레비가 증언하듯이 나치의 가장 잔악한 점은 희생자들을 죽이기에 앞서 비인간화한다는 데 있었다. 사람의 생존 본능을 담보로 행사하는 엄청난 폭력 앞에서 목숨을 걸고 인간으로서의 존엄성을 지키기는 쉽지 않았다. 게다가 유대인을 숨겨준 게 발각되면 온 가족이 처형당하는 극히 비인간적인 상황은 사실상 유대인뿐 아니라 폴란드인의 인간적 존엄성마저 여지없이 짓밟아버렸다.

누구도 자신 있게 폴란드인에게 방관자였다고 손가락질하거나 죄를 물을 수는 없다. 그렇다고 해서 폴란드인이 도덕적 자책감에서 자유로운 것은 아니다. 브원스키가 같은 폴란드인에게 법률적 의미의 '죄(wina)'가 아니라 종교적 양심에 기초한 '죄책감(grzech)'을 거론한 것도 이 때문이다. '나치의 지배처럼 가혹한 상황에서는 누구라도 그렇게 행동할 수밖에 없으며 그러므로 나는 떳떳하다'는 당당함이 아니라, '절체절명의 곤경에 빠진 유대인 이웃들을 위해 나는 정말 최선을 다했는가'라는 자기를 향한 물음이 더 절실하다는 것이다. 지그문트 바우만(Zygmunt Bauman)이 '부끄러움의 해방적 역할'을 강조한 것도 같은 맥락에서이다. 방관, 즉 어떠한 행동도 하지 않았다는 데서 도덕적 당당함이 아니라 묵인하여 '연루된 주체'로서 자신에 대한 부끄러움을 느낄 수 있어야만이 피 묻은 과거와 정직하게 대면할 수 있다는 것이다. 부인이 홀로코스트 생존자이고 그 자신이 폴란드 과거사 논쟁의 한 당사자였다는 역사적 위치가 바우만에게 그런 깨달음을 준 것이 아닌가 한다.

방관자에서 공범자로

　폴란드인은 때때로 소극적 방관자를 넘어 그 이상으로 행동했다. 나치 점령기 폴란드에서는 숨어 있는 유대인을 밀고하거나 사라진 유대인 이웃의 재산을 탐하는 일이 자주 일어났고, 심지어 유대인을 사냥하듯 잡으러 다니는 사람들(일명 슈말초브니치szmalcownicy)도 있었다. 더욱이 일반 범죄자를 대상으로 거리의 치안을 담당하는 폴란드인 '청색 경찰'의 존재는 폴란드가 개인의 차원을 넘어 조직적으로 나치에 협력했음을 의미한다. 그러나 이렇게 일부나마 폴란드인이 홀로코스트의 공범자였다는 사실은 희생자 민족이라는 폴란드의 역사적 이미지에 재앙이나 마찬가지였다. 파시즘에 영웅적으로 맞서 싸운 사회주의 전사들의 나라라는 폴란드의 국가적 이미지도 크게 흔들릴 것이었다. 이들에게 홀로코스트에 협력한 과거는 자기비판적 성찰의 대상이 아니라 침묵하고 말소해야 할 기억이었다.

　현실사회주의의 기억 문화에서 홀로코스트는 나치를 지지한 서구 자본가들의 책임일 뿐, 공산주의 파르티잔의 반파시즘 투쟁을 강조하는 데에는 오히려 거추장스러운 주제였다. 폴란드 공산당은 유대계 폴란드인 희생자를 철저하게 폴란드 국민으로 소환했다. 당의 공식적 역사 서술에서 300만 명에 달하는 유대계 폴란드인 희생자는 '유대계'라는 딱지가 지워진 채 단지 폴란드인 희생자로 간주될 뿐이었다. 그 결과 제2차 세계대전은 폴란드인과 독일인 간의 투쟁이 되었고, 유대인의 고통과 희생은 폴란드의 공식 기억에서 사라졌다. 간혹 폴란드인에게서 발견되는 반유대주의는 나치의 강요나 선전 효과로 치부되었고, 폴란드 사회 내부의 뿌리 깊은 반유대주의 문제 등은 의도적으로 간과되었다.

유대계 폴란드인 희생자를 폴란드 국민으로 뭉뚱그리는 현상은 1960년대 후반 민족공산주의(National Communism)가 득세하면서 더 강화되었다. 당의 반유대주의 캠페인은 1967년에 간행된《대백과사전(Wielka Encyklopedia Powszechna)》과 그 사전의 책임 편집자를 향한 공격으로 시작되었다.《대백과사전》이 나치 점령기 수용소를 '강제수용소'와 '절멸수용소'로 구분하고, '절멸수용소'를 유대인만 수용하는 시설, '강제수용소'를 나머지 모두를 수용하는 시설이라고 구분해 설명한 것이 발단이었다. 민족공산주의자들은 이러한 이분법적 설명에 유대인의 고통을 강조함으로써 상대적으로 폴란드인들의 순교를 저평가하려는 불순한 의도가 담겨 있다고 주장했다. 유대계 공산주의자였던《대백과사전》의 책임 편집자가 스웨덴으로 망명함으로써 문제가 일단락되었지만, 이는 1968년 당이 주도한 대대적인 반유대주의 캠페인의 전조였을 뿐이다.

폴란드통합노동자당(PZPR)이 가공해낸 공식적인 기억은 요컨대 나치가 절멸시키려던 대상은 폴란드인이었으며, 유대인은 단지 이주의 대상이었을 뿐이라는 것이다. 그리하여 1943년 바르샤바 게토 봉기는 '폴란드 지하 빨치산이 주도한 특수한 형태의 투쟁'으로 각색되었고 아우슈비츠는 폴란드인의 순교 성지로 둔갑했다. 국제 여론의 압력에 굴복하기 전까지 폴란드 정부가 클로드 란츠만(Claude Lanzmann)의 다큐멘터리 영화〈쇼아(Shoah)〉상영을 금지한 것도 같은 맥락에서일 것이다. 이처럼 폴란드인 혈통중심주의 위에 구축된 폴란드의 희생자의식은 민주화 이후인 1997년의 교과서에까지 그대로 이어졌다.

희생자, 가해자 그리고 방관자

그러던 2000년, 폴란드의 희생자의식에 엄청난 충격을 주는 사건들이 발생했다. 4월에 예드바브네 학살을 다룬 TV 다큐멘터리가 방영된 데 이어 5월 5일에는 유력 일간지 《제츠포스폴리타(Rzeczpospolita)》가 예드바브네 학살을 다룬 르포 기사를 내보냈고, 보름도 채 지나지 않은 5월 19일에는 폴란드 출신 유대계 역사가 얀 그로스의 《이웃들》이 폴란드어로 출간되었다. 특히 《이웃들》은 예드바브네 학살 사건의 희생자 수가 예드바브네 인구의 절반에 해당하는 1,600여 명이며, 학살의 주역이 흔히 알려진 대로 나치가 아니라 오랫동안 유대인들과 이웃으로 살던 폴란드인들이었다는 사실을 생존자들의 증언을 통해 밝히고 있다. 이 일련의 과거 폭로 작업을 통해 예드바브네의 비극은 역사적 진실과 거짓, 기억과 망각, 집합적 유죄와 무죄, 가해자와 희생자 같은 이항 대립적 구도의 첨예한 논쟁의 대상으로 진화했다. 예드바브네 논쟁은 1980년대 후반 독일의 역사가 논쟁을 연상케 했다. 독일의 역사가 논쟁이란 1986년 독일의 역사가 에른스트 놀테(Ernst Nolte)가 나치즘을 볼셰비즘으로부터 유럽을 구하기 위한 고육지책이었다고 해석한 글을 일간지에 기고하면서 촉발되어, 학문의 영역을 넘어 독일의 우파와 좌파 양 진영 간의 첨예한 다툼으로 비화된 논쟁을 말한다. 예드바브네 논쟁도 민족주의적인 폴란드 변호론자들과 비판적 지식인들 간의 논쟁이었다. 폴란드판 역사가 논쟁이 절실하다던 레셰크 코와코프스키(Leszek Kołakowski)의 바람이 어느 정도 현실화된 것이다.

1949년 5월과 1953년 11월 폴란드 북동부 웜자(Łomża)지구 재판소에서 열린 나치 공범자 재판 기록과 생존자들의 증언 등을 근거로 그로스가 파악한 진실은 실로 충격적이었다. 예드바브네의 유대인들이 오랜 이웃인 폴란드인들의 손에 학살되었다는 사실도 그러하지만, 그 학살의 광경이 참혹하기 짝이 없었다. 책에서 생생하게 묘사하고 있는 그날의 참상, 얼굴 없는 나치가 아니라 같이 살아온 이웃이 다른 이웃을 학살한 그 야만의 광경은 차마 여기 옮기지 못할 정도로 끔찍하다. 마침 나치 헌병대 분소에서 부역하고 있던 몇몇 유대인만이 살아남을 수 있었던 이 역사의 아이러니 앞에서 독자들은 경악할 수밖에 없었다. 바르샤바 구시가에 위치한 폴란드 과학아카데미 역사연구소가 이 책을 두고 토론회를 열자 100여 명이 넘는 역사학자와 저널리스트 들이 몰려들었다. 그로스의 발표가 끝난 직후 온갖 고함과 격정적 외침이 숨죽인 울음들과 뒤섞여 토론을 제대로 진행할 수 없었다고 한다.

그로테스크한 학살에 대한 격앙된 감정을 가라앉히고 보면, 문제는 훨씬 더 심각하다. 조그만 시골 마을의 평범한 폴란드인이 홀로코스트의 능동적 참여자이자 가해자였다면, 자명하다고 여겨온 현대사 서술의 구도나 전제 자체가 흔들려버리기 때문이다. 폴란드인도 유대인과 마찬가지로 나치즘과 제2차 세계대전의 희생자였다는 전제에 따른 폴란드 현대사 서술의 기조나, 가해자-피해자-방관자의 삼분법적 구도 위에서 폴란드인을 방관자의 범주에 넣었던 홀로코스트에 관한 역사 서술도 바뀌어야 했다. 그로스의 《이웃들》이 도발적인 것은 바로 이 점에서이다. 예드바브네 학살에 대한 선정적인 서술을 넘어서, 나치의 희생자라는 폴란드인의 역사적 지위를 흔들어버린 것이다. TV 인터뷰에 응한 어느 평범한 노인의 회고처럼, 역사적 희생자라는 도덕적으로 편안한 지위를 포기해야 한다는 것은 참으로 견디기 어려운 일이다. 폴란드의 여론이 들끓는 가운데 '폴란드의 선한 이름'을 지키려는 '애국주의' 역사가들이 《유대인 이웃과 예드바브네에 대한 얀 그로스의 100가지 거짓말》 같은 책들을 쏟아냈다. 이들은 다시 유대인 음모론을 제기하면서 폴란드인의 애국심에 호소했다. 과거사를 사과한 폴란드 대통령 알렉산데르 크바시니에프스키(Aleksander Kwaśniewski)에게는 욕설 섞인 비난을 퍼부어댔고, 예드바브네의 비극을 자기 성찰의 계기로 삼으려는 모든 시도를 비애국적인 행위로 폄하했다. 이들의 노력 덕분인지 2001년 4월의 한 여론조사에서는 폴란드인의 34퍼센트가 여전히 예드바브네 학살이 나치에 의해 자행된 것이라는 자기기만적 소신을 굳게 지키고 있는 것으로 드러났다.

피로 쓰인 풀뿌리 기억

희생자 대 가해자라는 단순한 이분법적 구도에서는 그로스의 주장이 자칫 폴란드인들의 희생을 무시하고 그들을 가해자로 몰고 가는 논리로 변질되기 쉬운 것도 사실이다. 그렇게 되면 제2차 세계대전에서 누구 못지않게 큰 희생을 치른 폴란드인들로서는 억울하기 짝이 없는 일이다. 또 목숨을 걸고 유대인을 숨겨준 양심적 폴란드인도 적지 않았다. 요컨대, 희생자 대 가해자라는 이분법으로는 역사 현실의 복합성을 설명할 수 없다는 것이다. 예드바브네 사건은 역사의 행위자들이 희생자이면서 동시에 가해자일 수 있음을 분명하게 보여준다.

그로스의 《이웃들》이 불러일으킨 논쟁 이전 폴란드 학계는 '폴란드 민족=희생자'라는 도덕적 자기만족에 빠져 역사의 복합적 현실을 파악하는 데 실패했다. 민족 전체를 집단적 희생자로 역사적 위치를 설정함으로써 자기 정당성을 주장하며 자신들의 과거를 비판적으로 성찰할 기회를 던져버린 것이다. 무엇보다 '밑으로부터의 반유대주의'는 전후 폴란드 사회의 집단 심성에서 결코 사라지지 않았다. 학살을 피해 도망친 유대인들을 숨겨주었던 선한 폴란드인들이 전후에도 이웃의 시선이 두려워 그 사실을 숨기고 살아야만 했던 현실 앞에서 프롤레타리아 국제주의는 허구일 뿐이다. 같은 맥락에서 1946년 7월 4일 폴란드의 중소도시 키엘체에서 42명의 유대인이 학살된 사건에 대한 폴란드 노동자계급의 반응도 놀랍다. 종전 직후 폴란드의 노동 쟁의를 다룬 연구에 따르면, 폴란드 최대의 산업도시 우치(Łódź)의 노동자들은 키엘체 학살을 비난하는 성명에 서명하기를 거부했다. 그뿐만 아니다. 노동자들이 비난 성명에 서명했다는 기사가 신문에 실리자 잘못된 정보를 수정하라며 파업을 벌였고, 학살의 주역으로 체포된 폴란드인들을 즉각 석방하라고 요구했다. 루블린(Lublin) 등 다른 도시에서도 노동자들이 반유대주의 슬로건을 공공연하게 내세우며 파업에 돌입했다. 폴란드 노동자들의 '밑으로부터의 반유대주의' 앞에서 약소민족의 권리 또한 보호한다는 프롤레타리아 국제주의는 겸연쩍다.

2017년 11월 11일 폴란드 독립기념일의 정치적 풍경은 자기 성찰의 고통을 포기한 채 '세습적 희생자'라는 지위에 안주해온 폴란드의 기억 문화가 어떤 정치적 결과를 낳을 수 있는지를 보여준다. 이날 바르샤바에서는 유럽 각국에서 온 극우 정치인들이 지켜보는 가운데 수만 명에 달하는 폴란드 민족주의자가 거리로 쏟아져 나와 '백인을 위한 유럽'이라는 구호를 외치며 전 세계 여론을 경악하게 만들었다. 홀로코스트가 자행된 그 역사적 장소가 다시금 '유대인 없는 유럽'이란 광기 어린 구호의 정치적 터전으로 바뀌어간다면, 아무래도 전후 동유럽의 기억 문화에 그 책임을 묻지 않을 수 없다. 공범자가 된 희생자들이 외곬으로 자신들의 희생자성을 강조하는 '희생자의식 민족주의'가 문제시되는 것도 바로 이 지점에서이다.

이 글을 쓰던 2018년 2월 7일, 폴란드의 《가제타 비보르차(Gazeta Wyborcza)》지가 안제이 두다(Andrzej Duda) 대통령이 홀로코스트를 폴란드 민족의 책임으로 돌리는 주장을 처벌하는 법안에 서명했다고 보도했다. 법안의 핵심은 폴란드 땅에 나치가 만든 강제수용소를 '폴란드 강제수용소'라고 부르거나 폴란드 민족이나 국가가 나치의 홀로코스트에 가담했다고 주장할 경우 사법 처리하겠다는 것이다. 이 법에 따라 폴란드 정부는 "홀로코스트 당시 폴란드인들도 유대인을 죽였다"고 말한 이스라엘 고위 관리의 방문을 취소시키기도 했다. 대통령이 법안에 서명한 직후 전 세계에서 비난 여론이 빗발쳤지만, 평창 동계올림픽을 위해 방한한 두다 대통령에게 서울시는 명예시민증을 수여했다.

기억은 과연 역사의 적이다. 공식적인 역사를 만들고 지키려는 자들이 불편한 기억들을 자꾸 지우려는 것도 이 때문이다. 하지만 기억이란 게 지워질 수 있다고 믿는다면 너무 순진하다. 거의 잊힌 기억이라도 누군가 그것을 지우려는 순간 바로 어제의 일처럼 분연히 들고 일어나기 마련이다. 가슴 한구석에 피로 쓰인 풀뿌리 기억이 일련번호가 매겨진 채 문서고에 보관되는 공식 문서들처럼 먼지 속에 언제까지나 잠자고 있을 것이라 생각한다면 큰 오산이다.

3. 희생자가 된 가해자

재현된 홀로코스트

나치의 가장 큰 희생자는 누구인가? 아마도 열에 아홉은 유대인이라고 답할 것이다. 제2차 세계대전이나 나치즘, 파시즘에 대해서는 잘 모르는 사람이라도 홀로코스트는 어렴풋이나마 알고 있다. 예루살렘의 아이히만 재판이 재판정 곳곳에 몰래 설치된 카메라를 통해 전 세계에 생중계된 이래, 홀로코스트는 여러 경로로 사람들의 뇌리에 깊이 각인되었다. 1978년에 첫 방송되어 전 세계 시청자를 충격에 빠트린 미국 방송사 NBC의 4부작 미니시리즈 〈홀로코스트〉는 홀로코스트가 처음으로 시각적 이미지로 재현되어 대중에게 전달된 사례다. 메릴 스트리프가 열연한 이 미니시리즈는 독일의 평범한 중산층 가족이 유대인이라는 이유로 상상을 초월하는 끔찍한 박해를 받는 과정을 극적으로 그렸다. 할리우드에서는 거장 스티븐 스필버그 감독의 〈쉰들러 리스트〉(1994)와 로만 폴란스키 감독의 〈피아니스트〉(2002)가 현실보다 더 생생하게 홀로코스트의 비극을 재현해냈다. 〈이다(Ida)〉(2013)와 〈사울의 아들(Saul fia)〉(2015)은 동유럽 예술 영화의 전통을 이어 비극적 현실을 무심한 듯 찬찬히 드러냄으로써 지우기 힘든 긴 여운을 남겼다. 아트 슈피겔만(Art Spiegelman)의 《쥐(MAUS)》같은 만화책과 카툰을 비롯해 연합군이 아우슈비츠 등의 강제수용소를 해방시킨 직후 촬영된 다큐멘터리 필름과 현장 사진 등, 그 밖에도 홀로코스트를 시각적으로 재현한 이미지는 차고 넘친다. 과거 역사를 재현하는 데 홀로코스트만큼 시각적 이미지를 잘 활용한 경우는 찾아보기 힘들다. 프리모 레비의 《이것이 인간인가》 같은 생존 수기는 물론 엘리 비젤(Elie Wiesel)의 자전적 소설 《밤(Night)》같이 홀로코스트를 문학적으로 재현한 책들도 적지 않다. 이렇게 차고 넘치는 홀로코스트의 시각적·문학적 이미지는 유럽 유대인들이 나치의 가장 큰 희생자였다는 결론을 유도한다.

베일 뒤에 숨은 가해자

희생자 수로만 따진다면 1941년부터 1945년까지 나치의 침공으로 군인과 민간인 2,900만 명가량이 희생된 소련을 무시할 수 없다. 이 수치는 나치의 절멸 정책으로 희생된 600만 유대인 희생자 수를 훌쩍 넘어선다. 소련의 희생자들 가운데 특히 주목되는 부류는 나치 독일군에 붙잡힌 전쟁포로들이다. 나치에 붙잡힌 소련군 포로 약 570만 명 가운데 무려 57퍼센트에 달하는 330만 명가량이 학대와 강제 노동, 추위, 굶주림 등으로 죽어갔다. 반면, 같은 기간 나치의 포로수용소에 수감된 미군과 영국군 포로는 약 23만 2,000명으로, 그 가운데 목숨을 잃은 사람은 8,348명이었다. 사망률로 보면 미군은 5.1퍼센트, 영국군은 3.5퍼센트다. 소련군 포로와 영미연합군 포로 사망자 수를 비교해보면, 소련군 포로는 100명당 60명, 영미연합군 포로는 100명당 4명꼴로 사망했다. 아시아·태평양전쟁에서 일본군의 연합군 포로 학대는 포로 학대의 대표적인 예로 언급되곤 하는데, 57퍼센트라는 소련군 포로 사망률은 일본군에 붙잡힌 연합군 포로 사망률 27퍼센트와 비교해도 엄청나게 높다. 그러나 이 같은 사망률도 90퍼센트가 넘는 유대계 폴란드인 사망률이나 60퍼센트 중반에 이르는 전 유럽 유대인 사망률보다는 물론 낮다. 그럼에도 두 희생자 그룹이 만나는 지점이 있다. 그것은 나치의 정복 전쟁과 식민지 전쟁이 만나는 지점과 일치한다. 나치의 정복 정책은 전투원과 포로의 권리를 부정하는 식민지 전쟁의 방침을 그대로 재현했다. 권리를 부정한다는 표현은 사실 너무 점잖다. 노골적으로 말하면 나치의 정복 정책은 그들을 굶겨 죽이는 것이었다. 이는 특히 동부전선에만 설정된 죽음의 존(Tote Zone)에서 극에 달했다. 특정 마을과 마을 주민들의 생존에 필요한 모든 인프라를 체계적으로 파괴하는 이 전략은 원주민 게릴라를 소탕하는 식민지 전쟁의 전략을 그대로 빌려온 것이었다.

동부전선에서 나치의 전쟁은 남녀노소를 불문하고 슬라브 주민 전체를 섬멸 대상으로 삼았다는 점에서 '인종 전쟁'이었다. 나치의 인종주의 이데올로기에 따르면 슬라브인은 인류를 타락시키는 '열등 인간 (Untermensch)'이었다. 해충처럼 박멸되어야 할 존재였던 유대인과 크게 다를 바 없었다. 유럽 각지를 떠돌아다니던 집시들 역시 유대인들보다 나을 게 없었다. 집시 인구의 약 25퍼센트에 해당하는 22만 명이 강제수용소의 가스실로 보내지거나 즉결 처형되었다. 그 밖에 사회주의를 신봉하는 정치범, 동성애자, 특히 남성 동성애자, 지체 부자유자, 이런저런 상습범들 또한 나치 폭력의 희생자들이었다. 이들은 모두 '비(非)국민'이므로, '국민'과 다른 대접을 받아야 마땅했다.

그런데 기억의 영역으로 들어오면, 앞서 열거한 나치의 전형적인 희생자들 외에 전혀 예상하지 못한 희생자들이 튀어나온다. 독일이 전쟁에서 패하자 자신들이야말로 '히틀러의 첫 번째 희생자'라고 강변하고 나선 오스트리아인들이 대표적이다. 이들은 희생자 명단에 뜬금없이 첫 번째로 이름을 올렸다. '나치에 희생당한 오스트리아인'이라는 이미지가 처음 만들어진 것은 1943년 모스크바 삼상회의 때다. 모스크바 회의는 1938년 3월 15일의 독일-오스트리아 합병선언은 나치가 강요한 것이므로 무효라고 선언하고, 오스트리아를 "히틀러의 공격에 희생된 최초의 자유국가"라고 규정했다. 그에 앞서 윈스턴 처칠은 1942년 한 연설에서 오스트리아를 '프러시아의 멍에'에서 해방시키겠다고 약속했었다. 덕분에 독일 제국의 마르크 경제에 통합되기를 갈망하며 합병을 열렬히 지지했던 많은 오스트리아인이 '사악한 나치-프로이센 악당들의 희생자'라는 외투 자락 뒤로 숨어버렸다. 전후 집권 사회당의 "오스트리아는 (전쟁) 배상금을 지불하는 패전국이 아니라 배상금을 받아야 하는 희생자 국가"라는 뻔뻔한 발언도 이 때문에 가능했다.

그런데 이 '불쌍한 희생자 오스트리아인들'의 실상은 조금 더 복잡하다. 당시 오스트리아 인구 700만 가운데 55만 명이 나치 당원이었으니 독일에 버금가는 높은 비율이다. 정예 당원이라 할 수 있는 나치 친위대에서 복무한 오스트리아인의 수는 더 놀랄 만하다. 앞에서 언급했듯이 오스트리아인은 제3제국 전체 인구의 8퍼센트에 불과했지만, 나치 친위대 가운데 이들의 비율은 14퍼센트에 달했다. 끔찍한 통계는 이뿐이 아니다. 심신장애자 '안락사' 프로그램부터 아우슈비츠에 이르기까지 집단

학살을 집행한 살인특무부대(Einsatzgruppe) 구성원의 40퍼센트가 오스트리아인이었다. 두 나라가 자랑하는 교향악단의 나치 당원 비율도 비교해 볼 만하다. 당시 베를린 교향악단은 단원 110명 가운데 8명이 나치 당원이었는 데 비해, 빈 교향악단은 단원 117명 가운데 45명이 나치 당원이었다. 더구나 빈 교향악단은 13명의 단원을 유대인이라는 이유로 혹은 합병에 반대했다는 이유로 쫓아냈다. 무엇보다도 오스트리아는 히틀러와 아이히만을 배출한 나라다.

어떤 논리로도 나치의 희생자라 부를 수 없었던 오스트리아의 나치 가해자와 공범자 들은 전후 공산당이 주도한 인민법정에서 오스트리아를 배신한 '민족의 배반자' 혹은 '오스트리아 인민을 배반한 대역죄인'으로 간주되었다. 이로써 이들을 제외한 오스트리아인들은 이들에게 배반당한 보통 사람들, 즉 희생자로 남을 수 있었다. 공산당이 권좌에서 물러나고 인민법정이 폐지된 후에는 나치 공범자들이 자신들이야말로 공산당이 주도한 인민법정의 희생자라고 강변하기 시작했다. 오스트리아에서 '전 인민의 희생자화'라는 '미션 임파서블'은 이렇게 완수되었다. 쿠르트 발트하임(Kurt Waldheim)이 1972년부터 1992년까지 UN 사무총장과 오스트리아 대통령 같은 국내외 요직을 거치며 외교가이자 정치가로서 장수할 수 있었던 것도 '히틀러의 첫 번째 희생자'라는 베일 뒤에 나치 군복무 전력을 숨길 수 있었기 때문이다.

2013년 3월, 나치의 오스트리아 병합 75주년을 맞이해 빈의 일간지 《데어 슈탄다르트(Der Standard)》에서 실시한 여론조사는 오스트리아의 기억 문화에 대해 시사해주는 바가 적지 않다. 먼저, 절반 이상의 응답자가 지금 나치당이 합법화된 정당이라면 나치당이 선거에서 이길 수 있다고 답해 조사자들을 놀라게 했다. 나치 치하의 삶이 그렇게 나쁘지 않았다고 답한 사람도 응답자의 42퍼센트에 달했다. 더 놀라운 점은 응답자의 39퍼센트가 오스트리아에서 반유대주의적 박해가 다시 일어날 가능성이 높다고 답했다는 것이다. 그러면서도 응답자의 61퍼센트는 나치 과거에 대한 청산 작업이 지금으로도 충분하다고 답했고, 46퍼센트는 여전히 1938년 합병으로 오스트리아가 나치의 희생자가 됐다고 확신했다. 독일의 주간지《슈테른(Stern)》은 이 조사 결과가 충격적이라고 보도했지만, 정작 오스트리아인들은 별로 놀라지 않은 듯했다.

전도된 희생자의식

2013년 오스트리아의 여론조사 결과를 보다 보면, 제2차 세계대전 종전 직후 독일에서 실시된 여론조사를 떠올리지 않을 수 없다. 1946년 11월 미군 점령 지역에서 실시된 한 조사에서 독일인 응답자의 37퍼센트는 "유대인과 폴란드인, 기타 비(非)아리아인의 절멸은 독일인의 안전을 위해 필요했다"고 답했다. 그리고 세 명 가운데 한 명이 "유대인은 아리아인과 동일한 권리를 가져서는 안 된다"는 주장에 동조했다. 그뿐만 아니다. 6년 뒤인 1952년의 조사에서는 응답자의 37퍼센트가량이 "유대인이 없는 것이 독일에 이롭다"고 답했다. 전쟁이 끝난 뒤에도 얼마 동안은 많은 독일인이 '나치즘은 좋은 생각이었지만 잘못 적용됐을 뿐'이라는 생각에서 벗어나지 못했다. 점령군의 명령으로 많은 독일인이 직접 강제수용소의 실태를 살펴본 데다, 홀로코스트의 참상이 익히 알려진 상황에서도 이런 결과가 나왔다니 놀라지 않을 수 없다.

평범한 독일인들이 자신들의 과거에 대해 이처럼 후안무치한 기억을

1935년 나치가 제정한 뉘른베르크 법에 따른 '유대인 식별법'을 도표화한 것이다. 독일인은 흰 원, 유대인은 검은 원으로 표시했는데, 조부모 4명 중 3명 이상이 유대인이면 유대인으로 분류했다. 평범한 독일인들은 유대인을 학살한 나치의 과거를 외면하거나 더 나아가 자신들이 히틀러의 희생자라 항변하기도 한다. 〈출처:위키미디어 커먼즈〉

가지게 된 데에는 자신들이야말로 역사의 희생자였다는 전도된 희생자 의식이 밑바닥에 자리 잡고 있었기 때문이다. 이들은 자신들이야말로 '히틀러의 첫 번째 희생자이자 마지막 희생자'라고 주장했다. 이들의 기억 속에서 전쟁 당시 나치의 잔혹행위나 홀로코스트는 히틀러와 그의 측근들이 저지른 일일 뿐이다. 게다가 이 소수의 범죄자들은 뉘른베르크 재판을 통해 응징되었으므로 나치라는 과거는 이미 청산된 것처럼 여겨졌다. 평범한 독일인들이 '히틀러의 첫 번째 희생자이자 마지막 희생자'로서 겪어야 했던 고통의 목록은 의외로 길다. 그 목록에는 연합군 비행

전대(戰隊)의 무차별 폭격, 여성과 어린이를 포함한 민간인들의 희생, 독일로 진격한 소련 적군의 약탈과 강간, 동프로이센과 슐레지엔, 수데텐란트 등에서 발생한 민간인 강제 추방과 같은 내용이 빼곡하다. 이들은 자신들이 그렇게 헤아릴 수 없이 고통을 받았는데도 냉전체제의 정치적 구속 때문에 그 고통을 충분히 이해받지 못했다고 생각한다. 실제로 서독은 연합군의 무차별 폭격에 대해 침묵으로 일관했고, 동독은 사회주의 형제국인 소련 적군이 저지른 만행의 역사를 금기시했다. 하지만 냉전체제의 붕괴는 이념의 금기 속에 갇혀 있던 고통과 희생의 기억을 해방시켰다. 그 결과 평범한 독일인들은 탈냉전기의 새로운 기억 속에서 스스로를 자국의 나치뿐만 아니라 영미 연합군과 소련 적군을 비롯한 모든 교전 당사국의 희생자로 만들었다.

평범한 독일인들이 전쟁에서 겪어야만 했던 고통과 그 고통의 기억을 억눌러야만 했던 저간의 사정을 이해 못할 바는 아니다. 문제는 홀로코스트 환유법을 통해 자신들이 겪은 고통을 나치 치하에서 유대인들이 겪어야만 했던 고통과 동일시하기 시작했다는 점이다. 예컨대 독일에 무차별 폭격을 가한 연합군 비행전대는 나치의 살인특무부대로, 폭격으로 불타오르는 독일 도시들은 가스실로, 독일 민간인에 대한 무차별 폭격은 절멸 정책으로 비유한 것이다. 이는 대표적으로 외르크 프리드리히(Jörg Friedrich)의 《불(Der Brand)》같은 저작에서 나타난다. 흥미로운 점은 프리드리히가 구 서독 좌파의 지적 계보를 잇는 지식인이라는 사실이다. 서구 자본주의와 제국주의에 대한 좌파적 비판의 전통이 기억 전쟁에서 이처럼 일그러진 형태로 살아남은 것이다.

전후 독일의 기억 전쟁에는 우파의 정치적 전통도 깊은 그림자를 드리웠다. 동프로이센에서 추방된 1,200만 독일 민간인의 기억을 재현할 때

특히 그러했다. 추방된 이들은 전쟁 막바지에 고향을 떠나 고통과 죽음의 피란길에 올라야 했던 스스로를 일컬어 '히틀러의 마지막 희생자'라고 했다. 동프로이센에서 추방된 독일 민간인들의 조직인 추방자 동맹(Bund der Vertriebenen) 같은 피란민 조직들은 그 고통스러운 추방의 기억을 재현할 때면 으레 '강제 노동', '절멸수용소', '제노사이드'같이 홀로코스트를 상징하는 수사들을 차용했다. 동프로이센에서 추방된 독일 민간인들이 이렇듯 나치에게 학살당한 유대인들과 같은 반열에 오른다면, 복수심에 불타서 독일 민간인 피란민들을 학대한 폴란드나 체코의 성난 이웃들이 나치와 동급이 되는 것은 시간문제였다. 추방자 동맹의 회장이자 아마추어 역사가였던 에리카 슈타인바흐(Erika Steinbach)는 폴란드와 체코슬로바키아 사회주의 정권을 파시스트라고 부르는 데 조금도 주저함이 없었다. '독일계 해외동포(Volksdeutsche)'라 불린 이 집단이 열렬한 나치 지지자였다는 사실도 기억 속의 희생자의식 앞에서는 불 앞의 얼음이었다.

역사의 제단에 바쳐진 '순결한 양'

역사 속 실재의 세계에서 가해자였던 이들이 상상 속 기억의 세계에서 희생자로 둔갑하는 일은 흔하다. 이탈리아인들도 자신들을 파시스트의 희생자라고 생각했다. 파시즘은 바깥에서 강요한 정치 이념일 뿐, '진정한' 이탈리아에는 생소할 수밖에 없는 이념이라고 여겼다. 그들에게 이탈리아 파시즘은 독일 나치즘과 비교하면 유순하기 짝이 없고, 모든 도덕적 끔찍함이나 물리적 잔학행위는 독일군이나 마약중독자, 동성애자, 사디스트 들이 저지른 것이었다. 한마디로 '좋은 이탈리아인'과 '나쁜 파시스트'는 반드시 구분되어야 하며, 좋은 이탈리아인인 보통 사람들에게 파시스트들의 잔학행위에 대한 책임을 묻거나 죄를 추궁해서는 안 될 일이었다. 전후 이탈리아에서 파시즘은 이렇게 과거의 블랙홀 속으로 빨려 들어가 지워졌다. 이탈리아의 뉘른베르크는 애당초 불가능했던 것이다.

'세계 유일의 피폭국'인 일본의 경우 가해의 역사가 피해의 기억으로 바뀌기에 더 유리한 조건이었다. 일본인이 인류 역사에서 유일한 원자폭탄 희생자였다는 자명한 사실이 일본인들로 하여금 자신들의 희생을 자국의 전쟁범죄와 가해행위를 상쇄하고도 남는 희생으로 여기게끔 만들었다. 그들에게 아우슈비츠와 더불어 히로시마는 인간이 저지른 가장 끔찍한 범죄행위의 상징이었다. 때마침 도쿄 전범재판의 인도인 판사 라다비노드 팔(Radhabinod Pal)은 미국의 원폭 투하야말로 나치의 전쟁범죄에 가장 근접한 잔학행위라고 말했다.

히로시마와 나가사키 원폭은 아우슈비츠와 더불어 절대 악의 상징이었다. 의사이자 가톨릭 신자였던 나가사키의 피폭자 나가이 다카시(永井隆)는 나가사키의 원폭 희생자들을 "제2차 세계대전 당시 모든 민족의 원죄를 씻기 위해 희생의 제단 위에 자신의 몸을 산 채로 공양한 순결한 양"에, 이 어린 양을 바치는 희생의식을 홀로코스트의 일본어 번역어인 '한사이(燔祭)'에 비유함으로써 나가사키의 원폭 희생자들에게 종교적 의미를 부여했다. 이렇게 종교적 색채를 강하게 띤 히로시마와 나가사키라는 묵시록적 지옥에 비하면 재래식 전쟁의 모든 잔학행위는 사소할 뿐이었다. 그래서 일본인들에게 히로시마와 나가사키를 기억하는 일은 난징 대학살이나 일본군 '위안부', 연합군 포로 학대 등 일본군이 저지른 잔학

나가사키의 폭심에 위치한 우라카미 천주당의 옛 건물 잔해. 일본은 이런 메타포를 활용해 자신들을 피해자로 둔갑시키고 제국주의 침략의 원죄를 덮으려 한다. 〈출처:위키미디어 커먼즈〉

행위를 잊어버리게 하는 일이기도 했다. 특히 전후 일본의 기억에서 아시아·태평양전쟁이 미국과 일본 양국 간 전쟁으로 단순화되면서 아시아 이웃들에게 저지른 일본의 침략행위는 쉽게 잊혀버렸다.

독일의 보통 사람들이 그랬듯이, 많은 일본인이 자신은 군부 지도자들에게 속은 순진한 보통 사람일 뿐이며, 오히려 희생자라고 생각했다. 연합국 최고 사령부의 오리엔탈리즘이 순진한 희생자라는 기억을 부추긴 측면도 있다. 그들의 눈에 일본인은 권력에 무조건 복종하는 봉건적 습성에 젖은 노예였다. 그래서 아무 의심 없이 군부 지도자들을 따랐을 것이니 순진한 그들에게 전쟁의 책임을 물어서는 안 되는 것이었다. 여기에 미군 폭격기의 무차별 폭격, 히키아게샤(引揚者, 귀향민)라 불린 대규모 해외 피란민 대열, 소련군의 시베리아 포로수용소에서 일본군 포로들이 겪어야 했던 고통, 전시의 굶주림과 정치적 억압 같은 역사적 경험이 더해지면서 평범한 일본인들의 희생자 이미지가 강화되었다. 일본군 가미카제 특공대의 이야기를 다룬 영화 〈호타루(ホタル)〉(2001)의 한 장면은 이 지점에서 눈물겹다. 치란에 있는 특공기지의 군용 식당을 운영하며 마지막 출격 때까지 가미카제 특공대원들을 돌보아준 도미코는 이렇게 회상한다. "나라를 위해 만세, 만세를 부르며 일장기를 흔들고 배웅했지요. 죽인 거예요. 진짜 엄마라면 자식에게 죽으라고 했겠어요?" 죽은 특공대원들에 대한 죄의식을 감추지 못하는 도미코는 전쟁 책임에서 결코 자유로울 수 없는 보통의 일본 사람들을 대변한다. 특공대원들의 전쟁은 몸뻬와 갓포기(割烹着, 소매 있는 앞치마)를 입은 평범한 여성들의 지원 없이는 불가능한 것이었다. 총력전체제는 싸우러 나가는 자와 이를 전송하는 자 사이의 일체감을 먹고사는 괴물이었다. 따라서 전쟁의 희생자는 총력전체제의 공범자이기도 했다.

전쟁에 대한 기억 속에서 이토록 희생자가 되기를 갈망하는 가해자들의 모습은 희생자라는 지위가 주는 도덕적 안도감이 얼마나 큰지, 그래서 얼마나 위험한지를 잘 보여주는 게 아닐까?

4. 영웅 숭배와 희생자의 신성화

영웅들의 후일담

제2차 세계대전이 끝난 직후 사람들은 영웅을 중심으로 전쟁을 기억했다. 미국, 영국, 소련 등 연합국의 장병들은 모두가 자유세계와 유럽의 민주주의 혹은 사회주의 모국을 지키기 위해 파시스트 침략자에 맞서 싸운 영웅이었다. 추축국의 장병들도 자기 나라에서 영웅으로 취급되기는 마찬가지였다. 나치 독일의 병사들은 '아시아적 볼셰비즘'으로부터 유럽 문명을 지키기 위해 소련을 침공한 영웅이었고, 고전을 면치 못한 파시스트 이탈리아의 병사들도 고대 로마의 영광을 되살리기 위해 전장에 나선 이탈리아의 영웅이었다. 일본의 군인들도 자국의 선전물에서는 '서양 제국주의'로부터 아시아 인민들을 해방시키려는 민족해방전쟁의 선두에 서서 목숨을 걸고 돌격한 영웅이었다. 그 뿐만 아니다. 압도적 군사력을 지닌 점령군에 맞서 무모하기 짝이 없는 싸움을 벌인 폴란드의 파르티잔, 목숨을 걸고 나치 점령군에 맞서 싸운 프랑스나 네덜란드의 레지스탕스, 일본의 심장부를 향해 온몸을 내던진 김구 휘하의 독립군, 막강한 조직과 화력을 갖춘 관동군에 맞서 만주를 비롯한 중국 대륙 곳곳에서 게릴라전을 수행한 중국과 한국의 공산군 등에 대한 전후 기억은 모두 당찬 기백의 군사적 영웅들로 가득 차 있었다. 전쟁이 끝난 직후부터 유행한 영웅 담론 속에 일본군 '위안부'가 낄 자리는 없었다. 전쟁이나 식민 치하에서 비루한 일상을 살아가야만 했던 보통 사람들도 주변으로 밀려나야만 했다.

1944년 8월 압도적인 독일 점령군에 맞서 바르샤바 봉기를 주도한 폴란드 저항군의 작전처장 레오폴트 오쿨리츠키(Leopold Okulicki) 대령은 전후 폴란드의 기억 문화 속 전형적 영웅이었다. 이 영웅은 빗발치는 총탄과 포화 속에서 달랑 수류탄 한 발에 의지해 독일군의 기관총 진지로 돌격했다. 돌격 전 오쿨리츠키는 대책 없는 공격은 무모하다며 봉기를 미루자는 동료들에게 그까짓 사람 목숨이나 집 몇 채 더 구하기 위해 거사를 늦출 수는 없다며 지금 당장 싸우지 않으면 폴란드의 명예는 땅에 떨어질 것이라고 강변했다. "폴란드인은 겁쟁이가 되느니 차라리 죽는 편이 낫다"는 그의 말처럼, 오쿨리츠키에게 그것은 죽음보다 참을 수 없는 일이었다.

영웅에게는 죽음이 삶보다 더 큰 가치를 지닐 때가 많다. 영웅은 이상을 위해 죽음으로써 이상이 삶보다 훨씬 더 가치 있는 것임을 입증한다. 이상은 구체적 삶을 넘어서는 추상적 가치일 때가 대부분이다. 바르샤바 봉기의 영웅들이 구하고자 했던 것도 살아 숨쉬는 폴란드인 개개인이 아니라 폴란드라는 추상이었다. 폴란드라는 추상이 개개인의 구체적인 삶보다 더 중요한 가치가 되었을 때, 이상은 물신화된다. 비겁해 보일 때도 있지만, 개인이 역사의 격랑을 헤치고 살아가는 일은 순간순간마다 용

폴란드 보흐니아에 있는 바르샤바 봉기의 영웅 레오폴트 오쿨리츠키 기념비. 전쟁이 끝
나자 세계는 영웅을 중심으로 전쟁을 기억했다. 비루한 일상을 살아가야 했던 보통 사람
들은 간과한 채, 영웅적 죽음이나 순교처럼 찬란한 희생에만 눈을 돌렸다. 때로는 견디며
살아가는 것 자체가 희생일 수 있음에도 말이다. 〈출처:셔터스톡, ©Agnes Kantaruk〉

기를 내야만 하는 일이기도 하다. 영웅적 죽음이나 순교처럼 찬란하지는 않지만, 때로는 살아가는 것 자체가 용기가 필요한 일이기 때문이다. 바르샤바 봉기에 참여했으나 오쿨리츠키에게는 비판적이었던 이들이 증언했듯이, 영웅적 죽음을 강변했던 그는 정작 삶의 어려움과 대면할 용기는 없었는지도 모르겠다.

제2차 세계대전 이후 망명한 폴란드 지식인을 대표했던 반체제 인사 예지 기에드로이츠(Jerzy Giedroyc)는 특유의 냉소 가득 찬 한마디를 던졌다. "비겁함이야말로 폴란드인에게 가장 필요한 덕목이다." 그는 전후 폴란드인의 기억 문화를 지배했던 영웅주의에 질려버렸던 것이다.

홀로코스트를 경멸한 시오니스트

영웅주의는 폴란드의 집단 기억뿐만 아니라 전후 세계 곳곳에서 기억을 지배하는 문화적 코드였다. 모든 방향에서 가해지는 나치의 무자비한 폭력 앞에서 속수무책으로 당해야만 했던 유대인들의 기억 문화도 영웅주의라는 코드에서 자유롭지 못했다. 미국의 유대인처럼 홀로코스트를 경험하지 못한 유대인들은 600만 명의 동족이 변변한 저항 한번 없이 순한 양처럼 끌려가 죽었다는 사실에 분개했다. 불모의 사막지대 팔레스타인으로 건너가 독립된 유대인의 나라를 세우기 위해 고군분투하던 시오니스트들은 더더욱 그랬다. 시오니스트에게 디아스포라 유대인의 역사는 영웅도 정복자도 지배자도 행동하는 인간도 없는, 울며불며 자비를 구걸해온 비겁한 역사였다. 그러니 이스라엘을 찾아온 홀로코스트 생존자들도 짊어지기 싫은 부담스러운 짐이었다. 시오니스트가 보기에 홀로코스트 희생자·생존자는 이미 독일인이나 프랑스인으로 동화되었다고 주장하면서 시온주의를 부정하고 팔레스타인으로 이주하기를 거부한 민족의 배반자였다. 특히 생존자는 강제수용소 같은 끔찍한 환경에서 살아남을 수 있을 만큼 극도로 이기적인 존재였다.

시오니스트와 디아스포라의 권력 관계는 이스라엘의 민족시인이자 시오니스트인 이츠하크 사데(Yitzhak Sadeh)의 시 〈해변의 누이(My Sister on the Beach)〉에서 잘 드러난다. 시는 난민선을 타고 이제 막 팔레스타인 해변에 도착한 홀로코스트 생존자 소녀와 건장한 시오니스트 청년의 만남을 그린다. 그의 눈에 비친 소녀는 "정말로 더럽고, 옷도 누더기처럼 해져 있고, 머리칼도 엉망으로 헝클어졌고, 신발도 신지 않은" 모습이다. 그리고 그는 이미 "알고 있다. 그녀의 살갗에는" 나치 장교를 상대하는 매춘부임을 의미하는 "'장교 전용'이라는 낙인이 찍혀 있음을." 그와 마주 선 소녀는 울면서 자기 자신을 부정한다. "제가 정말 이 젊고 건강한 청년들이 목숨을 걸 만큼 가치 있는 사람일까요? 그렇지 않아요. …… 저는 살아서는 안 돼요." 시오니스트의 시 속에서 홀로코스트에서 살아남은 이 소녀는 이렇게 자기 몸과 자기 자신을 배반하고 결국 자기 민족을 배반한 이중의 배반자로 재현된다.

홀로코스트 생존자를 여성화하는 남성 중심 민족주의의 영웅 서사에서 희생자에 대한 공감을 발견하기는 쉽지 않다. 1960년대 말 이스라엘을 방문한 언론인이자 유대계 폴란드인인 콘스탄티 게베르트(Konstanty Gebert, 다비드 바르샤브스키Dawid Warszawski라는 필명으로도 잘 알려져 있다)는 큰 충격을 받았다. 이스라엘 사람들이 홀로코스트 생존자들을 '비누(savon)'라고 불렀기 때문이다. '비누'는 나치가 학살당한 유대인의 몸에서 짜낸 지방으로 비누를 만들었다는 항간의 속설에서 비롯된 표현이다.

그런데 유대인이 같은 유대인을 나치의 비누에 빗댄 것이다. 그는 그렇게 불리는 홀로코스트 생존자들이 느꼈을 모멸감에 치를 떨었다. 그러나 시온주의의 영웅 담론에 시온주의의 대의를 부정하고 유럽에 남았다가 홀로코스트의 희생자가 된 이들의 사사로운 감정이 낄 자리는 없었다. 1960년대 초 아이히만 재판이 있기 전까지 이스라엘에서 홀로코스트는 사실상 금기였다. 순한 양처럼 끌려가 학살당한 홀로코스트 희생자들에 대한 기억은 시온주의 코드와 양립할 수 없었다.

이스라엘의 역사 교육은 기원후 73년 900명이 넘는 유대인이 로마군에 항복하느니 차라리 죽음을 택한 마사다(Masada)의 전설을 유대민족 해방투쟁의 시초로 각색하고, 홀로코스트 희생자들의 수동적 죽음 대신 마사다 전사들의 영웅적 죽음을 가르쳤다. 마지못해 홀로코스트를 가르칠 때는 1943년 바르샤바 게토 봉기를 예로 들어 순교자와 영웅의 기억을 강조했다. 홀로코스트 희생자들은 단순히 '유대인'이라고 칭했지만, 게토 봉기의 영웅적 전사들은 '시오니스트' 혹은 '히브리 청년'이라고 불렀다. 하지만 바르샤바 게토 봉기의 전설적 영웅 마레크 에델만(Marek Edelman)이 끝내 이스라엘로 이주하기를 거부하고 2009년 폴란드에 동화된 유대인으로 바르샤바에서 생을 마침으로써 시오니스트들은 조금 머쓱해졌다.

반공주의와 미국의 유대인들

안네 프랑크의 일기는 1947년 네덜란드어로 처음 출판된 이후 전 세계에서 널리 읽혔다. 특히 미국에서는 1955년에 브로드웨이 연극으로 만들어져 유례없는 인기를 얻었다. 일기에 드러난 안네 프랑크의 내면은 전형적인 유대인 소녀와 달리 매우 세속적이었다. 일기가 열띤 호응을 얻을 수 있었던 것도 유대인 특유의 관습이나 성격과는 관계없이 여느 사춘기 소녀들과 다름없는 안네의 경험과 감정이 잘 표현되어 있기 때문이었다. 훗날 유대계 지식인들이 차라리 안네의 일기가 불타거나 사라졌다면 더 나았을 것이라는 극언을 서슴지 않은 것도 일기가 너무 탈유대적이라는 판단 때문이었다.

일기의 인기와는 상관없이 미국의 유대인 공동체들은 '유대인=희생자'라는 등식과 거리를 두려고 부단히 노력했다. 스스로를 구대륙을 떠나 신대륙 아메리카에 성공적으로 정착한 승자이자 영웅이라 여긴 이들에게 홀로코스트 희생자들은 자신들이 떠나온 구대륙의 한심한 패배자들일 뿐이었다. 프랑크푸르트학파 출신의 독일인 망명객 막스 호르크하이머(Max Horkheimer)조차 유대인의 희생을 강조하는 것은 많은 사람의 무의식에 바람직하지 않은 영향을 끼칠 수 있다고 우려했다. 미국 사회에서 '유대인=희생자'란 등식이 고정관념으로 굳어질까 두려웠던 유대인들은 어떻게든 홀로코스트를 기억하려는 움직임을 방해했다. 1946년부터 1948년까지 뉴욕시에 홀로코스트 기념관을 세우려는 노력이 계속되었지만, 보수와 진보를 망라한 수많은 유대인 단체가 끊임없이 제동을 걸었다.

냉전체제의 반공주의도 미국의 유대인들이 홀로코스트와 거리를 두는 데 한몫을 했다. 전후 미국의 유대인 단체 지도자들에게는 소련에 원자폭탄 제조 비밀을 넘긴 죄로 사형당한 유대인 로젠버그(Rosenberg) 부부 사건의 후유증과 미국 공산당원의 반 이상이 유대계라는 이유로 생겨버린 '유대인=빨갱이'라는 선입견에서 벗어나는 일이 급선무였다. 이런 상황에서 홀로코스트를 언급하면 독일의 범죄행위를 부각시키는 일이 될 테고, 그것은 다시 미국과 서독의 반공 연합전선을 균열시켜 유대인이 공산주의를 이롭게 만든다는 혐의를 강화시킬 것이었다. 그래서 나치의 홀로코스트보다는 스탈린의 반유대주의와 동유럽의 유대계 공산주의자 숙청을 더 강조했다. 반유대주의는 나치보다 공산주의의 문제라고 몰고 간 것이다.

영웅적 전사에서 원통한 희생자로

전 세계 유대인 공동체와 이스라엘의 기억 문화는 1961년 아이히만 재판을 계기로 영웅적 시온주의에서 홀로코스트 희생자로 중심을 이동하기 시작한다. 홀로코스트 생존자들이 법정에서 홀로코스트의 참상을 적나라하게 토해내고 또 이 모습이 언론에 보도되면서 전 세계 여론과 이스라엘 국민 사이에 그들의 고통에 크게 공감하는 분위기가 형성되었기 때문이다. 이후 홀로코스트는 이스라엘이 유대인의 국가로서 자국의 존재 이유를 도덕적으로 정당화하는 근거가 되었고, 이스라엘의 젊은이들 사이에서는 자신을 홀로코스트 희생자들과 동일시하는 경향이 감지되었다.

박정희 시대 한국의 유대인 담론도 처음에는 이스라엘 중심의 영웅주의 일변도였다. 1961년 5월 군사정변에 성공한 박정희는 이스라엘의 집단농장 키부츠에 주목하여 사막을 옥토로 만든 개척정신을 자주 언급했다. 또 경기도 광주의 가나안 농장을 찾아 '건국차'를 마시며 재건운동의 가능성을 찾기도 했다. 1962년 7월에는 키부츠를 모델로 삼은 '농촌 개척대대'가 출범했으며, 이스라엘 대사관은 새마을운동중앙회의 전신이라 할 수 있는 재건국민운동중앙회를 찾아 1,000달러를 쾌척하기도 했다. 1967년에는 이스라엘이 공격 개시 후 6일 만에 시리아와 요르단, 이집트 세 나라로부터 항복을 받아낸 '6일전쟁'에 대해 마치 한국이 승리한 것처럼 흥분한 언론보도가 이어졌다. 국토는 좁지만 단시간 만에 눈부신 발전을 이룩한 데 이어 순식간에 주변 아랍국들마저 제압한 '강소국(强小國)' 이스라엘은 그야말로 한국의 국가 발전 모델처럼 받아들여졌다.

하지만 언제부터인가 한국에서도 유대인 담론에 변화가 생기기 시작했다. 미국 NBC의 미니시리즈 〈홀로코스트〉가 한국에서 방영되고 이 시리즈에 대한 유럽 내 관심이 한국의 언론에 보도되기 시작한 1986년이 그 전환점이었다. 한국 언론에 홀로코스트라는 용어가 처음 등장한 것은 1979년이었지만, 본격적으로 등장하기 시작한 것은 아무래도 1990년대의 일이었다. 네이버 뉴스 라이브러리를 보면, 해방 이후 1999년까지 언론에 홀로코스트라는 용어는 총 175번 등장하는데, 그중 149번이 1990년대에 집중되어 있다. 또한 이 시기에는 '이스라엘' 대신 '유대인'이라는 단어가 더 자주 신문지상에 오르내렸다. 이는 한국 사회에서 유대인의 이미지가 이스라엘의 영웅적 투사에서 억울한 희생자로 옮겨갔음을 의미한다.

영웅적 전사에서 원통한 희생자로 기억 담론의 중심이 이동한 것은 비단 한국만의 현상이 아니었다. 희생자의식의 대두는 지구화와 더불어 지구적 차원의 시민사회와 공공 영역이 형성된 것과 관련이 있다. 지구적 시민사회의 여론이 무고한 희생자에 대한 동정으로 기울면서 지구촌 곳곳의 기억 문화도 영웅주의의 투박한 옷을 던져버리고 억울한 희생자의 의상으로 갈아입기 시작했다. 그 결과 지구적 기억 공간은 누가 더 큰 희생자인가를 놓고 경쟁하는 공간으로 바뀌었고, 한쪽의 희생을 인정하면 다른 한쪽의 희생은 부정되는 제로섬 게임의 논리가 지배하게 되었다. 국제사회의 인정을 받기 위한 민족주의적 인정투쟁이 자기 민족의 위대함을 강조하는 영웅주의에서 자기 민족이야말로 집단적 희생자라고 읍소해 도덕적 공감을 얻어내려는 투쟁으로 그 방향이 바뀌기 시작한 것이다.

경쟁하는 희생자의식

1990년대 이후 민족주의적 영웅 숭배에서 희생자를 신성화하는 방향으로 바뀌어 간 기억 문화는 '홀로코스트의 코즈모폴리턴화'라는 한마디로 압축되기도 한다. 자기 민족이야말로 비극적 과거의 진정한 희생자였다고 강조하는 거의 모든 기억이 홀로코스트를 참조와 비교의 준거로 삼는다. 한국의 독자들에게 가장 비근한 예로는 2011년 12월 13일 뉴욕시의 퀸즈버러 커뮤니티 칼리지에서 한국의 일본군 '위안부' 피해자들과 홀로코스트 생존자들이 감동적으로 상봉한 일을 들 수 있다. 일본군 '위안부' 기억 활동가들이 미국에서 기자회견을 할 때마다 그 지역의 유대문화센터를 이용하는 것도 예사롭지는 않다. 난징대학살을 다룬 아이리스 창의 논픽션 《난징의 강간》은 '제2차 세계대전의 잊힌 홀로코스트'라는 부제를 달고 있었다. 아이리스 창은 여러 강연에서 '태평양의 홀로코스트'라는 표현을 쓰기도 했다. 나이지리아 내전(1967~1970) 당시 비아프라(Biafra)의 가톨릭 선교사들은 학살된 비아프라 주민들을 '유대인 희생자'에 비유했다. 폴 포트(Pol Pot)의 학살은 '캄보디아의 홀로코스트'라고 불렸고, 킬링필드는 '아시아의 아우슈비츠'로 회자되었다.

심지어는 중동에서도 약자의 희생을 강조할 때 홀로코스트가 사용됐다. 1980년대 아프가니스탄의 무자헤딘(mujahidin)은 소련의 침공이 나치의 홀로코스트보다 더 악랄하다고 비난했고, 1991년 제1차 이라크전쟁 당시 서방 언론들은 사담 후세인을 히틀러보다 더 나쁜 악당으로 만들었다. 유대인 학살 관련 자료를 연구하는 시몬 비젠탈 센터(Simon Wiesenthal Center, SWC)는 독일 기업들이 이 이라크 독재자를 위해 '가스실'을 지었다고 폭로했다. 1992년 세르비아 군대와 민병대가 보스니아의 이슬람교도들을 학살할 때, 한 이슬람 대학생은 자신들이 나치 치하의 유대인 같다며 신음했다. 학문적 생애를 에스파냐 내전 연구에 바친 영국의 폴 프레스턴(Paul Preston)은 자신의 신간에 '에스파냐의 홀로코스트(The Spanish Holocaust)'란 제목을 붙였다. 반유대주의적 성향이 다분한 폴란드 민족주의자들 역시 나치가 유대인이 아닌 폴란드인을 학살했다고 강변하면서 '잊힌 홀로코스트'라는 용어를 사용했다.

일부 유대계 지식인은 이런 사례들이 홀로코스트를 너무 사소하게 느끼도록 만든다고 불평했지만, 홀로코스트의 코즈모폴리턴화는 막을 수 없었다. 미국의 보수 기독교도들은 낙태의 합법화를 '미국의 홀로코스트'로 규정했고, 동물 보호론자들은 모피 농장에서 동물을 대상으로 '홀로코스트'가 벌어지고 있다고 흥분했다. 게이 운동가들은 사회의 무관심 속에 '에이즈에 의한 홀로코스트'가 일어나고 있다고 경고했다. 총기 자유론자들은 게토 봉기에 사용된 사제 총기를 들먹거리며 나치 독일에서 총기 휴대가 허용됐다면 홀로코스트를 막을 수 있었을 것이라는 광고 문안을 만들었다. 끽연가들은 엄격한 금연 정책이 '흡연자를 겨냥한 홀로코스트' 음모라고 읍소했다. 20세기 세계 최고의 경제사가 가운데 한 명으로 꼽히는 유대계 폴란드인 역사가 비톨트 쿨라(Witold Kula)는 1980년대 초 어느 날 일기장에 이렇게 썼다.

예전에는 유대인들이 가진 돈과 자질, 지위 그리고 국제적인 연줄 때문에 그들을 질시했다면, 오늘날에는 강제수용소의 시체 소각로 때문에 유대인들을 질시한다.

누가 더 큰 희생자였는가를 놓고 경쟁하는 21세기 지구적 기억 공간의 현실을 이만큼 섬뜩하게 예견했다니, 대가는 대가다.

5. 아우슈비츠와 천 개의 십자가

현실사회주의와 반유대주의

내가 아우슈비츠를 처음 방문한 것은 1991년 1월이었다. 나는 겨울방학을 이용해 바르샤바 대학에서 자료조사를 하는 중이었다. 당시 폴란드는 공산당이 총선을 통해 평화적으로 정권을 이양한 데 이어, 민주적으로 치르는 첫 대통령 선거가 막 마무리된 시점이었다. 계획경제도 시행착오를 거듭하면서 시장경제로 옮겨가는 중이었다. 밖에서는 제1차 이라크전쟁이 일어나 폴란드에서도 미국의 CNN을 통해 미군의 폭격 등 전쟁 상황이 실시간으로 중계되고 있었다. 안팎으로 어수선한 상황에서 나는 갓 배우기 시작한 짧은 폴란드어로 좌충우돌 고전하면서 조금씩 폴란드 역사에 젖어갔다. 그러던 중 한숨 돌릴까 하고 주말에 아우슈비츠를 찾게 된 것이다.

당시 대선에서는 레흐 바웬사(Lech Wałęsa)와 타데우쉬 마조비에츠키(Tadeusz Mazowiecki)가 결선에 진출했는데, 아우슈비츠 인근에 게시된 선거 벽보의 마조비에츠키 사진 위에 누군가 다비드의 별을 그려놓았던 기억이 생생하다. 아우슈비츠 수용소 주변의 퇴락한 건물 담벼락에도 페인트로 칠한 다비드의 별과 반유대주의 낙서가 어지러웠다. 거의 반세기동안 프롤레타리아 국제주의를 주문처럼 외워온 사회주의 국가에서 반유대주의 낙서를, 그것도 바로 아우슈비츠 앞에서 볼 것이라고는 상상도하지 못했던 나는 그저 망연자실했다. 홀로코스트처럼 끔찍한 반인륜적범죄가 일어난 바로 그 땅에서 반유대주의가 그토록 완강하게 지속되었다는 게 도저히 믿어지지 않았다.

실제 폴란드 같은 현실사회주의 국가들에서 홀로코스트는 기억해야할 역사적 비극이 아니라 사회주의 체제의 정통성을 확보하는 데 필요한도구로 활용된 면이 크다. 이들 국가는 독일이나 기타 서구 자본가들이나치를 지지했다는 사실을 근거로 홀로코스트를 자본주의의 부산물로규정하고, 비판의 초점을 자본주의에 맞추었다. 서구 마르크스주의자들의 경우에도 사정은 비슷했다. 유대인의 비극을 너무 강조하다 보면 프롤레타리아 계급의 고통을 소홀히 할 수 있다는 사회주의적 보편주의가이들을 지배했다. 사회주의의 진보를 위해 홀로코스트의 인종적 기억은지워져야 했다.

잘 살펴보면, 사회주의라는 이념의 장식 밑에는 좀 더 통속적이고 현실적인 이유들이 있다. 1968년 소련을 필두로 대부분의 동유럽 공산당이 전개한 반유대주의 캠페인이 잘 보여주듯이, 당시 현실사회주의 국가들은 체제 위기와 맞닥뜨리고 있었고, 그 타개책의 하나로 반유대주의를내세웠다. 인종주의적 민족주의를 부추겨 체제의 정통성을 구하고자 한것이다. 위기를 극복하기 위해서라면 유대인의 기억쯤은 지워져도 좋았다. 아니, 지워져야 했다. 현실사회주의는 프롤레타리아 국제주의와 보편주의의 대의를 실현한다는 현란한 수사 뒤에서 이렇게 민족주의로 뒷걸음질치고 있었던 것이다. 혈통적 민족주의는 만성적 위기에 빠진 현실 사회주의가 의지한 마지막 보루였고, 그것은 곧 반유대주의의 온상이 되었다. 프롤레타리아 국제주의와 반유대주의의 기묘한 동거는 사회주의 블록이 몰락할 때까지 지속됐다.

폴란드 순교자와 유대인 희생자

제2차 세계대전에 대한 폴란드 사회의 공식 기억은 민족공산주의의 정치공학에서 자유롭지 못했다. 그 결과 제2차 세계대전은 폴란드인과 독일인의 전쟁이 되어 유대인의 고통과 희생은 폴란드의 공식 기억에서 사라졌다. 한 유대인 피아니스트가 나치 점령기의 바르샤바에서 극적으로 살아남은 이야기를 담은 영화 〈피아니스트〉의 뒷이야기도 그와 관련이 있다. 감독인 로만 폴란스키(Roman Polański)는 아우슈비츠에서 부모를 잃고 겨우 자신만 살아남은 아우슈비츠 생존자였다. 어린 시절의 트라우마 때문에 〈쉰들러 리스트〉의 감독직은 거부했으나 영화의 성공에 고무되어 〈피아니스트〉의 감독직을 수락했다는 이야기는 세간의 관심을 끌고도 남는다. 하지만 더 흥미로운 것은 영화의 모태가 된 브와디스와프 슈필만(Władysław Szpilman)의 자서전에 얽힌 이야기이다. 이 자서전은 종전 직후 간행되어 곧 초판이 매진되었다. 그러나 집권 공산당은 '폴란드인 피아니스트'가 아니라 '유대인 피아니스트'가 부각되어 폴란드인보다 유대인이 더 큰 희생자였다는 인상을 줄 수 있다는 이유로 책의 재판을 허용하지 않았다. 책은 결국 베를린 장벽이 무너진 후에야 다시 간행

될 수 있었다. 폴란드인과 유대인 중 누가 더 큰 희생자였는가를 두고 벌이는 희생자 경쟁이 종전과 더불어 이미 시작된 셈이다. 1960년대에 득세한 민족공산주의는 폴란드의 희생자의식을 강화했다. 그 중심에는 미에치스와프 모차르(Mieczysław Moczar) 장군이 이끄는 빨치산파가 있었다. 그들은 홀로코스트를 독일인과 유대인이 공모한 폴란드인 말살 음모라고 주장하기도 했다.

그렇다고 폴란드 공산당이 국제주의적 자세까지 버렸던 것은 아니다. 폴란드통합노동자당은 아우슈비츠를 독점자본주의의 최후 단계를 보여주는 공포극의 무대로 설정하고, 폴란드 및 여타 민족의 저항과 순교를 기리는 국제적 기념관으로 공포했다. 그러나 기념관의 배치는 철저하게 국가 중심이었다. 아우슈비츠 수용소의 각 건물을 국가별로 나누어 구획함으로써 유대인 희생자들은 유대인이 아니라 출신국에 따라 그리스인, 네덜란드인, 이탈리아인 등으로 분류되었다. 1960년대부터 체코슬로바키아, 헝가리, 소련, 유고슬라비아, 오스트리아, 프랑스, 네덜란드, 이탈리아, 폴란드 관이 연이어 문을 열었고, 심지어는 아우슈비츠에 수용된 적 없는 덴마크인, 불가리아인 희생자를 기리는 기념관도 생겨났지만, 아우슈비츠 어디에도 유대인을 위한 기념관은 없었다. 모든 희생자를 국적에 따라 분류함으로써 아우슈비츠에서 유대인이란 존재를 지워버린 것이다. 홀로코스트 당시 이스라엘이라는 국가가 없었던 유대인 희생자들은 그들이 속했던 국적에 따라 겨우 기억될 수 있었다.

설왕설래 끝에 1968년 아우슈비츠에도 유대관이 문을 열었지만, 개관일을 유월절의 마지막 토요일로 정함으로써 독실한 유대인들은 참석할 수 없었다. 전통에 충실한 유대인들에게 토요일은 아무 것도 해서는 안되는 안식일이기 때문이다. 게다가 아우슈비츠의 희생자들을 폴란드어

알파벳 순서에 따라 기념함으로써 'Żydzi(유대인)'는 맨 마지막 줄에 배정되었다. 이처럼 아우슈비츠라는 기억의 터는 '아우슈비츠=홀로코스트'라는 등식이 무색할 만큼 폴란드인과 유대인의 희생자의식이 경쟁하는 터였다. 한 사회의 기억은 그리 쉽게 바뀌지 않는다. 공산주의 정권이 무너지고 민주화가 진행되던 1992년 폴란드에서 실시한 한 여론조사는 절반에 가까운(47퍼센트) 폴란드인이 여전히 아우슈비츠를 폴란드인의 순교지로 기억하고 있음을 보여준다. 1990년대 내내 민족주의적 교과서들은 나치가 폴란드인을 생물학적으로 절멸시키려 한 반면 유대인은 단지 유럽에서 추방하려 했을 뿐이라고 주장하며 유대인 희생자들을 폴란드인 순교자들 밑에 위치시켜 희생자의식의 위계질서를 만들었다.

아우슈비츠의 수녀원

종전 이후 유대인과 폴란드인 사이에 이렇게 전쟁과 홀로코스트를 둘러싼 기억 전쟁이 벌어졌음을 인지하고, 아우슈비츠와 십자가의 긴장도 그 기억 전쟁의 맥락 속에서 살펴야 비로소 잘 이해된다. 1979년 폴란드 출신인 교황 요한 바오로 2세가 아우슈비츠를 방문해 미사를 집전하면서 두 상징 사이의 갈등이 표면으로 불거졌다. 당시 교황은 비르케나우의 시체 소각로 2호와 4호 사이에서 미사를 집전했는데, 1984년에 지클론 B(Zyklon B) 가스 저장시설의 한 자락에 이를 기념하는 가톨릭 수녀원인 카르멜 수녀원이 들어섰다. 교황이 방문하거나 미사를 집전한 장소에 기념비를 세우는 폴란드의 관행으로 보면 별반 새로울 것은 없었다. 문제는 장소였다. 유대인을 대량 학살한 독가스 저장시설에 수녀원이 들어

섰다는 것은 아우슈비츠-비르케나우 수용소가 이제 유대인이 아니라 폴란드인 가톨릭교도들의 희생을 상징하는 장소가 되었음을 의미하기 때문이다.

폴란드 가톨릭교회는 아우슈비츠에 세워진 이 카르멜 수녀원이야말로 "십자가가 지닌 승리의 영험을 증명할 사랑과 평화, 화해의 신성한 상징"이라고 소개했다. 외부의 비판자가 날카롭게 간파했듯이, 가톨릭교회는 악보다 강한 사랑과 화해의 힘을 강조하면서 아우슈비츠의 모든 희생자를 '익명의 순교자 대중'으로 묶어버렸다. 보편적 사랑과 구원의 이름으로 아우슈비츠의 기억에서 유대인을 삭제한 것이다. 이에 세계 각국의 유대계 단체들이 강하게 반발했다. 유대인들로서는 아우슈비츠가 "폴란드 국민을 비롯한 여러 나라 국민의 순교를 기억하는 기념물"이자 "파시즘의 희생자를 기리는 국제 기념관"으로 명명된 공산 정권 시대의 기억이 여전히 생생한데, 또다시 기독교적 보편의 이름으로 유대인의 희생이 지워지는 것을 참을 수 없었다. 100만 명이 넘는 유대인이 희생된, 세계에서 가장 큰 유대인 공동묘지인 아우슈비츠에서 유대인의 죽음을 찾을 수 없게 된다는 것 자체가 말이 되지 않는 일이었다. 1989년 7월 7명의 유대인 기억 활동가들이 수녀원을 즉시 철거하라는 뜻에서 줄무늬 죄수복을 입고 수녀원의 울타리에 오르는 시위를 벌였다. 그러자 수녀들이 창밖을 지켜보는 가운데 수녀원의 폴란드 일꾼들이 그들에게 오물 섞인 더러운 물을 끼얹었다. 한 가톨릭 사제는 이에 대해 "예수가 아우슈비츠에 있었다면 신의 아들이나 인류의 구세주 혹은 유대 민족의 메시아로서가 아니라, 그저 한 명의 유대인으로서 죽임을 당했을 것"이라고 일침을 날리기도 했다.

십자가 전쟁

우여곡절 끝에 1993년 교황 요한 바오로 2세의 결단에 따라 카르멜 수녀원이 아우슈비츠에서 철수했다. 하지만 유대인들은 그 자리에 여전히 남아 있는 커다란 십자가를 문제 삼았다. 교황의 미사를 기념해 세운, 높이가 거의 5미터에 달하는 십자가였다. 유대인의 죽음과 고통이 켜켜이 쌓여 있는 아우슈비츠-비르케나우에 가톨릭 십자가를 용인할 수 없다는 게 유대인들의 주장이었다. 이에 노조 '연대'의 전설적 지도자이자 대통령인 바웬사를 필두로 130명의 하원의원과 16명의 상원의원 등 폴란드의 우파 정치인들과, 추기경 유제프 글렘프(Józef Glemp)와 그단스크의 대주교가 중심이 된 가톨릭교회가 유대인들에 맞서 아우슈비츠의 십자가를 지켜야 한다고 목청을 높였다.

아우슈비츠가 해방된 지 50년째 되는 해인 1995년에는 유대인 기억 활동가들이 아우슈비츠의 나치 친위대 건물을 교회로 쓰고 있는 비르케나우 가톨릭교회에 들어가 십자가 철수를 요구하며 연좌 농성을 벌이다가 경찰에 연행되었다. 그런데 배석 의사가 이들에게 옷을 벗고 나체로 검사에 임하라고 요구하면서 물의가 빚어졌다. 의사의 요구가 노동 적격 여부를 판정하기 위해 아우슈비츠에 도착한 모든 유대인의 옷을 강제로 벗기던 나치의 만행을 연상시켰기 때문이다. 활동가들은 "이곳에서 그토록 많은 유대인을 벌거벗겼는데 아직도 부족하냐?"고 항변했다고 한다. 하지만 폴란드 경찰이나 그 의사가 뭐라 답했는지는 알 길이 없다.

폴란드 민족주의자들은 '교황의 십자가를 지키는 사람들' 같은 단체를 결성해 유대인의 십자가 철수 요구에 맞섰다. 1998년에는 여기서 한 걸음 더 나아가 교황의 십자가가 세워진 블록 11호 건물 앞마당에 152개의

유대인 100만 명 이상이 죽은, 세계에서 가장 큰 유대인 공동묘지인 아우슈비츠-비르케나우 수용소에 세워진 대형 십자가. 전후 폴란드인과 유대인 간에 벌어진 기억 전쟁의 한 단면이다. 〈출처:위키미디어 커먼즈〉

크고 작은 십자가를 더 세웠다. 그 자리에서 나치에게 처형당한 152명의 가톨릭계 폴란드인 파르티잔 희생자들을 기리는 의미였다. 블록 11호 건물은 아우슈비츠 안의 감옥으로, 훗날 성인으로 추대된 막시밀리안 콜베(Maksymilian Kolbe) 신부가 동료 수감자를 대신해 자신을 희생한 순교의 현장이자 카르멜 수녀회의 에디트 슈타인(Edith Stein) 수녀가 순교한 장소이기도 하다. 아우슈비츠의 십자가는 폴란드 출신의 이 두 가톨릭 순교자를 상징하는 장소에 설치된 셈이었다.

십자가를 철수하기는커녕 오히려 그 수를 엄청나게 늘려버린 폴란드 민족주의자들의 행동에 전 세계의 유대인이 거세게 항의했다. 그러자 다시 가톨릭계 폴란드 민족주의자들이 분노하기 시작했다. 이들은 이제 아우슈비츠에 1,000개의 십자가를 세우자는 캠페인을 펼치기 시작했다. 십자가 철거를 요구하는 유대인들에게는 십자가 밑에 폭탄을 설치해 제거하는 순간 폭발하도록 만들겠다고 협박하기도 했다. 마치 "우리가 우리 나라, 우리 땅에 가톨릭의 십자가를 세우겠다는데 왜 시비냐?"라는 투였다. '홀로코스트의 코즈모폴리턴화'라는 용어에서 보듯이, 아우슈비츠의 기억은 이미 폴란드의 국경을 넘어 지구적 기억 공간을 헤집고 다니는 트랜스내셔널한 기억이 되어버렸건만 이들은 이 변화된 현실을 직시하지 못하는 게 아닌가 싶다.

홀로코스트와 일본 기독교

아시리아 유랑 이래 학살과 박해에 시달린 유대인들에게 오랫동안 십자가는 사랑과 구원이 아닌 박해와 죽음의 상징이었다. 중세 때부터 기독교도 이웃들이 유대인을 학살할 때마다 십자가를 들고 나왔기 때문이다. 이베리아반도의 유대인들이 무어족 이슬람교도와 사이좋게 공생하다가 유럽 각지로 유랑을 떠나게 된 것도 1492년 가톨릭교도인 이사벨 1세가 에스파냐를 통일한 후 이슬람교도와 유대인을 추방하면서부터였다. 한국이나 일본의 기독교도들은 기독교가 유대교에 연원을 두고 있다고 생각하기 때문인지 대체로 이스라엘 편에 많이 기울어 있다. 그래서 아우슈비츠와 십자가의 갈등이 이해되지 않을 수도 있다. 역사적으로도 동아시아의 기독교는 유대인 박해라는 유럽 기독교의 피 묻은 역사와는 거리가 멀다. 이를 증명이라도 하듯, 일본 후쿠야마의 시골에는 밭 가운데 다소 뜬금없이 홀로코스트 교육센터가 들어서 있다. 창립자는 오오쓰카 마코토(大塚信)라는 목사로, 1971년 자기 교회의 성가대를 이끌고 이스라엘을 방문하러 가던 길에 우연히 안네 프랑크의 아버지 오토 프랑크를 만나면서 홀로코스트에 관심을 갖게 되었고, 1995년에 드디어 자기 교회가 있는 작은 시골 마을에 홀로코스트 교육센터를 세운 것이다.

개신교 목사가 안네 프랑크에 흠뻑 빠진다거나 홀로코스트 교육센터를 지어 운영한다는 것은 유럽이나 미국의 기독교 역사에서는 상상하기 어려운 일이다. 베를린의 고등학술원에서 연구원으로 있을 때 만난 유대교 연구의 권위자 수잔나 헤셸(Susannah Heschel)도 개신교 목사가 세운 일본의 홀로코스트 교육센터에 대한 내 이야기를 믿지 못하고 고개를 절레절레 흔들었다. 나중에 내가 직접 후쿠야마에서 찍은 사진을 보여준 뒤에도 머리로는 사실을 받아들였지만, 심정적으로는 여전히 믿지 못하겠다는 투였다. 그녀의 반응에서 보듯, 기독교와 유대교 사이의 피로 얼룩진 갈등과 반목의 역사를 거쳐온 유럽의 관점에서는 도저히 이해할 수 없는 일인지도 모르겠다. 홀로코스트의 기억이 일본 열도라는 낯선 장소

개신교 목사가 세운 일본 후쿠야마의 홀로코스트 교육센터에 있는 안네 프랑크 동상. 기독교와 유대교 사이의 갈등과 반목의 역사를 떠올리자면 기이한 조합이다. 원폭 희생자라는 일본 희생자의식의 탈맥락화를 보여주는 것이기도 하다. 〈출처: ⓒ임지현〉

에서 '원폭 희생자'라는 일본의 전쟁 기억과 기이하게 얽히면서 생긴 에
피소드에 불과한지도 모르겠다.

실제로 도쿠가와 막부 시절에 희생된 일본 가톨릭 순교자들의 영적 기
운이 감도는 나가사키에는 아우슈비츠와 폴란드의 반유대주의, 일본의
원폭 희생자의식이 단단하게 얽혀 있다. 홀로코스트의 기억이 동아시아
의 기억 공간으로 들어오면서 기독교와 유대교의 해묵은 갈등이라는 유
럽의 역사적 맥락이 탈구되고 일본의 원폭 희생자의식을 정당화하는 기
제로 이용되는 과정은 따로 한번 따져보아야 할 일이다.

6. 히틀러와 스탈린 사이에서

동유럽의 딜레마

에스토니아의 수도 탈린(Tallinn)에는 1940년부터 1991년까지 에스토니아의 역사를 전시한 '점령 박물관'이 있다. 에스토니아어로는 'Okupatsioonide Muuseum'이라고 쓰는데, 더 정확히 번역하면 '점령들의 박물관'이다. 박물관 로비에 들어서면 '점령들'이라는 복수형 표기가 뭘 뜻하는지 알 수 있다. 로비에서는 큼지막한 모형 기관차 두 대가 관람객을 맞이한다. 각각 나치의 갈고리 십자가와 소련의 붉은 별이 그려진 기관차들이다. 이 두 대의 기관차 옆을 지나면 전시실로 들어가게 되는데, 그곳에도 두 대의 기관차가 곧 충돌이라도 할 것처럼 위협적으로 같은 목적지를 향해 돌진하고 있다. '점령들'이라는 복수형은 그러니까 소련과 나치가 번갈아가며 에스토니아를 점령한 비극의 역사를 상징한다. 그러나 소련과 나치 점령기의 역사가 같은 비중으로 전시되는 것은 아니다. 전시의 초점은 점령 기간도 길고 기억도 생생한 소련의 압제에 맞추

에스토니아의 점령 박물관에 있는 나치와 소련을 상징하는 전시물. 에스토니아는 두 전체주의 체제에 점령당한 비극적인 역사를 가지고 있다. 〈출처:위키미디어 커먼즈〉

어져 있다. 그런데 나치와 소련의 점령에 대한 기억이 이렇게 비대칭을 이루면서 소련은 절대 악이고 나치는 상대 악이라는 인상을 준다. 더구나 박물관에서 가까운 군인 묘지에는 나치 병사들이 에스토니아 전몰자들과 나란히 누워 있다. 에스토니아에 죽은 자에게 특별히 관대한 문화가 있는지는 잘 모르겠지만, 적어도 나에게는 불편한 경험이 아닐 수 없었다.

폴란드 출신의 세계적인 영화감독 안제이 바이다(Andrzej Wajda)의 〈카틴(Katyń)〉(2007)은 히틀러와 스탈린 사이에 끼인 동유럽의 고민을 더 극적으로 보여준다. 영화의 첫 장면은 어수선하지만 인상적이다. 멀리서 포성이 들리는 가운데, 서로 반대 방향에서 도망 오던 두 피란민 집단이 크라쿠프 근처의 다리 한복판에서 부딪치며 우왕좌왕한다. 이들은 서로 자기가 가는 방향이 옳다며 옥신각신한다. 어차피 옳은 방향이란 없다. 한쪽은 히틀러의 나치 군대, 다른 한쪽은 스탈린의 붉은 군대에 쫓겨 도망치는 것이기 때문이다. 이들에게 선택지란 없다. 조금 과장해서 말하면, 히틀러에게 죽거나 스탈린에게 죽거나 죽기는 마찬가지다. 다리 한복판에서 폴란드 피란민들이 빠진 딜레마는 탈냉전 이후 동유럽에서 나치즘과 스탈린주의에 대한 기억이 어떤 식으로 만나서 어떻게 결합하고 또 경합하는가를 보여준다. 서로 다른 두 독재체제 사이에 끼인 이들을 어떻게 기억할 것인가, 이들의 희생은 대칭적인가 비대칭적인가 하는 문제는 간단히 답변하기 어렵다.

에스토니아처럼 라트비아의 수도 리가(Riga)에도 '점령 박물관'이 있다. 이 박물관은 원래 레닌 탄생 100주년을 맞아 볼셰비키 혁명에서 혁혁한 공을 세운 라트비아 소총대대를 기념하는 박물관으로 출발했다. 그러니 '점령 박물관'으로의 변신은 소련 '찬가'를 소련 '애가'로 바꾼 셈이다. 라트비아 점령 박물관의 전시 방향도 에스토니아 점령 박물관과 크

라트비아 점령 박물관에 전시되어 있는 리예파야 학살 당시 총살 직전의 유대인 여성들의 모습을 담은 사진이다. 이 학살에 라트비아인이 간접적으로나마 참여했음을 사진 설명을 통해 알리고 있는데, 라트비아인이 히틀러와 스탈린 사이에 끼인 희생자이자 익명의 학살 주체임을 전하는 것이다. 〈출처: ⓒ에스토니아 점령 박물관〉

게 다르지 않다. 나치 독일과 소련이라는 두 전체주의 체제에 점령당했던 당시 라트비아인의 고통과 희생을 중심으로 전시가 구성된다. 상설 전시는 나치의 범죄보다는 아무래도 최근의 기억인 소련의 범죄를 폭로하는 데 더 큰 비중을 두고 있다.

라트비아인들에게 제2차 세계대전은 나치 군대를 소련의 억압에서 벗어나게 해준 해방자로 반겼던 불편한 기억을 가져다 준다. 홀로코스트는 특히 그렇다. 홀로코스트 관련 전시장에는 리예파야(Liepāja)에서 일어난 학살 장면을 담은 사진이 걸려 있다. 시체가 즐비한 학살 현장에서 총살 당하기 직전의 유대인 여성들을 찍은 사진이다. 맨 왼쪽 여성 뒤로 공포에 질린 듯 고개를 숙이고 있는 소녀의 모습이 눈에 들어온다. 홀로코스트 연구자들에게 잘 알려져 있는 이 사진의 설명글은 라트비아의 부대 아라이스 코만도(Arājs Commando)를 언급함으로써 라트비아인이 학살에 가담했음을 간접적으로나마 시사하고 있다. 이것만 해도 현지인이 학살에 가담한 기억을 완전히 지워버린 에스토니아의 점령 박물관보다는 나은 편이다. 그러나 자경단원이나 지방 경찰의 일원으로 혹은 일반 시민으로 유대인 학살에 가담한 익명의 학살 주체들에 관해서는 어떠한 언급도 찾아볼 수 없다. 1943년 바르샤바 게토 봉기 당시, 나치 친위대 군복을 입은 라트비아인 대대가 우크라이나 경비대와 함께 게토를 봉쇄했던 기억도 물론 지워졌다.

'피투성이의 땅'

제2차 세계대전에 대한 동유럽 국가들의 기억 공간은 그야말로 지뢰

밭이지만, 발트 3국은 특히 그렇다. 발트 3국 중 라트비아에서는 약 9만 5,000명의 유대인 가운데 불과 4,000명만이 살아남았다. 에스토니아의 유대인 1만 명은 몰살되었다. 리투아니아에서는 가장 많은 20만 명의 유대인이 학살당했다. 1941년 나치 점령 당시 리투아니아의 유대인 인구 90퍼센트에 해당하는 높은 수치였다. 물론 학살의 주범은 나치였지만, 유대인을 식별하고 줄 세우고 학살하는 데 이르기까지 현지인들의 적극적인 협력이 없었다면 불가능했을 일이다. 그럼에도 히틀러의 나치즘과 스탈린의 공산주의에 번갈아 유린당했다는 역사적 기억은 이 발트 3국의 주민들에게 자신들이야말로 제2차 세계대전의 가장 혹독한 희생자라는 인식을 심어주기에 충분했다. 공산주의 시절에는 당 간부들이나 공산주의 레지스탕스가 나치의 주요 희생자로 기억되었고, 1991년 탈공산주의 이후에는 사회주의 소련 시절의 희생자들이 주된 기억 대상이었다.

이 기억 문화에서 유대인 희생자들이 설 자리는 없었다. 나치즘과 스탈린주의라는 서로 다른 전체주의의 희생자였다는 기억도 약간의 온도 차가 있다. 나치즘보다는 스탈린주의의 억압에 대한 기억이 더 강렬한 것이다. 나치 점령기는 4년여에 불과했지만 소련 점령기는 45년에 달한 데다 억압의 강도도 셌기 때문이다. 나치 점령기를 기억하는 세대보다는 소련 점령기를 기억하는 세대가 월등히 많다는 사실도 요인으로 작용했을 것이다. 실제로 전쟁 직후 발트 3국의 많은 민족주의자가 소련의 '노동수용소(Gulag)'로 강제 추방되었다. 통계에 따르면, 리투아니아에서는 8만여 명이, 라트비아에서는 4만 2,000여 명이, 에스토니아에서는 2만 명 이상이 노동수용소로 추방되었다. 1941년부터 따지면 스탈린이 추방한 발트 3국 주민의 수는 족히 20만 명을 넘는다. 추방된 이들 대부분이 각 민족의 엘리트였다는 점에서 타격이 더 컸고, 그만큼 기억도 오래 남았다.

물론 스탈린에게 희생된 20만 명은 나치에게 희생된 이 지역 유대인 30만 명에 비하면 3분의 2에 불과한 수치이다. 이들은 강제 추방되었을 지언정 유대인들처럼 몰살된 것도 아니다. 그러나 민족주의의 관점에서 보면 자국의 '타민족 시민'보다는 '우리 민족'의 희생이 더 아프게 느껴졌을 것이다. 발트 3국에서 제2차 세계대전의 종전을 1945년이 아니라 1991년으로 기억하는 것도 이러한 역사 인식과 관련이 있다. 1991년은 모스크바의 쿠데타 불발로 소련이 해체되고 발트 3국이 독립한 해이다. 이 해석에 따르면, 발트 3국이 소비에트연방의 일원으로 존재했던 1945~1991년은 제2차 세계대전의 연장선일 뿐이다. 러시아의 관점에서 보면 이 시기는 침략자 나치에 맞서 조국을 지켜낸 애국전쟁에 이어 산업화를 일구어낸 시기이지만, 발트 3국의 주민들에게는 강제 이주와 착취, 정치적 억압과 검열의 역사로 점철된 시기이다. 이 두 개의 상반된 기억은 결코 당장 화해할 수 있는 성질의 것이 아니다.

폴란드는 물론, 발트 3국과 벨라루스, 우크라이나같이 구소련의 서쪽 국경지대를 형성하고 있던 나라들은 모두 비슷한 운명을 겪었다. 이 국가들에서 나치즘과 스탈린주의가 할퀴고 간 상처는 아직도 아물지 않고 있다. 상처뿐인 기억에서 논쟁은 종종 나치즘과 스탈린주의 가운데 어느 쪽의 억압이 더 컸냐는 기억 전쟁으로 비화하기도 한다. 좌파에게는 나치즘이, 우파에게는 스탈린주의의 억압이 더 끔찍하게 기억되고 있다. 미국의 동유럽사가 티머시 스나이더(Timothy D. Snyder)는 이 국가들을 한데 묶어 '피투성이의 땅(Bloodlands)'이라 칭했다. 가장 많은 피를 흘린 땅이라는 뜻이다. 나치즘 전문가인 마크 마조워(Mark Mazower)가 20세기 유럽을 '검은 대륙(dark continent)'이라고 부른 것도 같은 맥락이다. 이데올로기의 색안경을 벗어버리니 끔찍한 억압에 대한 기억만 남는 것이다.

물론 스탈린과 히틀러는 달랐다. 이 '피투성이의 땅'에서 스탈린은 자기 나라의 인민을 죽였지만, 히틀러는 다른 나라의 국민을 죽였다. 스탈린의 협력자들이 자신들에게 배당된 '인민의 적'의 수를 늘려달라고 청원했던 지방의 열성 당원들이었다면, 히틀러의 협력자들은 유대인 이웃의 재산을 노린 점령지의 현지인들이었다. 하지만 살인 기계의 무자비함과 효율성이라는 점에서 둘은 닮아 있었다. 히틀러는 강제수용소의 가스실과 특무부대의 무차별 학살, 기아 정책 등으로 1,100만 명의 유대인과 슬라브인, 소련군 전쟁포로, 집시, 동성애자, 사회주의자 들을 죽였다. 강제 노역에 시달리다 독일에서 죽은 100만 명을 제외하면, 대부분이 '피투성이의 땅'에서 죽었다. 스탈린은 약 700만 명의 민간인을 희생시켰다. 강제수용소에서만 100만 명이 죽었고, 600만 명은 대기근, 쿨라크(부농) 및 인민의 적 숙청 과정에서 사망했다. 그리고 그중 약 400만 명이 러시아와 독일 사이에 끼인 '피투성이의 땅'에서 희생당했다. 카자흐스탄에서도 1932년과 1933년 사이에 150만 명이 굶어 죽었다는 새로운 연구가 나온 것을 보면, 아마도 강제 집산화가 낳은 기근의 희생자 수치는 계속 늘어날 듯 보인다.

소련 최대의 곡창지대였던 우크라이나의 희생이 가장 컸다. '홀로도모르(Holodomor, 굶어 죽음)'라 불리는 대기근으로 1932년과 그 이듬해에 약 330만 명이 굶어 죽었다. 홀로도모르가 스탈린의 공업화 정책을 위한 곡물 및 가축 징발이 이 지역에 집중된 데서 비롯된 것임을 감안하면 '기아 제노사이드' 혹은 '우크라이나 제노사이드'라고 불릴 만하다. 어미가 자식에게 자기 살을 먹이기 위해 죽음을 택하는 참담한 광경은 스탈린의 제노사이드가 아우슈비츠 가스실의 공포만큼이나 끔찍한 반인륜적 범죄임을 보여준다. 제노사이드 협약의 창안자인 라파엘 렘킨(Raphael Lemkin)

은 전전에 이미 우크라이나 대기근의 참상을 '소비에트 제노사이드'라고 칭한 바 있다. 그러고 보면 시베리아를 끼고 소련과 긴 국경을 맞댄 만주국에 우크라이나 피란민들을 모아 소련에 대항하는 또 하나의 괴뢰 국가를 세우고자 했던 관동군 정보국의 계획도 황당하지만은 않다. 만주에서 암약한 폴란드 스파이들이 '제2의 만주국'이라 부른 이 괴뢰 국가 수립 계획은 실행되지 않았지만, 대기근에 대한 우크라이나의 기억이 얼마나 한 맺힌 것이었는가를 상징적으로 보여준다.

스탈린주의와 나치즘

소비에트연방의 해체로 스탈린주의의 국가 범죄를 감싸고 있던 정치적 금기가 무너지자, 동유럽의 기억 문화는 스탈린주의와 이후 현실사회주의에 대한 기억을 중심으로 급격히 재편되었다. 냉전체제의 이데올로기적 사슬에서 해방된 동유럽의 주민들은 홀로코스트를 중심으로 구성된 서유럽의 기억 문화를 받아들이기 힘들었다. 스탈린주의 혹은 전체주의적 공산주의의 희생자라는 억압된 기억을 이제 막 끄집어내기 시작했는데, 서유럽의 기억 문화가 자신들에게 홀로코스트의 공범자라는 혐의를 덧씌웠기 때문이다. 분노한 이들은 홀로코스트를 중심에 둔 서유럽의 기억에 맞서 스탈린주의 중심의 대안적 기억을 내세웠다. 그러나 현실적 힘의 불균형은 기억의 불균형을 낳았다. 서유럽의 기억이 동유럽의 기억을 압도한 것이다.

2000년 1월 26일부터 28일까지 스웨덴 스톡홀름에서는 23명의 국가 수반 혹은 총리와 14명의 부총리 혹은 장관이 포함된 46개국의 정부 대표가 홀로코스트를 교육하고 기억하고 연구할 방안을 논하는, 아주 특별한 다자간 정상회담이 열렸다. 이 회의는 '스톡홀름 선언(Declaration of the Stockholm International Forum on the Holocaust)'을 공표하는 것으로 마무리되었는데, 한마디로 홀로코스트를 기억하는 것이야말로 지구적 시민의 미덕이라는 내용이었다. 이는 사실 서유럽 국가들이 동유럽 국가들에 각급 학교 차원에서 홀로코스트 교육을 의무화해야만 나토나 유럽연합에 가입할 수 있다고 통보한 것이나 마찬가지였다. 러시아의 위협으로부터 집단의 안전을 보장받고 경제를 재건하기 위해 서유럽의 원조가 절실했던 동유럽 국가들의 입장에서 결코 무시할 수 없는 통보였으리라. 그러나 스탈린 시대 국가 권력이 자행한 테러의 기억이 훨씬 더 생생한 동유럽의 인민들에게 홀로코스트를 중심으로 편제된 공식 기억은 불편하기 짝이 없었다. 이제 겨우 현실사회주의의 압제라는 긴 터널을 벗어나 희생자들을 복원하고 기억하려 하는데, 홀로코스트 공범자라는 혐의가 위에서부터 덧씌워지면서 스탈린주의의 희생자들 가운데 홀로코스트 공범자가 적지 않다는 불편한 과거를 환기시켰던 것이다.

1996년 9월 우크라이나의 리비프(L'viv, 르부프)를 방문했을 때의 기억이 새롭다. 당시 나는 폴란드 크라쿠프 시의회 사절단에 슬쩍 섞여 다니다가 리비프시 건립 740주년 기념식에도 함께 참석하게 되었는데, 그때 리비프 시의회 의장의 연설을 듣고 경악했던 기억이 난다. 폴란드 친구 몇몇은 내 옷소매를 끌어당기며 당장 자리를 박차고 나가자고 할 만큼 분기탱천했었다. 연설의 요지인즉, 몰로토프-리벤트로프 조약(독소불가침조약)에 의거해서 나치가 폴란드를 침공하고 소련이 리비프를 점령한 1939년 9월 17일이야말로 동우크라이나(소련령)와 서우크라이나(폴란드령)가 통일된, 우크라이나 민족의 뜻깊은 날이라는 것이었다. 57년 전

바로 그날 '우크라이나 전선(Ukrainian Front, 일종의 민족주의 무장 민병대)'은 "무기, 죽창, 삼지창, 쟁기를 들고 수백 년의 원수 폴란드 지주들을 죽이자"라고 쓰인 삐라를 살포했었다. 그러나 주변국들과의 악연은 여기에서 그치지 않았다. 2년 뒤인 1941년 나치가 소련을 침공하면서 리비프는 나치의 수중에 떨어졌다. 나치는 우크라이나인을 '하얀 검둥이'라고 부르며 슬라브인에 대한 인종적 적대감을 감추지 않았지만, 적지 않은 우크라이나 민족주의자들이 나치에 협력했다. '적의 적은 우방'이라는 단순 논리가 작동한 것이다. 나치는 우크라이나의 숙적인 폴란드의 적이자 또 다른 적인 소련의 적이기도 했다. 리투아니아의 경우도 마찬가지였는데, 이 두 나라의 지정학적 위치는 왜 유독 우크라이나인과 리투아니아인 가운데 자발적 나치 협력자가 많았는지를 설명해준다. 아우슈비츠를 비롯한 강제수용소의 경비대와 바르샤바 게토 봉기 당시 게토를 봉쇄한 경비대가 바로 우크라이나와 리투아니아 대대였다는 점을 상기하자. 이들은 나치의 유대인 학살에 동원된 싸구려 용병들이었던 것이다.

경쟁하는 기억, 연대하는 기억

스탈린주의 국가 범죄와 그로 인한 희생을 사회적 기억의 전면에 배치하면, 홀로코스트의 공범자라는 기억을 가리는 부수적 효과도 기대할 수 있다. 독일 통일 이후 네오나치들의 시위에서 "희생자들에게 서열을 매기지 말라"고 적은 피켓이 자주 등장한 것도 이런 맥락에서 이해할 수 있다. 스탈린과 슈타지에 대한 기억이 히틀러와 게슈타포에 대한 기억을 가리는 '장막의 기억(screen memory)'으로 작동하기를 노린 것이다. 이는

'바비 야르 학살' 희생자 기념비. 1941년 소련을 침공한 독일군이 9월 우크라이나의 키예프에서 받은 폭탄 공격에 대한 보복으로 키예프 거주 유대인 3만여 명을 학살했다. 바비 야르(Babyn Yar)는 키예프시 외곽에 있는 골짜기로, 유대인들이 학살된 장소이다. 이 학살은 나치 친위대의 이동학살분대가 저지른 가장 끔찍한 학살 중 하나로 여겨지는데, 우크라이나인 부역자들도 동참했다. 〈출처:셔터스톡, ⓒmeunierd〉

홀로코스트의 상대화가 초래할 위험을 보여준다. 홀로코스트의 상대화는 네오나치가 펼치는 기억의 정치를 정당화하는 기제로 작동할 수 있기 때문이다. 이와 관련해서 독일 북서부의 도시 오스나브뤼크(Osnabrück)의 '게슈타포 형벌수용소 박물관' 큐레이터인 타냐 바이툴레비치(Tanja Vaitulevich)가 들려주는 얘기는 놀랍다. 박물관을 방문한 독일 청소년들에게 게슈타포 이야기를 한껏 들려주고 나면, 한결같이 "아, 슈타지 같은 거군요"라는 반응이 나온다는 것이다. 동독의 현실사회주의가 저지른 범죄는 잘 알면서도, 나치의 범죄에 대해서는 무지했던 것이다. 타냐도 놀랐지만, 나도 놀랐다. 그렇다고 해서 나치즘의 희생자와 스탈린주의의 희생자를 같은 위치에 놓는 경향이 강한 동유럽의 풀뿌리 기억들을 네오나치로 단정하면 곤란하다. 독일의 맥락과 동유럽의 맥락은 다를 수밖에 없다.

물론 극단적 폭력이 뒤따르는 복수를 정당화해서는 곤란하다. 나치에 의해 고통받은 동유럽의 희생자들이 나치의 강제수용소 모델을 그대로 본떠 나치에 복수를 가한 사실을 간과해서는 안 된다. 하지만 이를 두고 폴란드인이나 체코인이 독일인을 겨냥한 제노사이드를 자행했다고 할 수는 없을 것이다. 2008년 6월 3일 체코 정부가 주도한 국제회의에서 발표된 '유럽의 양심과 공산주의에 대한 프라하 선언(Prague Declaration on European Conscience and Communism)'은 이 점에서 각별하다. 선언은 "모든 전체주의 체제의 희생자를 차별하지 말고 동등하게 대할 것"을 요구한다. "공산주의라는 이름으로 저질러진 많은 범죄"도 "나치의 범죄처럼" "인류에 반하는 범죄로 평가되어야 한다"는 것이다. 몰로토프-리벤트로프 조약이 체결된 8월 23일을 '유럽이 나치즘과 스탈린주의의 희생자를 기리는 날'로 제안하는 것도 이 때문이다. 선언은 홀로코스트를 일방적으로 강조하면 스탈린주의자들이 비유대계 동유럽 인민들에게 가한 범죄가 희석될 수도 있다는 동유럽 지식인들의 뿌리 깊은 우려를 대변한다. 동유럽 국가들에 홀로코스트 교육을 의무화하라고 요구한 스톡홀름 선언에 대한 반감이 느껴지기도 한다.

이에 대해 홀로코스트가 우선적으로 기억되어야 한다고 생각하는 유대계 지식인들은 2012년 1월 20일에 '70주년 선언(Seventy Years Declaration)'을 발표함으로써 프라하 선언에 대응했다. 70년 전 그날은 힘러와 아이히만 등 나치의 고위 관료와 실무자 들이 포츠담 반제(Wannsee) 호숫가의 아름다운 빌라에 모여 유대인 절멸 정책을 확정한 '반제 회의(Wannsee Conference)'가 열린 날이었다. '70주년 선언'의 골자는, 프라하 선언은 홀로코스트의 고유성을 부정하고 공산주의 범죄와 같거나 비슷하다고 간주함으로써 홀로코스트의 기억을 흐리게 만든다는 것이었다. 두 선언의 정면충돌은 서유럽과 동유럽의 제2차 세계대전과 그 이후의 경험이 다른 데서 비롯되었다. 그러나 프라하 선언과 70주년 선언을 액면 그대로 취해 대척점에 놓을 필요는 없다. 중요한 것은 두 선언이 담고 있는 서로 다른 역사적 경험과 지역적 감수성을 트랜스내셔널한 공공성의 관점에서 어떻게 역사화하고 맥락화할 것인가이다.

나치즘과 스탈린주의의 기억은 양자택일의 문제도 아닐뿐더러, 어느 한쪽을 강조한다고 해서 다른 한쪽의 기억이 지워지는 제로섬 게임도 아니다. 이 두 기억에는 연대가 필요하다. 자신이 아프다고 타자의 아픔을 무시하는 것이 아니라, 자신의 아픔으로 인해 타자의 아픔을 더 잘 이해하고 공감할 수 있는 기억의 연대를 이루어야 한다. 그리고 '이것이 어떻게 가능한가'라는 질문은 여전히 답을 찾고 있다.

7. 1942년 유제푸프와 1980년 광주

그들에겐 학살자가 되지 않을 기회가 있었다

1942년 7월 13일, 나치 치안경찰 소속 '101 예비경찰대대' 대원들이 새벽 2시에 기상했다. 3주 전 폴란드 루블린 구역에 배치된 약 500명의 대원들은 대부분이 함부르크에서 온 중년의 가장들로, 전투에는 적합하지 않은 연령대였다. 정규군으로 전방에서 전투를 치르는 대신 경찰 예비대로서 후방에서 치안을 유지하는 임무를 맡게 된 것도 이 때문이었다. 자신들의 주둔지에 대한 아무런 지식도 없이 겨우 3주 전에야 배치된 이 늙은 신병들이 할 수 있는 일은 대체 무엇이었을까?

어리둥절해하는 이들을 태우고 주둔지를 떠난 군용 트럭은 울퉁불퉁한 돌길을 두 시간 동안 달린 끝에 동이 틀 무렵 30킬로미터쯤 떨어진 유제푸프(Józefów)에 이들을 내려놓았다. 바르샤바 남동쪽에 위치한 한적한 시골 마을 유제푸프에는 당시 1,800명가량의 유대인이 살고 있었다. '파파 트라프'라는 별칭으로 불리던 53세의 직업 경찰 출신 대대장 빌헬름 트라프(Wilhelm Trapp) 소령은 마을 입구에서 반원형으로 도열한 대원들에게 오늘의 임무에 대해 어렵사리 말을 꺼냈다. 현장에 있던 한 대원의 기억에 따르면, 트라프 소령은 눈물이 그렁그렁한 눈으로 하소연하듯이 말을 이어갔다. 자신도 영 마음에 들지 않지만 '명령은 명령'이라고 했다. 연합군의 폭격으로 독일 본국의 부녀자와 아이들이 죽어가고 있는 것을 생각하면 오늘의 임무 수행이 조금 쉬워질지 모르겠다는 말도 덧붙였다. 유대인들이 미국의 독일 상품 불매운동을 부추겨왔고, 이 마을의 유대인들이 저항군 게릴라들을 지원해왔다고도 했다. 장황한 서두 끝에 대대장이 전달한 오늘의 임무는 마을의 유대인들을 한곳에 모은 다음, 그 가운데 노동할 수 있는 남자들은 선별하여 강제수용소로 보내고 나머지는 사살하는 것이었다. 뒤이어 트라프는 대원들에게 특별한 제안을 하나 했다. 나이 많은 대원들 가운데 이 임무를 수행하기 어렵다고 느끼는 사람은 임무에서 제외해주겠다는 것이었다. 중장년 예비역으로 구성된 예비경찰대대의 특성을 고려한 제안이었다. 잠시 침묵이 흐른 뒤 3중대원 오토 율리우스 심케(Otto Julius Schimke)가 앞으로 나섰다. 3중대 중대장이 그를 질책하기 시작했지만, 소령은 중대장에게 입을 다물라고 했다. 그러자 10여 명이 더 앞으로 나왔다. 소령은 두말없이 이들에게 소총을 반납한 뒤 대기하라고 지시했다.

작전이 곧 시작됐다. 도망가려는 사람은 누구든 쏘라는 명령을 받은 3중대가 마을을 포위한 가운데 1중대와 2중대가 유대인들을 모아 중앙광장으로 끌고 갔다. 걸을 수 없을 정도로 쇠약한 노인과 병자 혹은 유아, 저항하거나 숨으려던 사람들은 모두 집 안에서 사살했다. 그런 다음 광장에 집결한 유대인들 중 노동력이 있는 건장한 사람들을 강제수용소로 호송했고, 나머지는 마을에서 멀리 떨어진 숲으로 데려갔다. 숲에서는 의

학박사이자 아코디언을 멋지게 연주하는 '낭만파' 군의관이 사살조로 편성된 대원들을 모아놓고 임무를 설명했다. 군의관은 목 어느 부위를 쏴야 즉사하는지 의학적 지식을 동원해 꼼꼼히 설명했다. 뇌수와 뼛조각이 튀어 군복을 더럽히지 않으려면 정확하게 경추 윗부분에 총구를 대고 발사해야 한다고 했다. 대원들이 임무를 수행하는 동안 '파파 트라프' 소령은 사살 현장에서 멀리 떨어진 마을에서 반쯤 혼이 나간 상태로 울면서 한탄하고 있었다고 한다.

주저하다가 첫 번째 열외 기회를 놓친 대원들 가운데 일부는 실제로 학살이 시작되자 두려워졌는지 소속 중대장을 찾아가 아이를 가진 아버지로서 어린아이를 죽일 수는 없다며 더는 임무를 수행할 수 없다고 주장해 면제되었다. 또 일부는 슬그머니 학살 현장에서 빠져나와 어슬렁거리면서 임무를 회피했다. 트라프 소령의 열외 제안에 곧바로 응한 10여 명 외에도 이처럼 이런저런 방식으로 학살 임무를 회피한 대원의 수가 적지 않았다. 그러나 사살조에 편성된 대원 중 최소한 80퍼센트는 강제수용소 행렬에서 제외된 유제푸프의 유대인 1,500명이 모두 쓰러질 때까지 임무를 수행했다는 것도 엄연한 사실이다. 많은 대원이 숙소로 돌아간 후 만취할 정도로 술만 마셨다는 기록은 그들이 가졌던 자괴감과 수치심, 공포를 말해준다.

타인의 목숨보다 소중한 나의 체면

놀라운 점은 지금까지 나치 독일군 가운데 비무장 민간인을 학살하라는 명령을 거부했다가 끔찍한 처벌을 받은 사례는 단 한 건도 없었다는 것이다. 유제푸프의 '101 예비경찰대대' 대원들도 마찬가지였다. 이들은 본인이 원하기만 하면, 학살 임무를 거부할 수 있었다. 학살 임무를 거부한 일부는 자신이 '경찰 본연의 업무 이외의 임무'에 부적합하다는 청원을 제출해 본국으로 전출되기도 했다. 그러니 예비경찰대대의 대원들이 처벌에 대한 두려움이나 상관의 강압 때문에 학살에 참여했을 것이라고 지레짐작했다면, 한마디로 '틀렸다.'

더 놀라운 것은 101 예비경찰대대의 장교와 하사관을 제외한 일반 대원들의 사회적 배경이 지극히 평범했다는 점이다. 평균 연령 39세의 이들은 대부분 반(反)나치 성향이 강한 함부르크 출신이었고, 63퍼센트가 블루칼라 노동자였다. 항구도시의 특성상 부두 노동자와 트럭 운전기사가 가장 많았고, 보세창고 노동자, 건설 노동자, 선원, 식당 종업원도 있었다. 나머지 37퍼센트 중 35퍼센트는 판매사원이거나 민간 회사 혹은 공공기관의 사무직 노동자, 즉 중하층 화이트칼라 노동자였다. 교사, 약사 등 중산층 전문직 종사자는 단 2퍼센트에 불과했다. 하층 계급 출신이 대부분인 이들은 초등학교를 졸업한 뒤 도제교육이나 직업훈련을 받은 것 외에 고등 교육을 받은 적이 없었다.

이들이 정당에 가입했는지, 가입했다면 어느 정당인지 등에 대해서는 자료가 없어서 정확히 알 수 없다. 하지만 사회적 배경으로 볼 때 사회민주당이나 공산당 혹은 좌파 계열의 노동조합에 속한 사람들이 적지 않았으리라 추측할 수 있다. 지역적으로나 사회적으로나 이들이 나치의 인종적 유토피아 비전에 열렬히 호응하여 자발적 학살자가 되기 쉬운 특별한 집단이라고 믿을 만한 근거는 없다. 이들이 학살에 참여했다고 해서 열렬한 반유대주의자였다고 단정해서도 곤란하다. 바꾸어 말하면, 예비경찰대대에 소속된 중년의 독일인들은 특별히 유대인을 증오하지 않으면

바르샤바 게토에 이어 두 번째로 규모가 컸던 폴란드의 리츠만슈타트 게토(Litzmannstadt Getto)에 도열한 '101 예비경찰대대'의 모습. 리츠만슈타트는 우치의 독일 이름이다. 이들은 1940년 11월 이후 약 6개월간 이 게토에서 질서 유지와 치안을 담당했다. 1942년 7월 유제푸프에서 학살이 일어난 그날까지 이들에게 주어진 임무는 점령지의 독일 경찰 본연의 임무 그 이상도 그 이하도 아니었다. 〈출처: 위키미디어 커먼즈〉

서도 유대인을 학살하는 기계의 톱니바퀴가 되었던 것이다. 가족에 대한 소시민적 사랑과 의무감으로 밥벌이를 해온 평범한 가장들이 학살자가 된 이 역설을 어떻게 이해할 수 있을까?

101 예비경찰대대 연구로 학위를 받은 크리스토퍼 브라우닝(Christopher Browning)의 설명에 따르면, '또래 혹은 집단의 동료들에게서 받는 무언의 압력'이 이들의 행위를 결정하는 데 중요한 역할을 했다. 여기서 '무언의 압력'은 특히 의사결정이 필요한 순간에 두드러지는데, 소수 의견을 다수의 의견에 맞추도록 서로가 암묵적으로 강제하는 것이다. 경찰이

든 군인이든 제복을 입은 집단일수록 집단적 정체성이 강하고, 그런 만큼 같은 제복을 입은 동료들로부터 쏟아지는 압력을 더 강하게 느끼기 마련이다. '101 예비경찰대대' 아저씨들의 경우에도 그랬던 듯하다. '파파 트라프'가 열외를 제안했을 때 앞으로 나선다면 '나약한 겁쟁이'로 여겨질까 싶어 대부분의 대원이 주저했다는 것이다. 이들에게는 동료들 눈에 비칠 자신의 체면이 희생자와의 어떠한 인간적 교감보다 중요했다. 집결한 부대원들 앞에서 겁쟁이 취급을 받고 체면을 잃느니 차라리 사람 죽이기를 택했던 것이다. 그러나 "나야말로 비겁했다"라는 한 대원의 회고처럼, 겁쟁이가 되기 싫어 학살자가 되어버린 그들이야말로 진짜 겁쟁이였다. 동료들의 압력을 이겨내고 학살자 대열에서 이탈하는 것이야말로 진짜 용기가 필요한 일이었다.

아주 평범한 얼굴을 한 '수동적 공범'

이 경찰 아저씨들은 대부분 열렬한 반유대주의자가 아니었다. 많은 독일인이 그랬던 것처럼 이들도 나치의 폭력적인 반유대주의에 눈살을 찌푸렸다. 하지만 '무감각하게' '수동적으로' '아무 동정심 없이' 유대인의 운명에 수긍했다. 그것은 단순한 무관심이기보다는 '암묵적 동조'였고, 그래서 이들은 '방관자'라기보다는 '수동적 공범자' 혹은 '객관적 공범자'에 가깝다. "아우슈비츠로 가는 길은 증오로 건설되었지만 무관심으로 포장되었다"라는 이언 커쇼의 지적은 사태의 정곡을 찌른다. 독일인 이웃들의 무관심 속에서 유대인은 인간적인 의무와 책임을 느껴야 할 범주 밖에 있는 존재가 되었다. 한마디로 유대인은 정치·사회적으로 아무런 의미 없이 육체가 있어 그저 숨만 쉴 뿐인, 그래서 죽여도 괜찮은 '호모 사케르(homo sacer)'였다. 이 평범한 사람들의 무관심이 동부전선에서 민간인을 '합법적'으로 살해할 것을 암시한 나치의 '바르바로사 포고령'과 조응하여 대규모 학살을 낳았다. 독일의 중산층 유대인과는 외모부터 다른 동유럽 유대인을 '호모 사케르'로 취급하기는 쉬웠다.

히틀러와 나치 수뇌들에게 홀로코스트의 책임을 묻는 것은 매우 중요하다. 그러나 그들에게만 책임을 전가한다면 곤란하다. 동유럽의 학살 현장에서 실제로 유대인을 죽인 것은 나치 수뇌부의 펜이나 명령이 아니라 평범한 독일 병사의 소총이었다. 구조가 사람을 학살할 수는 없다. 오직 사람만이 사람을 학살할 수 있다. 나치의 학살 기계도 현장에서 그것을 효율적으로 운영하는 사람이 없다면 작동할 수 없었다. 그러나 학살 명령을 내린 권력자뿐만 아니라 학살 기계를 작동시킨 아주 평범한 실행자에게도 책임을 묻는다고 해서 문제가 다 해결되는 것은 아니다. 그들을 '평범한 독일인'으로 볼 것인가, 아니면 '평범한 사람'으로 볼 것인가의 문제가 여전히 남는다. 그들이 평범한 '독일인'이라면 학살은 독일만의 특수한 문제가 된다. 따라서 독일 역사의 고유한 특징들을 찾아내서 제거하면 그만이다. 하지만 그들이 평범한 '사람'이라면 문제가 달라진다. 특정한 조건만 주어진다면 전 세계의 아주 평범한 사람 누구라도 '101 예비경찰대대' 아저씨들처럼 학살자가 될 수 있다는 뜻이기 때문이다. 제2차 세계대전 이후 세계사에서 캄보디아, 르완다, 옛 유고슬라비아 등 길게 이어지는 제노사이드의 목록이 이 점을 잘 보여준다. 옛 유고슬라비아 내전의 전범을 재판하는 과정에서 동네 이웃들이 증언한 학살자들의 모습은 '101 예비경찰대대' 아저씨들의 모습과 아주 자연스럽게 겹쳐진다. 이웃들의 기억에 남아 있는 학살자들의 모습은 '파리 한 마리 죽일 수 없을 만큼 착하기 그지없는 청년들'이었다. 이들이 끔찍한 학살자가 되어버린 현실 앞에서 전 세계가 아연실색했다.

학살자들이 평범한 보통 사람들이 아니라 연쇄살인마들처럼 타고난 악마였다면 차라리 마음이 편했을 것이다. 제노사이드가 참으로 끔찍한 것은 '착하기 그지없는 청년들'이 어처구니없게 학살자가 되어버린 현대 문명의 현실이다. 지그문트 바우만이 지적했듯이, "홀로코스트는 독일의 과거사가 아니라 현대 문명에 잠재된 위험"이다.

1980년 광주와 자기 성찰의 기억

나는 '101 예비경찰대대'의 평범한 아저씨들이 유제푸프에서 저지른 유대인 학살과 그에 얽힌 기억을 힘들게 돌아보는 내내 광주를 생각했다. 물론 12·12 쿠데타 지도부와 유신체제의 반민주적 기득권 세력에게 광주 학살의 책임을 묻는 것은 매우 중요하다. 그러나 광주에 대한 사회적 기억이 전두환 일당에게만 학살의 책임을 전가하는 식으로 구성되는 것은 너무 단세포적이다. 국회 청문회에서처럼 자꾸 발포 명령자를 가리는 문제에만 천착하면, 광주에 대한 기억은 정치권에서 몇몇 불한당을 탄핵하고 성토하는 데서 그치고 말 것이다. 너무도 자명한 학살의 책임 소재를 둘러싸고 벌어지는 정치권의 지루한 논쟁에는 정치공학의 냄새가 짙다. 어느 정당이 그 악마들의 맥을 잇고 있는가 하는 도덕적 성토가 왜 많은 사람이 아직도 그 정당에 표를 던지는가 하는 정치철학적 물음을 덮어서는 곤란하다. 그래서는 '민주주의를 민주화'한다는 고민을 담기 어렵다.

20여 년 전, 나는 '대중독재'라는 패러다임을 통해 파시즘에 대한 악마론적 해석을 비판하고 평범하고 선량하기까지 한 학살자들, 즉 파시즘 체제를 용인 또는 지지함으로써 그 체제를 유지할 수 있게 한 평범한 대중의 역사적 책임에 대한 문제를 제기했다. 대중독재는 소수의 악당들에게 초점을 맞춘 '위로부터의 독재'에서 대중의 동의와 지지에 기초한 '아래로부터의 독재'로 이해의 폭을 넓히자는 것이었다. 독재자 대신에 독재의 희생자였던 평범한 대중을 비판함으로써 박정희 등의 독재자에게 면죄부를 주는 이론이라는 비판에서부터 나치 독일과 한국의 박정희 체제는 다르다는 비판에 이르기까지 대중독재에 대한 사회적 논쟁을 온몸으로 겪으면서, 나는 기억의 문제를 고민하지 않을 수 없었다.

민주주의를 민주화한다는 21세기의 문제의식으로 보면, 1980년 5월 광주에서 공수부대 군복을 입고 있던 아주 평범한 한국 청년들의 행위를 어떻게 이해할 것인지가 더 중요한 문제일 것이다. 물론 당시 광주의 공수부대에서도 병사들의 열외가 가능했는지는 의심스럽지만, 학살로 나아가는 일련의 과정은 유제푸프의 유대인 학살과 놀랍도록 유사하다. 1980년 봄 공수부대원들은 시위 진압을 위한 '충정훈련'을 받을 때마다 '빨갱이들이 반란을 일으켰고, 시위대는 전부 빨갱이'라는 정신교육을 받았다. 엄혹한 반공규율체제에서 자라고 사회화된 남한의 보통 청년들에게 '빨갱이'는 국가의 적이자 '호모 사케르'였다. 무장을 하지 않은 광주 시민들이 빨갱이의 사주를 받은 '호모 사케르'로 치환되는 순간, 이들은 손쉽게 무차별적인 폭력과 살상의 대상이 되었을 것이다.

학살자들에게도 사람을 죽인다는 게 그리 쉬운 일은 아니었을 것이다. "베트남전보다 더 무섭고 잔인한 전쟁이었다"는 어느 군인의 회고는 아마도 과장이었겠지만, 진실의 일면을 드러낸다. 베트남전쟁을 경험한 일

민주주의를 민주화한다는 문제의식으로 보면, 1980년 5월 광주에서 공수부대 군복을 입고 있었던 평범한 한국 청년들의 행위를 어떻게 이해할 것인가는 매우 중요한 문제이다. 1980년 광주에서 이들이 학살로 나아가는 일련의 과정은 1942년 폴란드 유제푸프 학살과 놀랍도록 유사하다. 〈출처:ⓒ연합뉴스〉

부 장교와 하사관의 경우, 이미 그곳에서 민간인-사람을 죽이는 '금기'를 무너뜨렸기 때문에 더 거침없이 행동한 측면도 있었을 것이다. 20세기 초 아프리카의 나미비아에서 원주민 헤레로(Herero)족과 나마(Nama)족을 학살했던 독일 식민주의의 경험이 나치의 폭력으로 이어진 것과 비슷한 맥락이다. 원주민 학살의 선봉에 섰던 특수부대의 '갈색 군복'부터 시작해서 인종주의 이데올로기, 차별의 법제화 등등 모든 면에서 식민주의의 폭력은 다가오는 나치의 폭력을 예견하는 것이었다.●3부 4장

한편 청문회 등에서 자신들의 학살행위에 대해 증언한 일부 공수부대원이 동료들의 협박과 행패에 시달리고 있다는 신문기사를 접하고 보면, 나치의 '101 예비경찰대대'보다 한국의 공수부대원들 사이에서 동료들의 압력이 더 크지 않았을까 하는 생각이 들기도 한다. 양심선언과도 같은 증언을 토해낸 부대원들에 대한 옛 동료들의 협박과 분노는 제복을 입은 집단의 구성원들이 동료들로부터 받는 압력이 얼마나 큰가를 잘 알려주는 예이기도 하다.

1995년 12월《중앙일보》가 '가해자'의 관점에서 광주를 조명하는 기획기사 취재 과정에서 만난 '광주의 군인들'은 "깊이 반성하고 회한에 젖으면서도 한편으론 일방적 매도라고 억울해하며 복잡한 심정"이었다고 한다. "당시 공수부대원들은 아무런 선택을 할 수 없었습니다. 지금은 광주에 갔었다는 이유로 국민의 손가락질을 받고 있습니다"라는 한 공수부대원의 증언이 그들의 복잡한 심정을 잘 말해준다. 자신들은 단지 "시키는 대로 쏘기만 했는데" 이제는 국민적 비판의 대상이 되었다고 한탄하는 말에서는 자신들이야말로 진정한 희생자라는 뉘앙스도 느껴진다. '책상 앞의 살인자'인 명령권자에게 학살의 모든 책임을 돌림으로써 살인 기계의 말단에서 실제로 사람을 죽인 자신의 책임으로부터 도망가려

는 무의식도 작동했을 것이다. 광주 학살의 책임을 신군부 불한당에게만 떠넘기는 태도가 위험한 것은 바로 이런 이유 때문이다.

광주에 대한 사회적 기억은 신군부 살인자들을 비난하는 차원을 넘어 이 평범한 청년들이 왜 아무 의심 없이 사살 명령을 이행했는가를 묻기 시작할 때 책임감 있는 기억으로 바뀔 것이라고 나는 믿는다. 공수부대의 일원으로 광주 학살에 참가한 후 외상후스트레스 장애로 20년 이상 정신병원을 전전한 김동관 씨나 조현병 판정을 받고 정신병원에서 숨진 하태형 씨를 사회적 망각에서 건져내야 하는 것도 같은 이유에서이다. 이들이 확신을 갖고 자원했는지, 아니면 강요에 의해 어쩔 수 없이 학살에 가담했는지는 알 길이 없다. 중요한 것은 이들이 지휘관의 명령을 따라야 하는 군인이기에 어쩔 수 없었다고 변명하기보다는, 양심의 가책 때문에 괴로워했다는 점이다.

광주의 기억이 성숙되기 위해서는 이들 우연한 가해자들의 정신병을 보듬어줄 수 있는 공감 능력이 필요하다. 평범한 사람들이 학살에 참여한 그 비극적 기억을 자기 성찰의 계기로 삼을 때, 한국 현대사의 트라우마에 대한 우리 사회의 공감 능력은 훨씬 더 건실해질 것이다. 글로벌한 근대의 차원에서도 그렇지만, 20세기 한반도에서 야만은 늘 근대의 단짝이었다. 나는 1980년 5월 광주에 대한 한국 사회의 기억이 신군부 불한당에 대한 정치적 고발 수준을 넘어 한국의 근대에 대한 문명사적 문제 제기로 나아가야 한다고 믿는다. 대부분이 광주 학살의 방관자였던, 그래서 사실상 수동적 공범자였던 자기 자신을 비판적으로 성찰할 때, 한국 사회의 기억 문화는 한 걸음 더 앞으로 나아갈 것이고 또 다른 학살의 가능성은 현저히 줄어들 것이다.

3부

국경을 넘는 기억들

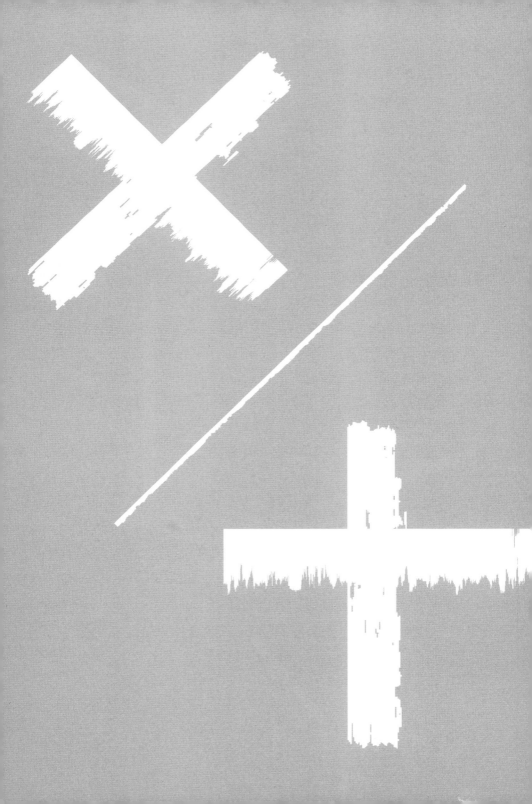

1. 아르메니아 제노사이드와 일본군 '위안부'

글렌데일의 소녀상

　2013년 7월 30일, 미국에 거주하는 한인 기억 활동가들이 미국 최초로 캘리포니아주 글렌데일 시립도서관 앞 공원에 '평화의 소녀상'을 세웠다. 그런데 소녀상 설치를 두고 논란이 일자 글렌데일 시장 데이브 위버 (Dave Weaver)가 일본의 극우 방송인 사쿠라 TV와의 인터뷰에서 평화로운 소도시에 국제적 평지풍파를 몰고 왔다며 소녀상 설치를 비판하고 나섰다. 데이브 위버는 소녀상 건립 문제가 시의회 의제로 상정되었을 당시 5명의 시의원 가운데 유일하게 반대한 인물이니, 그의 인터뷰가 새삼스러울 건 없다. 그러나 반향은 컸다. 10월 7일 인터뷰가 방영된 직후, 한국 언론이 위버 시장의 몰역사적이고 무책임한 발언을 성토하기 시작했다. 평화의 소녀상 건립을 주도한 캘리포니아주 한미포럼 윤석원 대표가 포문을 열었다. 그는 시의회가 공식 절차를 밟아 결정한 사안에 대해 그런 식의 발언은 적절치 않다고 비판하고, "일본군 위안부에 대해 아는 게 없다"고 실토한 위버 시장에게 '위안부' 문제의 실상을 알리는 각종 자료를 선물로 주겠다고 제안했다. 위버 시장에게 전달됐다면, 틀림없이 흥미로운 선물이 되었을 것이다.

더 주목할 만한 것은 일본계 미국인 단체가 위버 시장 비판에 가세했다는 점이다. '시민의 권리와 배상을 위해 싸우는 일본계 미국인 모임(Nikkei for Civil Rights and Redress, NCRR)'이 그 단체이다. NCRR은 제2차 세계대전 당시 프랭클린 루스벨트 행정부의 행정 명령으로 강제 수용되어 미국 시민으로서 권리를 박탈당한 일본계 미국인의 명예를 회복하고 응분의 배상을 받기 위한 목적으로 설립되었다. 일본계 미국인들이 부당하게 겪어야만 했던 고통을 기억하고 있는 그들은 약소민족을 희생양으로 만드는 어떠한 인종주의적 편견이나 박해에도 반대한다는 입장을 분명히 했다. 그들이 글렌데일에 평화의 소녀상을 세우려는 움직임을 지지하고, '위안부' 피해자들에 대한 일본 정부의 사과와 배상 그리고 명예 회복을 요구한 것도 같은 맥락에서 이해된다. NCRR은 2015년 12월 28일 한일 양국 정부가 일본군 '위안부' 문제를 최종적이고 불가역적으로 해결했다는 기조의 합의문을 체결했다고 발표했을 때 단호한 비판 성명을 내고, 이듬해 1월 5일에는 글렌데일의 소녀상 앞에서 열린 촛불 추모제에 참가하기도 했다. NCRR의 행보는 한일 간의 답답한 민족주의적 갈등을 넘어서, 희생자 인권의 원칙 아래 국경을 넘는 기억의 연대가 어떻게 가능한지를 잘 보여주는 예이다.

이 사례를 추적하는 과정에서 글렌데일 시의회 의원인 자레 시나얀(Zareh Sinanyan)의 존재가 눈에 들어왔다. 그는 일본 정부의 강력한 로비나 보수적인 일본계 미국인 단체의 반대를 무릅쓰고 평화의 소녀상 건립을 지지하고 추진한 인물이다. 소녀상 건립 직전인 2013년 4월에 갓 평의원으로 당선된 서른 살의 정치 초년생이 자신과 특별한 이해관계도 없는 데다 자칫하면 다칠 수 있는 정치적으로 민감한 문제에 덤벼든 것이다. 더구나 소녀상 제막식에 참석해 연설까지 했으니, 더 궁금했다. 로스앤젤레스 지역의 일본계 미국인들이 발행하는 일간지 《라푸 신포(The Rafu Shimpo)》에 실린 시나얀의 제막식 연설이 이 궁금증을 풀어주었다. 시나얀은 아르메니아 제노사이드 생존자의 손자로서 희생자들이 느꼈을 고통과 공포를 누구보다 잘 이해한다는 말로 운을 뗐다.

> 갈등을 해소하고 상처를 치유하는 최선의 방법은 …… 그것(가해 사실)을 인정하는 것입니다. …… 아르메니아인들과 내 할아버지는 끔찍한 범죄에 희생되었습니다. …… 오늘날까지 (가해자들은) 아무런 사과가 없고 사실을 제대로 인정하지도 않기 때문에 …… 상처는 깊고 또 곪아가고 있습니다.

연설에서 밝혔듯이 시나얀은 아르메니아계 미국인이다. 1973년 아르메니아의 수도 예레반(Yerevan)에서 태어나 열다섯 살 때인 1988년에 미국으로 이민을 왔고, 정치학과 역사학, 법학을 공부한 뒤 민사소송 전문 변호사가 되었다. 이후 30대 초반의 나이에 글렌데일의 시의회 의원에 당선되었다. 한마디로 성공한 이민자인 셈이다. UCLA에서 정치학과 역사학을 공부했으니 로스앤젤레스의 한국계 미국인들과도 개인적 교류가 꽤 있었을 것이다. 2014년에는 글렌데일 시장에 당선된 후 한국계 미국인들이 만든 가장 큰 은행인 BBCN(Business Bank of Center and Nara)의 서울 사무소 개소식에 초청되기도 했다. 친구 이상의 사업적 관계가 있는지도 모르겠다.

본인이 직접 밝혔듯이, 어려서부터 익숙한 아르메니아 제노사이드에 대한 기억이 그로 하여금 일본군 '위안부' 피해자들에 대한 정서적 공감을 불러일으켰을 것이다. 그러나 글렌데일에 평화의 소녀상이 건립될 수 있었던 이유를 시나얀 개인의 가족사로 환원시켜서는 반쪽의 진실만 얻을 뿐이다. 그보다는 왜 하필 글렌데일이었는지 물어야 한다. 이는 해외에서 가장 큰 아르메니아인 공동체가 글렌데일에 있다는 사실과 무관하지 않을 것이다. 전체 인구가 20만 명이 채 안 되는 이 작은 도시에서 40퍼센트가 넘는 8만 명이 아르메니아계라니 도시의 분위기를 가히 짐작할 만하다. 이 강력한 아르메니아 공동체가 지지하지 않았다면 1만 2,000명에 불과한 글렌데일 한인들의 힘만으로 평화의 소녀상을 세우기는 어려웠을 것이다. 아마도 아르메니아 제노사이드에 대한 기억이 글렌데일의 아르메니아인들로 하여금 일본군 '위안부' 피해자들의 고통에 예민하게 반응하도록 만들었을 것이다. 시나얀에 이은 또 한 명의 아르메니아계 글렌데일 시장 바르탄 가르페티안(Vartan Gharpetian)의 행보도 흥미롭다. 로스앤젤레스 주재 한국 총영사관의 공식 홈페이지에 따르면, 그는 시장 임기 중인 2017년 6월 한국 총영사를 방문해 글렌데일과 한국 도시 간의 자매결연을 추진하기도 했다.

이민자들의 기억과 희생의 연대

흥미로운 점은 또 있다. 평화의 소녀상을 코앞에 둔 글렌데일 시립도서관 안에 새로 문을 연 갤러리 '리플렉트스페이스(ReflectSpace)'의 기획전시들이 그것이다. 2017년 5월과 6월에 걸쳐 열린 미술관 개막전 '기억의 풍경(Landscape of Memory)'은 아르메니아 제노사이드에 대한 공식 역사와 생존자들의 증언이 어떤 관계를 맺고 있는지를 묻는 전시였다. 아르메니아인 공동체가 절대적으로 강한 도시이니 이런 주제로 전시회를 연 것은 당연히 이해된다. 그런데 여기에 일본군 '위안부' 피해자 할머니들 자신과 그들에 대한 사회의 침묵 그리고 대화를 성찰하는 작품들이 함께 전시된 것이 눈길을 끌었다. 이 전시의 제목 '(dis)comfort women'은 갤러리 측에서 밝혔듯이 성노예제의 규모와 악랄함을 감추기 위해 일본군이 만들어낸 '위안부(comfort woman)'라는 용어를 비튼 표현이다. 한국계 큐레이터 모니카 혜연 전(Monica Hyeyeon Jun)과 아르메니아 제노사이드 생존자들에 관한 사진 작업을 계속해온 아르메니아계 미국인 아라 오샤간과 아나히드 오샤간(Ara and Anahid Oshagan) 부부가 전시 기획자로 나란히 이름을 올린 것도 예사롭지 않다. 이 시립 갤러리는 미국의 노예제를 다룬 '노예제의 사후세계(Wake: The Afterlife of Slavery)'와 홀로코스트에 관한 다양한 서사를 검토한 '나는 누구인가: 홀로코스트에 관한 서사들(i am: Narratives of the Holocaust)'이라는 전시를 연달아 기획하면서 비극적인 역사를 예술을 통해 재현하고 기억하는 작업을 계속해왔다. 아르메니아 공동체가 지원하는 갤러리 '리플렉트스페이스'는 사실상 갤러리 이상이다. '성찰하는 공간'이라는 의미의 갤러리 이름도 그렇지만, 전시 주제는 더욱 그렇다. 이 갤러리는 미국의 노예제, 아르메니아 제노사이드, 홀로코스트, 일본군 '위안부' 등 각기 다른 희생의 기억들이 예술적 재현을 통해 연대하고 소통하는 지구적 기억의 장으로 보인다. 이 외에도 '미국-멕시코 간 국경 협상하기(Negotiating the US-Mexico Border)'라는 전시 등 개관 이후 1년이 넘는 시간 동안 갤러리 '리플렉트스페이스'가 보여준 행보는 무척 흥미롭다.

갤러리 '리플렉스페이스'의 전시를 보다가 문득 뉴저지주 버건 카운티에 세워진 '위안부' 기림비가 생각나는 것도 이상할 게 없다. 버건 카운티 법원 앞에는 노예제도에 희생당한 아프리카계 미국인, 홀로코스트의 유대인 희생자, 아르메니아 제노사이드 희생자, 영국의 제국주의적 수탈과 감자 기근으로 굶어 죽은 아일랜드인 들을 기리는 4개의 기림비가 원형의 고리 모양을 이루고 있었다. '명예의 고리(Ring of honor)'라고 불리는 이곳은 세계사의 굵직굵직한 인권 문제가 집합된 상징적인 장소라는 점에서 많은 주목을 받았다. 여기에 '위안부' 기림비가 추가되었다는 것은, 전지구적 기억 공간에서 일본군 '위안부' 문제가 한일 양국만의 해묵은 민족적 대립을 넘어 보편적 인권의 문제로 받아들여졌다는 의미이다.

이주하는 기억과 내면적 지구화

일본군 '위안부'의 기억이 미국의 버건 카운티와 글렌데일에서 아르메니아 제노사이드나 미국 노예제, 홀로코스트 등의 기억과 만난 것은, 이 기억이 민족의 기억을 넘어서 트랜스내셔널한 보편 기억으로 나아가는 첫걸음을 뗀 것이라는 점에서 주목된다. 나아가 일본군 '위안부'의 기억이 유고슬라비아 내전의 성범죄, 이슬람 국가(Islamic State, IS)와 보코 하람(Boko Haram)의 성적 착취, 여성을 대상으로 한 국제적 인신매매 문제 등에서 인권의 감수성을 높여준다면, 일본군 '위안부' 문제에 대한 동아시아의 기억도 새로운 차원으로 접어들게 될 것이다. 일본군 '위안부', 아르메니아 제노사이드, 미국의 노예제, 홀로코스트의 희생자 들이 실제 역사 속에서 만난 적은 없겠지만, 생존자들과 그 자손들은 글렌데일의

In memory of
hundreds of thousands of women and girls from
Korea, China, Taiwan, the Philippines, the Netherlands,
and Indonesia who were forced into sexual slavery by
the Armed Forces of Imperial Japan
before and during World War II.

Dedicated on March 8, 2013

County of Bergen, New Jersey

Bergen County Executive
The Board of Chosen Freeholders
Comfort Women Memorial Committee
Residents of Bergen County

미국 뉴저지주 버건 카운티 법원 앞에 세워진 일본군 '위안부' 기림비. 노예제도에 희생
된 아프리카계 미국인들, 홀로코스트의 유대인 희생자들, 아르메니아 제노사이드 희생자
들, 영국의 제국주의적 수탈로 굶어 죽은 아일랜드인을 기리는 기림비에 이어 2017년 다
섯 번째로 버건 카운티에 들어선 기림비이다. 일본군 '위안부' 문제가 한일 양국의 기억
을 넘어 트랜스내셔널한 보편적 인권의 문제로 기억되기 시작했다는 징표로 볼 수 있다.
〈출처: ⓒ연합뉴스〉

소녀상 프로젝트나 버건 카운티의 '위안부' 기림비처럼 그 아픔을 기리는 기억 속에서 만났다.

태평양과 대서양에 가로막혀 있던 기억들이 제2차 세계대전 이후 대양을 가로질러 미국이라는 낯선 땅에서 만나 얽히면서 지구적 규모의 기억 공간이 생겨났고, 이 트랜스내셔널한 기억 공간 속에서 그동안 몰랐던 서로의 아픔을 다독이고 용기를 북돋우고 공존하면서 연대하기 시작했다. 낯선 땅에서 낯선 기억들이 만나 공통의 기억 공간을 만들고 연대해가는 이런 현상은 '기억의 지구화'라 부를 만하다. 기억을 통해 이루어지는 초국가적 연대는 타자의 고통에 공감하면서 서로 교감할 수 있는 희생자 집단에서 더 자주 목격되는 현상이다. 자신이 기억하는 고통이 타자의 아픔에 대한 인권적 감수성을 높여준 덕분이다.

'내면적 지구화(internal globalization)' 또한 같은 맥락에서 이해된다. 이 용어는 홀로코스트를 유대인의 기억에서 해방시켜 '트랜스내셔널한 기억 문화', '지구적 집단 기억', '코즈모폴리턴한 기억', '다방향적 기억'의 맥락 속에서 보편화시키려는 경향을 가리킨다. '기억의 지구화'든 '내면적 지구화'든 이들은 모두 자민족 중심적인 희생자의식이 다른 희생자들의 기억과 만나면서 어떻게 탈영토화되고 탈민족화될 수 있는지를 잘 보여준다. 내 고통만이 아니라 타자의 고통도 내 정의가 되는 것이다.

여기까지라면 아름답기 짝이 없다. 그러나 현실은 훨씬 복잡다단하다. 일본군 '위안부' 피해자들의 고통에 적극적으로 공감하면서 평화의 소녀상 제막식에서 연설까지 했던 시나얀 시장의 행보부터 그렇다. 제막식에서의 감동적인 연설의 여운이 사라지기도 전에 그는 온라인에서 동성애자와 여성에 대한 성적 편견을 드러내고, 라티노와 무슬림에 대해 인종주의적 발언을 한 일로 구설에 올랐다. 할아버지가 아르메니아 제노사이드의 희생자였다는 데서 오는 인권적 감수성도 한결같지는 않았던 듯하다. 일본군 '위안부' 피해자들에 대한 지지가 글렌데일의 한인 유권자를 겨냥한 단순한 정치적 제스처는 아니었길 빈다. 제노사이드 희생자의 후손이라는 데서 오는 도덕적 우월감이 자신을 성찰적으로 되돌아보기보다는 다른 마이너리티 희생자들에 대한 오만한 태도를 낳았는지도 모르겠다. 같이 일했던 미주 지역의 한인 활동가들에 따르면, 시나얀을 비롯한 아르메니아계 미국인들은 일본군 '위안부' 피해자들과 아르메니아 제노사이드 희생자들을 비교하고 같은 반열에 놓는 시도에는 분명히 선을 그었다고 한다. "우리가 도와는 주지만, 같이 놀자고 하면 곤란하다"는 식의 기운이 읽힐 때가 많았다는 것이다. 오스만튀르크가 저지른 아르메니아 제노사이드와 비견될 수 있는 비극은 나치의 홀로코스트가 유일하다는 게 아르메니아계 미국인들의 생각이다. 그것은 아르메니아 본국의 역사학계가 견지하고 있는 시각이기도 하다. 아르메니아 학계에서 1960년대부터 사용하기 시작한 '아르메노사이드'라는 조어는 아르메니아 제노사이드야말로 가장 제노사이드다운 제노사이드였다는 뜻을 담고 있다.

홀로코스트의 유일성을 강조하는 유대인도 아르메니아의 제노사이드에 대해서는 관대한 편이다. 작가 크리스 매코믹(Chris McCormick)이 미국의 월간지 《애틀랜틱(The Atlantic)》 2016년 4월호에 기고한 글렌데일의 아르메니아인 공동체에 관한 르포를 보면, 캘리포니아행 비행기에서 우연히 옆자리에 앉게 된 유대교 랍비가 등장한다. 아이오와 출신의 이 랍비는 아르메니아인에게 각별한 유대감을 지니고 있다. 랍비는 유대인이나 아르메니아인이 겪은 제노사이드는 "그저 그런 것"이 아니라고 말한다. 세상에 제노사이드는 많았지만, 유대인과 아르메니아인은 무엇과도 비교할 수 없는 끔찍한 제노사이드를 겪었다는 의미였다. 아르메니아 인과 유대인은 공통점이 많다. 동유럽과 발칸 등지에서 아르메니아인은 '캅카스(Kavkaz)의 유대인'이라고 불릴 정도이다. 특히 우크라이나의 리 비프나 폴란드의 자모시치(Zamość) 같은 동유럽의 중소도시에 가면 아르 메니아인 공동체와 유대인 공동체가 중세 이래 오랜 이웃이었다는 흔적 을 곳곳에서 발견할 수 있다. 오랜 역사가 켜켜이 퇴적된 동유럽 구시가 에서 아르메니아 교회와 유대교 회당이 어우러져 빚어내는 역사적 심상 지리(imagined geographies)는 독특한 운치가 있다.

그러나 21세기 미국 중부의 유대인 랍비가 아르메니아인에게 갖는 각 별한 정서적 유대감은 중세의 그것과는 분명히 다르다. '그저 그런 제노 사이드'가 아닌 인류 역사상 가장 끔찍한 제노사이드의 희생자였다는 동 병상련의 연대의식이 분명히 느껴진다. 그런데 그 연대의식의 밑바닥에 는 자기 민족의 희생은 타자의 희생보다 특별하다는 희생의 특권주의가 깔려 있다. 일본군 '위안부'의 참상을 아르메니아 제노사이드와 비교할 수는 없다는 시나얀의 발상이야말로 특권화된 희생자의식의 전형적인 예이다. 자신들의 앞마당에 평화의 소녀상을 세우려는 일에는 적극적으 로 지지를 보내면서도 정작 '위안부' 문제와 '아르메노사이드'는 비교할 수 없는 문제라고 선을 긋는 글렌데일의 아르메니아인 공동체의 입장은 이 점에서 매우 흥미롭다.

지구적 기억 공간이 생겨나면서 힘없고 억울한 희생자들이 기억을 통 해 초국가적으로 연대할 가능성이 활짝 열렸지만, 자신의 희생을 절대화 하고 타자의 희생을 상대화하는 희생자의식의 재영토화가 촉진된 측면 도 다분하다. 기억의 지구화가 거꾸로 민족주의적 기억 간 경쟁을 부추 긴 것이다. 이런 면에서 지구적 기억 공간은 새로 문을 연 기억의 경쟁터

나 마찬가지였다. 특히 세계 여론이 무고한 희생자에게 더 동정적인 방향으로 기울면서 이제 거의 모든 약소민족이 세계 여론을 자기편으로 만들기 위해 경쟁하는 역겨운 상황에 뛰어들었다. 고양된 희생자의식은 민족 담론의 중심이 영웅주의에서 희생자의식으로 옮겨진 시대에 자기 민족의 도덕적 진정성을 읍소하여 국제사회의 인정을 받기 위해 노력한 결과물이다. 지구적 차원에서 희생자의식이 어떻게 움직였는지 추적해보면, 누가 더 큰 희생자였는가를 가리는 민족주의적 경쟁과 전유의 흔적으로 가득 차 있다. 머나먼 미국 땅 글렌데일에서 아르메니아 제노사이드나 일본군 '위안부'의 기억이 만나 연대하고 소통하고 경합하는 이 기억의 심상 지리는 '기억의 지구화'가 이미 21세기 우리네 삶을 구성하는 중요한 부분임을 슬며시 찔러준다.

2. 안네 프랑크와 넬슨 만델라

숨겨진 두 페이지

독일에서 살던 유대인 소녀가 나치의 박해를 피해 네덜란드의 은신처에 숨어 지내며 쓴《안네의 일기》는 세계적인 베스트셀러다. 동아시아의 청소년들에게도 널리 알려진 홀로코스트 수기이기도 하다. 그런데 그 원본 가운데 갈색 종이를 붙여서 가려놓았던 두 페이지의 내용이 최근 밝혀져 화제가 되고 있다. 외신에 따르면, 안네 프랑크 박물관 소속 연구원들이 최근 이미지 처리 소프트웨어를 활용해 갈색 종이에 가려진 글자들을 판독해냈다고 한다. 가려진 종이 뒤쪽에 역광을 비춰 사진을 찍은 뒤 최신의 이미지-글자 전환 소프트웨어를 통해 판독한 것이다. 그 내용도 흥미롭다. 줄을 그어 지운 다섯 구절 외에 네 가지 야한 농담, 성교육과 매춘에 관한 이야기가 적혀 있었다니 말이다. 예컨대 "정상적인 남자라면 누구나 거리의 여성들과 관계를 맺는다"든가 "파리에는 이를 위한 집들이 마련돼 있고, 아빠도 거기에 간 적이 있다"는 내용이 쓰여 있다고 한다. 은신처에서 숨어 지낼 때 주변 어른들이 흘린 이야기를 주워듣고 쓴 것으로 보인다. 기사에서는 어린 소녀에게는 금기시되는 내용들이라 직접 종이를 붙여 가린 것이 아닌가 추측하고 있다. 그렇다면 혹시라도 다른 사람이 볼까 싶어 안네 스스로 검열을 한 셈이다. 물론 아버지 오토 프랑크가 딸의 일기를 출판하기에 앞서 매춘과 관련되어 자신이 언급된 부분을 가리고 싶어 한 일일 수도 있다. 오토 프랑크는 이미 초판 서문에서 가족의 내밀한 사생활이나 사춘기 소녀의 성적 호기심에서 비롯된 내용 등은 뺐다고 밝히기도 했다.

《안네의 일기》는 사실 1947년 첫 출간 때부터 이런저런 논란에 시달렸다. 정통파 유대교도들은 안네 프랑크의 생활이나 생각이 너무 세속적이라고 불만을 터뜨렸다. 실제로 일기 어디에도 가족이 유대교의 계율을 지키려 한 흔적을 찾기 어렵다. 독일에 동화된 유대인으로 살다가 나치 집권 이후 네덜란드로 피신한 집안이니 세속적이라고 해서 새삼스러울 것은 없다. 시온주의자들도 불만이 많았다. 아무런 저항도 못하고 속수무책으로 죽어간 유대인이라는 수동적 이미지를 벗기 위해 바르샤바 게토 봉기와 같은 영웅적 투쟁을 강조하려는 그들에게 안네 프랑크의 일기는 소심하고 수동적인 유대인이라는 기존의 통념을 강화하는 것으로 비쳤다. 그런 이유에선지 처음 영어와 독일어로 번역되었을 때는 독서시장의 반응도 미지근했다. 1952년에는 일본어 번역판이 출간과 함께 베스트셀러가 되어 400만 부 이상 판매되고 청소년용 만화 등으로 출간되기도 했지만 일본의 열기는 오히려 예외적인 현상이었다.

서구에서 안네 프랑크가 크게 회자되기 시작한 것은 1955년 브로드웨이에서 연극 〈안네 프랑크의 일기〉가 상연되면서부터였다. 이 연극은 토니상 연극 부문 최우수상과 희곡 부문 퓰리처상을 수상하기도 했다. 그러나 정작 유대인들의 반응은 싸늘했다. 정통파 유대교도들은 연극으로 만들어지는 과정에서 안네 프랑크의 유대인으로서의 정체성이 지워졌다고 분노했다. 그들의 눈에 비친 연극 속의 안네는 옆집의 비유대인 소녀와 다를 바 없었다. 시오니스트들 사이에서는 심지어 《안네의 일기》를 불태우고 금서로 지정해야 한다는 극단적인 목소리까지 나왔다. 그런데 사실 《안네의 일기》가 세계적인 베스트셀러가 될 수 있었던 것은 유대인들의 특수한 정서를 넘어선 보편성 때문이다. 사춘기 소녀라면 누구나 가질 법한 내밀한 고민과 미세한 감정의 떨림이 국경과 인종, 종교를 넘어 큰 호소력을 지녔던 것이다. 역설적이게도 안네의 일기는 유대인들의 지탄을 받은 그 보편성 때문에 홀로코스트라는 유대인의 비극을 전 세계의 청소년에게 알리는 데 크게 공헌하게 된 셈이다.

남아프리카공화국으로 간 《안네의 일기》

《안네의 일기》의 호소력은 남아프리카공화국에까지 가닿았다. 남아프리카공화국 국민당 정부의 인종 분리 정책인 아파르트헤이트(apartheid, 1948~1994)에 대항해 온몸을 던진 투사이자 세계적으로 존경받는 인권 운동가이며 정치가였던 넬슨 만델라(Nelson Rolihlahla Mandela)는 아파르트헤이트가 철폐되고 민주화된 남아프리카공화국의 대통령으로 선출된 1994년 한 연설에서 이렇게 말했다.

안네 프랑크의 일기는 우리(反아파르트헤이트 정치범)의 정신을 고양시켰으며, 자유와 정의의 대의는 승리할 수밖에 없다는 확신을 심어주었습니다.

　나치의 반유대주의와 홀로코스트가 인종주의의 한 극단이었다는 점을 감안하면, 만델라가 안네 프랑크에게 관심을 가지는 것도 충분히 이해된다. 그럼에도 안네 프랑크의 일기가 아프리카국민회의(African National Congress)의 반아파르트헤이트 정치범들에게 인기가 높았다는 사실은 흥미롭기 짝이 없다. 아파르트헤이트 시절 정치범들의 감옥으로 악명 높았던 로벤 아일랜드(Robben Island)의 자료실에는 수감자들이 남긴 노트들이 전시되어 있다. 그중에서도 아메드 카트라다(Ahmed Kathrada)의 노트가 가장 유명한데, 18년간 복역하면서 밀반입된 책이나 신문 등에서 따온 인용문들이 주된 내용이다. 안네 프랑크는 카트라다가 엄중한 처벌을 각오하고 만든 이 노트에서 가장 많이 인용되는 4인방 가운데 한 명이다. 비록 장기수의 노트 속에서이긴 하지만, 안네 프랑크가 소포클레스, 공자 그리고 잔 다르크와 같은 반열에 올라 있는 것이다. 아파르트헤이트라는 시대착오적 인종차별주의와 싸우고 있던 이들에게 나치의 극단적 인종주의 정책, 즉 홀로코스트의 희생자였던 안네 프랑크의 기억은 소중한 정치적·문화적 자산이 아닐 수 없었다. 이미 1940년대 초부터 남아프리카공화국의 민주화 운동가들은 자국의 인종차별주의와 나치의 반유대주의를 연결 지어 운동의 동력과 국제적 지지를 얻으려 했다. 민주화 이후인 1990년대에도 정의와 화해, 아파르트헤이트와 그 희생자들에 대한 기억 그리고 그들의 복권 등을 둘러싸고 토론을 벌일 때면 나치즘과 홀로코스트를 비교 대상으로 자주 언급했다.

　하지만 남아프리카공화국 사람들 모두가 같은 생각을 했던 것은 아니다. 1957년 브로드웨이의 연극 〈안네 프랑크의 일기〉가 남아프리카공화국 무대에 올랐을 때의 일이다. 유대인이자 저명한 연극 연출가인 레너드 샤흐(Leonard Schach)가 케이프타운의 극장에 올린 이 연극은 선풍적인 인기를 끌며 무려 8개월 동안 공연을 이어갔다. 그런데 백인 관객들에게 이 연극은 어려운 상황에서도 정신력으로 위기를 극복하고 성장한 한 소녀의 인생극장으로 보였을 뿐, 남아프리카공화국의 인종차별적 정치 현실을 떠올릴 만한 구석이 전혀 없어 보였다. 나치즘의 기억이 지워져버린 탓이다. 대신, 안네 가족의 유대인으로서의 정체성이 되살아났다. 브로드웨이에서는 영어로 바꾸어 불렀던 하누카(Hanukkah)의 송가가 남아프리카공화국에서는 히브리어 노래로 되살아나는 식이었다. 정통파 유대교도였던 연출가 샤흐의 입김이 작용한 탓인데, 심지어 안네 프랑크 가족이 겪은 고통은 독일인으로 동화되기를 바라던 유대인에게 닥친 인과응보성 시련이라는 시각이 엿보이기도 했다.

남아프리카공화국 버전의 연극에서 되살아난 안네 가족의 유대인으로서의 정체성은 남아프리카공화국의 아파르트헤이트 이데올로기에 맞게 기묘하게 배치되었다. 인종주의적 권력 집단인 남아프리카공화국의 국민당은 '평등한 분리'라는 슬로건 아래 흑백의 인종적 정체성을 뚜렷이 구분함으로써 아파르트헤이트의 문화 담론을 구축했다. 그러니 나치의 인종주의적 학살의 희생자라는 역사적 맥락만 제거되면, 안네 가족의 유대인으로서의 정체성을 강조한다고 해서 아파르트헤이트와 배치될 것은 없었다. 아파르트헤이트가 기승을 부리던 1977년에도 〈안네 프랑크의 일기〉는 다시 샤흐의 연출 아래 아프리칸스어 연극으로 만들어져 공연되었다. 남아프리카공화국의 행정수도 프리토리아에서 공연된 이 연극 역시 큰 성공을 거두었는데, 나치의 유대인 박해를 남아프리카공화국의 아파르트헤이트와 연결시켜 보는 백인 관객은 아무도 없었다.

프리토리아의 백인 관객들이 역사성이 삭제된 〈안네 프랑크의 일기〉를 즐기는 동안, 반아파르트헤이트 운동가들은 반아파르트헤이트 운동이야 말로 '나치의 패망 이래 세상에서 가장 중요한 도덕적 전투'라고 규정하고,《안네의 일기》속에서 나치즘이란 역사적 맥락을 되살렸다. 1970년대 초반 3년 연속으로 네덜란드 암스테르담의 안네 프랑크 박물관에서 '남아프리카공화국의 나치즘(Nazime in Zuid-Afrika)'이란 주제로 열린 기획 전시는 바로 이런 생각에서 출발했다. 네덜란드의 반아파르트헤이트 운동 단체가 주관한 이 전시들은 나치즘이 남아프리카공화국의 아파르트헤이트에 끼친 영향을 강조하여 논란이 되기도 했다.

1971년 여름 남아프리카공화국과 네덜란드 학생들로 구성된 단체가 조직한 첫 번째 전시는 나치의 뉘른베르크 법령들과 남아프리카공화국의 아파르트헤이트에 기초한 사법 조치들, 유대인 거주구역인 게토와 남아프리카공화국의 흑인구역인 반투스탄(Bantustan) 간의 직접적인 연결 고리들을 보여주고자 했다. 전시 기획자의 말에 따르면, 굳이 나치의 말을 인용하지 않더라도 전시를 한번 둘러본 사람들은 나치즘과 아파르트헤이트를 연결 지어 생각할 수밖에 없었다. 박물관이 본래 안네 가족이 숨어 살던 집이라는 장소의 특별함 덕분인지 이 전시는 많은 관람객을 끌어모았다. 전시는 안네 프랑크 가족이 숨어 지내던 2층에서 출발해 1층으로 내려와 전시실 입구에서 관람을 끝내는 동선으로 짜였는데, 전시실을 나서는 관람객은 모두 '나치즘=아파르트헤이트'라는 문구가 적힌 플래카드 밑을 지나야만 했다.

1972년 여름의 두 번째 전시는 아파르트헤이트 정권의 유지를 뒷받침

한 외국 자본이 주제였다. 전시장 안에는 나치의 휘장인 하켄크로이츠를 들고 있는 당시 남아프리카공화국의 수상 발타자르 포스터(Balthazar J. Vorster)의 실물 크기 종이 인형이 세워져 있었다. 또 이런저런 아파르트헤이트 정치가들의 인종주의적 발언들을 인용한 포스터들이 걸려 있었다. 이 전시 역시 관람객을 끄는 데 큰 성공을 거두었다.

1973년의 세 번째 전시는 관람객들의 방명록이 남아 있어 흥미롭다. 유럽, 미국, 중남미, 일본, 오스트레일리아, 이스라엘, 남아프리카공화국 등지에서 온 수천 명이 방명록에 남긴 반응은 제각각이다. 많은 사람이 나치즘과 아파르트헤이트를 연결 짓는 전시 내용이 설득력이 있으며 인종주의에 맞서 싸울 필요가 있다고 썼다. 그러나 이스라엘에서 온 방문객들은 대부분 심드렁했고, 남아프리카공화국에서 온 관람객들은 격렬히 항의했다.

남아프리카공화국의 언론들도 전시를 주목하고 본국에서 토론을 이끌었다. 편견과 광기에 사로잡힌 남아프리카공화국 때리기라는 비난이 주를 이루었지만, 아파르트헤이트가 지속되는 한 전시가 보여준 남아프리카공화국의 이미지는 바뀔 수 없다는 용기 있는 주장도 나왔다. 전시를 주도한 집단 내에도 이견이 있었다. 아파르트헤이트는 나치즘 이전부터 존재한 식민주의의 유산이기도 한데 '나치즘=아파르트헤이트'라는 등식은 식민주의의 책임을 지워버린다는 비판이 대표적이었다. 안네 프랑크의 유산을 반아파르트헤이트 투쟁에 이용하는 데 찬성하고 투쟁을 지지해온 안네의 아버지 오토 프랑크도 '나치즘=아파르트헤이트' 등식에는 반대한다는 뜻을 내비쳤다. 결국 1973년 전시를 마지막으로 안네 프랑크 박물관과 남아프리카공화국-네덜란드 학생 단체는 결별하고 말았다.

1949년 설립 이래 세계 각지의 반인종주의 운동을 지원해온 프랑스의 비정부기구 '인종
차별 및 반유대주의 철폐와 평화를 위한 운동(Mouvement contre le racisme, l'antisémitisme
et pour la paix, MRAP)'이 1970년대에 제작한 반아파르트헤이트 포스터. 당시 남아프리카
공화국의 수상 발타자르 포스터의 얼굴과 이름이 점차 히틀러의 얼굴과 이름으로 변해
가는 모습을 통해 아파르트헤이트와 나치즘을 연결 짓고 있다. '아파르트헤이트의 진짜
얼굴(Le vrai visage de l'apartheid)'이라는 제목 아래 '남아프리카공화국의 인종주의자이자
박해자(raciste et bourreau) 발타자르 포스터 수상'이라는 문구가 적혀 있다. 〈출처:African
Activist Archive〉

하지만 남아프리카공화국 본국의 반아파르트헤이트 운동가들은 여전히 아파르트헤이트를 나치즘에 비유했다. 만델라도 마찬가지였다. 만델라는 "히틀러 같은" 국민당 정부, "미래의 게슈타포" 같은 표현을 즐겨 썼고, 아파르트헤이트를 나치의 '헤렌폴크(Herrenvolk, 나치가 아리아인의 인종적 우월성을 강조하기 위해 만들어낸 개념이다. '지배자 민족' 정도로 번역할 수 있다) 정책'에 비유하기도 했다. "벨젠과 부헨발트 강제수용소의 유령이 남아프리카공화국을 배회하고 있다"는 경고도 마다하지 않았다. 그런데 만델라를 비롯한 반아파르트헤이트 운동가들은 아파르트헤이트를 나치즘에 비유함으로써 인종 차별 정책의 부당함을 비판하는 데 몰두할 뿐, 나치의 희생자들에게는 특별한 관심을 두지 않았다.

실제로 아파르트헤이트 정권의 범죄를 폭로하고 그에 반대하는 운동의 동력을 재생산하는 데에는 '아파르트헤이트=나치즘'이라는 구도가 유효했을 것이다. 그런 구도는 반아파르트헤이트 운동에 매우 분명한 도덕적 정당성과 지적인 확신을 가져다줄 수 있었을 것이다. 총과 지식을 독점한 거대한 아파르트헤이트 정권과 싸우는 이들에게 가장 유효한 기억의 프레임이었을 것이다. 홀로코스트라는 나치의 사악한 범죄행위는 너무도 자명해서 누구도 토를 달 수 없는 희귀한 역사적 예이기 때문이다. 그러나 희생자 개개인이 겪은 고통과 아픔은 물론 심지어 죽음마저도 도구화되어 정치투쟁의 장에 동원된다는 느낌은 감추기 어렵다. '아파르트헤이트 체제 타도'는 상식을 갖춘 사람이라면 누구도 부정할 수 없는 정언명령과도 같지만, 그 도덕률이 정치의 영역에서 작동할 때 희생자들을 도구화하는 경향 역시 부정하기 힘든 것이다. 아파르트헤이트

체제가 끝나고 민주주의로의 전진이 절실했던 시기에 안네 프랑크에 대한 남아프리카공화국의 기억이 바뀌는 것도 흥미롭다. 포스트아파르트헤이트 시대 남아프리카공화국에서 안네 프랑크는 나치가 저지른 끔찍한 범죄의 희생자에서 화해와 관용의 상징, 민주화된 남아프리카공화국과 지구적 인권체제를 연결하는 보편적 희생자-인간의 이미지로 재정립되었다. 1994년 케이프타운에서 시작해서 14개월 동안 남아프리카공화국 전역을 순회한 전시 '세계 속의 안네 프랑크(Anne Frank in the World)'가 대표적인 예이다. 요하네스버그의 전시 개막식에는 신임 대통령 만델라가 직접 참석해서 앞서 인용한 연설을 했다. 안네 프랑크가 살아서 그 연설을 들었다면 어떻게 반응했을지 궁금하다.

희생자에 대한 기억은 도덕의 영역에 머물러야지 정치의 영역으로 들어와서는 안 된다고 주장하려는 것이 아니다. 그런 주장은 너무 순진하고 바람직하지도 않다. 그렇다고 기억의 정치에서 희생자를 도구화하는 경향을 부정해서는 곤란하다. 정치의 영역에서 희생자의 도구화가 바람직하지는 않지만 불가피한 것이라는 점은 인정한다. 그래도 '불가피하니까 어쩔 수 없지 않냐'는 태도와 '불가피하지만 바람직하지는 않다'고 회의하는 태도 사이에는 차이가 있다. 사소한 것처럼 보이는 이 차이가 한 사회의 기억 문화가 자기변명 중심으로 구성되는가 아니면 자기비판 중심으로 구성되는가 하는 큰 차이를 낳는다. 한국 사회의 기억 문화는 어느 편에 가까울까?

3. 홀로코스트와 미국 노예제

워싱턴의 홀로코스트

미국의 수도 워싱턴에 있는 홀로코스트 기념박물관(United States Holocaust Memorial Museum)은 이스라엘의 야드 바셈에 버금가는 규모를 자랑한다. 유럽 대륙에서 일어난 홀로코스트와 직접 관련이 없는 미국에 왜 그처럼 커다란 박물관이 있어야 하는지 조금 의아할 정도다. 아마도 유대계 이민자들에 대한 고려가 가장 컸을 것이다. 그 외에도 여러 해석이 가능하겠지만, 우선 박물관의 위치가 여러모로 시사적이다. 홀로코스트 기념박물관은 내셔널 몰(National Mall)과 대화하듯이 마주하고 있다. 미국사 박물관, 자연사 박물관, 국립 미술관, 항공우주 박물관이 모인 박물관 복합 공간이라 할 수 있는 내셔널 몰은 워싱턴 기념탑과 미국 국회의사당 사이 엄청나게 넓은 공간에 자리 잡은, 미국의 민주주의와 물적 진보를 기념하는 거대한 공간이다. 그러니까 박물관의 공간적 배치는 홀로코스트가 미국의 민주주의에 혹은 미국의 민주주의가 홀로코스트에 말을 거는 형국이다. 그 메시지는 단순명료하다. 홀로코스트 같은 비극을 겪지 않으려면 미국식 민주주의가 필요하다는 것이다.

2018년 6월 17일부터 24일까지 나는 홀로코스트 기념박물관에서 열린 홀로코스트와 종교적 윤리에 관한 세미나에 참석했다. 주로 미국과 캐나다 등 미 대륙에서 홀로코스트를 가르치는 교수들을 대상으로 한 세미나였는데, 이른 아침부터 저녁까지 전시 공간에 딸린 세미나실에서 일주일 정도 살다 보니 보고 싶지 않아도 자꾸 보이는 게 있었다. 박물관 곳곳에서, 특히 '미국인과 홀로코스트'라는 제목의 특별전에서 미국인 단체 관람객과 마주칠 때마다 곤혹스러운 느낌을 지우기 어려웠다. '미국을 다시 위대하게(Make America Great Again)'라는 문구가 박힌 도널드 트럼프 야구모자를 눌러쓴 단체 관람객과 만났을 때는 더욱 그랬다. 한편으로는 이들이 홀로코스트 기념박물관의 메시지를 어떻게 받아들일지 궁금했다. 세미나실 바로 옆에서 열리는 '미국인과 홀로코스트' 특별전은 미국이 왜 유럽 유대인의 운명에 그토록 무심하고 홀로코스트라는 반인도적 범죄를 방조했는가 하는 자기 비판적 물음에서 출발한다. 미국의 고립주의와 이민자 수를 엄격하게 제한하는 폐쇄적인 이민법이 '타자'에 대한 무관심을 낳고, 그것이 다시 제노사이드를 방조하는 결과를 낳았다는 메시지였다. 1939년 유대인 난민 937명을 태우고 미국으로 왔다가 입국을 거부당해 다시 유럽으로 키를 돌려야 했던 세인트루이스호 승객 대부분이 홀로코스트의 희생자가 된 사건에 대해 다른 해석이 가능할 것 같지 않다.

마침 세미나 기간 중에 트럼프 행정부가 국경에서 체포된 불법 이민자들에게서 어린 자식들을 강제로 떼어놓는 사건이 벌어졌다. 졸지에 부모와 떨어진 아이들이 울부짖는 수용소의 참상이 알려지면서 공화당 의원들마저 크게 반발했다. 가족의 가치를 소중히 여기는 공화당의 가치체계에 정면으로 반하는 일이었기 때문이다. 이스라엘의 진보적 일간지 《하아레츠(Haaretz)》는 트럼프의 격리수용 조치와 히틀러의 반유대주의 정책을 비교할 수 있는지를 놓고 벌어진 찬반논쟁을 싣기도 했다. 그러고 보면, 미국의 폐쇄적 자기중심주의가 홀로코스트를 방조했다는 특별전의 비판적 메시지는 큰 시의성을 지닌 게 아니었나 싶다.

그러나 모든 관람객이 전시 의도를 그대로 수용할 거라고 생각한다면 큰 오산이다. MAGA 야구모자를 쓴 이들에게 홀로코스트 기념박물관의 전시는 여전히 미국 민주주의의 위대함을 깨닫게 해주는 내셔널 몰의 부속장치일 뿐이다. 우리 세미나 참석자 중 한 명이 특별전을 관람하다가 히틀러와 트럼프의 비교 가능성을 놓고 트럼프 모자를 쓴 관람객과 날카롭게 대립했다는 얘기도 들린다. 그런 논쟁은 늘 팽팽하게 마련이다. 또 다른 관람객도 있었다. 아프리카계 미국인들이다. 홀로코스트 기념박물관을 방문한 미국의 흑인 민권운동가 한 명이 "저기 게토에도 우리 니그로들이 있었네"라고 술회했다는 일화는 널리 알려져 있다. 트럼프 야구모자를 쓴 관람객과 달리, 아프리카계 미국인들은 홀로코스트 전시에서 미국 민주주의의 위대함이 아니라 미국의 백인 우월주의와 흑인 노예의 고통을 떠올린다.

흑인과 유대인, 그 눈물의 연대

미국의 백인 우월주의와 반유대주의, 노예제와 홀로코스트가 기억 공간에서 만나는 경험은, 실은 오래전에 이미 시작되었다. 하버드 대학에서 박사학위를 받은 첫 번째 흑인이자 미국 사회가 계급 모순과 인종 모순이 중첩된 사회임을 예리하게 간파한 급진적 사회학자 윌리엄 듀보이스(William E. B. Du Bois)의 〈니그로와 바르샤바 게토(The Negro and the Warsaw Ghetto)〉란 짧은 에세이가 그 좋은 증거이다. 듀보이스의 이 짧은 에세이가 실린 잡지도 재미있다. 《유대인의 삶(Jewish Life)》이라는 급진적인 유대계 잡지인데, 에세이는 1952년 듀보이스가 그 잡지의 편집자에게 원고를 청탁받고 쓴 글이다. 청탁 편지가 아직도 남아 있어 당시 유대인과 흑인이 연대하던 분위기를 엿볼 수 있다.

듀보이스는 이 에세이에서 1890년대 초 베를린에서 대학원 과정을 밟을 당시 인종주의에 대해 새로운 깨달음을 얻게 된 이야기를 들려준다. 하나는 방학을 맞아 스위스, 헝가리, 오스트리아, 체코슬로바키아, 폴란드 등지를 여행하던 중 폴란드령 갈리치아의 한 작은 마을에 도착했을 때의 일이다. 숙소를 찾기 위해 마차를 잡아탔는데, 마부가 한참을 물끄러미 쳐다보더니 "유대인들 사이(Unter den Juden)에서 자겠냐?"라고 묻더라는 것이다. 조금 의아하기는 했지만 그러자고 했더니, 마부는 마을 경계의 외진 곳에 자리 잡은 작은 유대인 호텔로 듀보이스를 데려다주었다. 생전 처음 흑인을 본 슬라브인 마부가 듀보이스를 유대인이라 생각했던 것이다. 또 하나는 독일의 작은 마을에서 사교 모임에 참석했을 때의 일이다. 어느 순간 분위기가 심상치 않게 돌아가고 있음을 느끼고는, 미국에서처럼 흑인이란 자신의 존재가 분위기를 어색하게 만드는 것이라 생각했다. 하지만 옆에 앉은 독일 친구가 "그들이 불편해하는 건 네가 아니라 나야. 내가 유대인일지도 모른다고 생각하나 봐"라고 속삭이더라는 것이다.

듀보이스는 이렇게 중동부 유럽에서 자신이 겪은 유대인에 얽힌 두 가지 일화를 소개하면서 인종주의가 비단 피부색의 문제만은 아니라는 점을 역설했다. 중부 유럽에서 유대인의 지위가 흑인의 지위보다 더 불안하다는 사실이 이 점을 깨닫게 해준 것이다. 듀보이스의 경험은 1960년 대에 맬컴 엑스(Malcolm X)가 하지(Hajj) 순례 중 만난 '하얀' 이슬람교도들과 연대감을 느낀 경험과 다르면서도 비슷하다. 맬컴 엑스는 '하얀' 이슬람교도들이 자신에게 보여준 연대를 통해, '우리'와 '그들'이 반드시 피부색으로만 나뉘는 것은 아니라는 점을 깨달았다. 암살당하기 직전 맬컴 엑스가 피부색에 기초한 흑인 민족주의에서 벗어나 흑인-유대인 연대를 심각하게 고려했던 흔적은 여기저기서 발견된다.

미 대륙에서 흑인과 유대인이 연대할 조짐이 보이기 시작한 것은 19세기 후반의 일이다. 1868년《톰 아저씨의 오두막(Uncle Tom's Cabin)》이 중동부 유럽의 유대인이 주로 사용하는 이디시어(Yiddish)로 번안되어 '노예제(Di Shklaferay)'라는 제목으로 출간되었다. 이디시어 번안자 아이직 마이어 딕(Ayzik-Meyer Dik)은 주인공 톰 아저씨의 주인을 유대인으로 바꾸고, 그의 호의로 톰 아저씨가 자유를 찾아 캐나다의 유대인 정착지로 이주하는 과정을 해피엔딩으로 그렸다. 책은 발매되자마자 하루에 수천 부씩 팔리며 베스트셀러가 되었다. "거의 모든 유대인 가정에《톰 아저씨의 오두막》이디시어 버전이 있다"는 말이 돌 정도였다. 미국으로 대거 이주한 동유럽의 유대인들이 미국 남부로 행상을 다니며 흑인 고객들의 집에 기식하면서 흑인과 유대인의 관계는 더 긴밀해졌다.

제노사이드와 노예제

그러나 양자의 연대는 괄호 안에 묶인 연대였다. 노예제의 잔재가 완강하게 남아 있는 미국 남부에서 유대인은 백인이면서도 유색인이었다. 특히 1915년 백인 여성을 살해한 혐의로 재판을 받던 유대인 레오 프랑크(Leo Frank)에게 백인 우월주의자들이 퍼부은 폭력은 남부의 유대인들이 자신의 '백인성'을 의심하는 계기가 됐다. 동유럽의 유대인들은 미국으로 이주하기 전부터 이미 타자와 더불어 사는 문화를 지향했다. 동유럽에서는 유대인 사회주의자들의 조직인 분트(General Jewish Labour Bund, The Bund)나 좌파 시온주의 그룹의 영향력이 컸기 때문이다. 그들이 미국에서 만든 이디시어 신문과 잡지는 이른바 '니그로 문제'에 깊은 공감을 보이고, 유대인과 니그로의 연대를 거리낌없이 지향했다. 1927년 《톰 아저씨의 오두막》이 영화로 제작되어 뉴욕에서 처음 상영되었을 때는 급진적 이디시어 신문인 《전진(Forverts)》이 적극적으로 독자들에게 영화 관람을 권하기도 했다. 모세의 인솔 아래 이집트를 탈출한 유대인의 경험에 비추어 해방 노예의 처지를 이해했기 때문이다. 이 급진적 유대인들은 자신들의 자녀를 흑인 아이들이 함께하는 여름 캠프에 보내는 등 흑백 분리를 거부하고 흑인 동지들과 일상을 공유했다. 유대인이자 작가인 이지도어 센추리(Isidore Century)는 여섯 살 때인 1932년에 "스코츠버러 소년들을 석방하라"고 쓰인 피켓을 들고 메이데이 시위 행렬에 참가했던 일을 전한다. '스코츠버러 소년들'이란 1931년 앨라배마의 기차 화물칸에서 백인 여성을 강간했다는 죄목으로 사형에 직면해 있던 9명의 흑인 소년을 말하는데, 이들의 혐의는 조작된 정황이 짙었다. 메이데이 행사에서 유대인들이 스코츠버러 흑인 소년들을 석방하라는 피켓을 들고 시위하는 광경은 여러모로 시사하는 바가 크다.

1949년 듀보이스는 다시 폴란드 바르샤바를 찾았다. 모스크바에서 열린 마르크시스트 사회학자 대회에 참석하고 돌아가는 길이었다. 당시 그는 폐허가 된 바르샤바 게토를 보며 애틀랜타 인종 폭동 당시의 비명과 총소리, KKK단의 행진을 연상했지만, 몇 년 뒤 앞의 에세이에서는 미국 남부의 어떤 비극보다 홀로코스트의 상처가 더 크고 깊었다고 썼다. 그러나 당시 그가 얻은 결론은 "유대인 문제에 대한 더 분명한 이해보다는 니그로 문제에 대한 진정하면서도 더 완전한 이해"였다. 듀보이스는 바르샤바를 방문한 덕에 인종주의가 피부색의 문제라는 '사회학적 고루함'에서 벗어날 수 있었다고 했다. 유대인과 흑인은 이처럼 상대방의 고통을 이해함으로써 자신의 고통과 처지를 더 잘 이해할 수 있었다.

폴란드령 갈리치아 출신 라파엘 렘킨의 발의로 1948년 신생 UN 총회에서 '제노사이드 협약(Convention on the Prevention and Punishment of the Crime of Genocide)'이 채택되었을 때 이에 가장 열렬히 호응한 집단이 바로 급진적인 아프리카계 미국인 지식인들이었다. 이들은 1951년 UN에 〈우리는 제노사이드를 기소한다(We Charge Genocide)〉라는 청원서를 제출하여 나치의 홀로코스트와 미국의 인종주의적 박해가 지닌 공통점을 지적했다. 이 청원서는 미국 정부가 흑인 노예들을 대상으로 제노사이드를 저질렀다며 미국 정부를 기소하기 위한 문서였다. 그것이 주장하는 핵심 내용은 결국 제노사이드 협약에 의거해 미국의 노예제를 제노사이드로 인정해달라는 것이었다. 이들은 렘킨에게도 자신들의 주장을 지지해달라고 요구했다. 그러나 렘킨은 거절했다.

렘킨이 제시한 제노사이드 협약의 초안은 이미 국제 정치의 힘의 논리에 밀려 만신창이가 된 상태였다. 미국·영국·프랑스 등 식민주의의 원죄를 안고 있는 서구 여러 나라의 압력으로 토착문화 말살과 같은 문화적 제노사이드 관련 조항들이 사라졌고, 인민의 적을 학살한 소련의 반대로 정치적 제노사이드 관련 조항들도 날아갔다. 서구의 식민주의 제노사이드와 소련의 스탈린이 저지른 제노사이드를 제외하면 결국 남는 것은 홀로코스트뿐이었다. 그렇다 해도 제노사이드 협약의 비준이 절실했던 렘킨의 입장에서는 미국의 노예제가 제노사이드였다고 주장하기는 어려웠을 것이다. 미국의 심기를 건드리면 협약안 상정 자체가 물거품이 될 수 있는 상황이었기 때문이다. 협약안은 결국 미국의 지지 속에 총회에 상정되었고, 1948년 12월 9일 총회 제260호 결의안으로 채택되었다.

인종주의는 피부색의 문제가 아니다

노예제의 기억과 홀로코스트의 기억이 제도적 차원에서 연대할 가능성은 그렇게 사라져버렸지만, 사회운동의 차원에서는 양자의 연대가 계속되었다. 백인 우월주의와 반유대주의의 반동적 연대가 역설적으로 노예제의 기억과 홀로코스트의 기억이 연대하도록 견인해준 측면도 있다. 아프리카계 미국인 작가 제임스 볼드윈(James Baldwin)의 미완성 회고록을 각색한 다큐멘터리 영화 〈나는 너의 니그로가 아니야(I'm not your negro)〉(2016)는 미국 남부의 KKK단 같은 백인 우월주의 단체들이 나치의 언어와 상징을 거리낌없이 사용하는 광경을 여과 없이 보여준다. KKK단은 흑인 혐오자뿐만 아니라 홀로코스트 부정론자들의 집합소이기도 하다. 2006년 12월 이란에서 열린 홀로코스트 부정론자들의 국제대회에 KKK단의 전 대표가 초청된 것도 우연은 아니다. 그러니 노예제와 홀로코스트의 기억 연대, 흑인 민권운동가와 유대계 지식인의 연대는 KKK단 같은 백인 우월주의 세력에 대항하는 연대라는 점만으로도 의미가 크다. 미국의 작가 노먼 메일러(Norman Mailer)는 1957년 〈하얀 검둥이(The

다큐멘터리 영화 〈나는 너의 니그로가 아니야〉의 한 장면. 1959년 아칸소(Arkansas)주의 리틀록(Little Rock)에서 벌어진 백인 우월주의자들의 시위 장면이다. 이들은 백인에게만 입학을 허용했던 리틀록 센트럴 공립고등학교가 1957년 흑인 학생 9명을 받아들이자 끈 질기게 학교의 흑백 통합 정책에 반대했다. 〈출처:thinglink.com〉

White Negro)》라는 에세이를 통해 미국의 노예제가 미국 사회에 남긴 후유증을 홀로코스트와 원폭 희생자들이 겪은 심리적 혼란에 비유한 바 있다. 그런데 '하얀 니그로'라는 표현은 메일러가 처음 사용한 게 아니라 1860년대부터 이미 독일에서 유대인을 비하할 때 쓰던 표현이었다. 나치는 우크라이나인 등 점령지의 슬라브 '원주민' 역시 '하얀 검둥이'라고 불렀다. '대영제국'에서 아일랜드인을 부를 때도 '하얀 검둥이'라고 부를 때가 많았다. 1968년까지도 런던경제대학(LSE)의 술집에는 '개와 아일랜드인 출입 금지'라는 팻말이 버젓이 붙어 있기도 했다. 1920년대 미국에서 일본인 이민자들은 '태평양의 검둥이'였다. 반면, 남아프리카공화국에서 일본인은 '명예 백인'이었다. 듀보이스가 간파했듯이, 인종주의는 피부색의 문제가 아니었던 것이다.

이스라엘에 대한 첨예한 비판자이자 《홀로코스트 산업(The Holocaust Industry)》(2000)의 저자 노먼 핀켈슈타인(Norman Finkelstein)은 부모가 모두 폴란드 출신 유대인들이다. 나치의 강제수용소에서 살아남은 그의 어머니는 어린 핀켈슈타인에게 유대인뿐만 아니라 미국의 흑인, 베트남인, 팔레스타인인들이 전부 "홀로코스트의 희생자"라고 말하곤 했다. 핀켈슈타인의 이런 기억은 1960년대 미국의 유대계 지식인들이 흑인 민권운동에 어떤 입장이었는지를 단적으로 말해준다. 실제로 듀보이스가 설립을 주도한 '전미유색인지위향상협회(National Association for the Advancement of Colored People, NAACP)'에는 전국 차원이든 지방 차원이든 유대계 지식인들이 대거 참여했다. 이들은 민권운동의 가장 든든한 지지자였다. 흑인 민권운동과 베트남전 반대운동이 미국 전역을 뒤흔든 1960년대에 이처럼 유대인과 흑인 활동가들은 백인 우월주의에 맞서 연대했다.

오스트레일리아에서는 1930년대에 이미 나치의 억압으로 고통받는 유대인과 연대한 사례가 있다. 오스트레일리아 선주민 운동의 선구자 윌리엄 쿠퍼(William Cooper)가 그렇다. 그는 오스트레일리아 요르타 요르타(Yorta Yorta) 부족의 지도자로, 1938년 12월 6일 멜버른의 나치 독일 영사관 앞에서 '수정의 밤(Kristallnacht)'에 항의하는 선주민 인권운동가들의 시위를 조직했다. '수정의 밤'은 파리에서 유대인이 독일 외교관을 저격한 사건을 빌미로 1938년 11월 9일 나치가 대대적으로 독일의 유대인 상점과 예배당 등을 약탈하고 훼손한 사건을 말한다. 쿠퍼는 선주민 운동가들을 이끌고 항의 시위를 마친 뒤 "나치 독일 정부의 유대인에 대한 끔찍한 박해"에 항의하는 서한을 독일 영사관에 전달하려고 했다. 그러나 독일 영사관은 문을 열어주지 않았고, 쿠퍼 일행은 서한을 들고 귀가해야 했다. 나치의 유대인 박해에 항의하는 이 서한은 이로부터 74년이 지난 후에야 독일에 전해졌다. 2012년 12월 6일 멜버른에서 쿠퍼의 항의 시위가 '재연'되었는데, 여기서 쿠퍼 역을 맡은 쿠퍼의 손자 알프레트 터너(Alfred Turner)가 둘러선 유대인들과 선주민 운동가들의 박수 속에 할아버지의 항의 서한을 공손하게 서 있던 독일 영사에게 전달한 것이다. 오스트레일리아 정부는 1901년부터 거의 80년간 백호주의를 이민 정책의 원칙으로 견지했다. 그래서 제2차 세계대전 이후 홀로코스트 생존자들의 이민을 받아들일 때도, 오스트레일리아 정부는 하얀 피부의 아슈케나지 유대인에게만 입국 비자를 발급하고 짙은 피부의 중동 출신 세파르디 유대인들에게는 비자 발급을 거부했다. 이를 감안하면 1938년 윌리엄 쿠퍼의 항의 시위는 놀랄 정도로 선구적이다. 그런데도 야드 바셈 홀로코스트 기념관이 쿠퍼를 유대인을 돕거나 구한 '정의로운 비유대인들'에 선정한 것은 21세기 들어서의 일이니, 어떤 불편함을 감추기 어렵다.

190

기억 전쟁

더 많은 손을 내밀기 위하여

유대인과 흑인의 연대가 항상 아름다웠던 것은 아니다. 미국이라는 인종주의 사회에서 유색인이면서 백인인 유대인과 흑인의 연대는 아슬아슬하기도 했다. 1961년 앨라배마주에서 버스 좌석의 흑백 분리에 반대하는 프리덤 라이드(Freedom Ride) 운동을 정점으로 양자의 연대에 균열이 생기기 시작했다. 더구나 미국 사회의 주류로 편입되는 유대인의 비율이 높아지고, 유대인을 흑인 노동자를 착취하는 백인 자본가와 동일시하는 흑인 민족주의의 프로파간다 문건들이 속출하면서 양자 사이의 긴장이 더 높아졌다. '제3세계'라고 표시된 흑인의 팔이 '해방운동'이라는 칼을 휘두르며 미국의 달러와 다비드의 별로 둘러싸인 탐욕스러운 유대인의 코를 베는 반유대주의 만화가 나온 뒤로는 유대계 공산주의자들마저 흑인들에게 등을 돌렸다. 맬컴 엑스도 한때 몸담았던 흑인 이슬람 운동은 물론, 가장 급진적인 흑인운동조직이었던 블랙 팬서(Black Panthers)마저 반유대주의를 강령에 명시한 것은 흑인-유대인 연대가 얼마나 파국으로 흘렀는가를 잘 보여준다. 듀보이스가 폴란드 여행을 통해서 그랬듯이 맬컴 엑스도 하지의 성지 순례 때 피부색의 차이를 넘어서는 연대의 짜릿함을 맛보았지만, 파국은 이미 돌이킬 수 없는 것이었다.

여러 세기 동안 노예제의 억압을 경험한 미국에서 '아프리카계 미국인 역사문화박물관(National Museum of African American History and Culture, NMAAHC)'이 홀로코스트 기념박물관보다 훨씬 늦게 문을 열었다는 사실도 여러모로 상징적이다. 그래도 한 가지 다행스러운 것은 미국의 기억 연구자들이나 활동가들 사이에서 홀로코스트와 미국 노예제의 기억 연대를 향한 움직임이 뚜렷하게 감지된다는 점이다. 홀로코스트 기념박물관에서 세미나 참가자들에게 아프리카계 미국인 역사문화박물관 특별 관람을 알선해준 데서도 단적으로 알 수 있다. 또 참석자의 반 이상이 홀로코스트를 연구하고 가르치는 유대계 학자였다는 점을 감안하면, 일주일 동안 이어진 토론에서 홀로코스트의 비교 가능성을 부정하고 지구적 기억 공간에서 홀로코스트가 특권적 지위를 갖는다고 강조하는 주장이 없었다는 사실에 나름 큰 의미를 부여해도 괜찮지 않을까 한다. 앞으로 풀어나갈 과제는 노예제와 홀로코스트의 기억 연대를 넘어 식민주의적 약탈과 학살, 선주민 제노사이드, 일본군 '위안부' 피해자의 고통과 억압의 기억들이 어떻게, 그야말로 지구적 차원의 연대를 이루어낼 것인가 하는 점일 것이다.

이런 고민을 하던 차에 우연히 접한 중국계 미국 시인 프랜시스 청(Frances Chung)의 시편들이 가슴을 파고든다. 뇌종양으로 요절한 프랜시스 청은 뉴욕의 차이나타운에서 나고 자랐다. 차이나타운의 꿈틀거리는 생명력을 묘사한 시 〈차이나타운의 생기(Yo vivo en el barrio chino)〉는 치카노(Chicano), 곧 멕시코계 미국인들의 거친 에스파냐어로 제목을 달았다. 시가 들려주는 뉴욕 차이나타운의 일상은 그 자체만으로 이미 미국 주류 사회의 오리엔탈리즘을 통렬히 비판한다. '동양'이라 고정된 문화적 경계를 넘어 펼쳐지는 일상의 풍경은 그 무한한 가능성에 대한 상상만으로도 즐겁다. 프랜시스 청의 시집을 처음 펼쳤을 때 내 눈길은 첫머리에서 한참을 머물렀다. "나는 뉴욕 차이나타운에 산다. 어떤 이는 게토라 부르고, 어떤 이는 슬럼이라 부르고, 어떤 이는 집이라고 부르지." 차이나타운과 게토와 슬럼이 어깨동무하고 함께 가는 정경은 '지구적 기억의 연대와 소통' 프로젝트가 바라는 미래의 소박한 그림이다.

4. 식민주의와 홀로코스트

아프리카의 괴링

나미비아의 수도 빈트후크(Windhoek)에 가면 다니엘 마누마바 거리(Daniel Manumava Street)가 있다. 수도를 남북으로 길게 가로지르는 인디펜던스 거리와 로버트 무가베 거리(Robert Mugabe Avenue)를 동서로 잇는 거리이다. 옛 독일 총독부와 나미비아 개발은행, 중앙우체국을 끼고 있다는 사실만으로도 중요한 거리임을 알 수 있다. 그런데 지도를 찾아보면 '괴링 거리(Göring Street)'라는 거리명이 괄호 안에 병기된 경우가 꽤 있다. 20세기 세계사를 조금이라도 안다면 괴링이라는 이름이 그다지 낯설지 않을 것이다. 나치의 실력자이자 공군 사령관, 뉘른베르크 재판에서 확신범 나치의 전형을 보여준 헤르만 괴링 덕분이다. 그렇다고 괴링 거리의 주인공이 악명 높은 헤르만 괴링이라고 속단하지는 말자. 이 거리의 주인공은 헤르만 괴링의 아버지 하인리히 에른스트 괴링(Heinrich Ernst Göring)이다. 그는 1885년 5월부터 1890년 8월까지 독일 제국의 첫 번째 전권위임 총독으로 재임하면서 독일령 남서아프리카, 즉 오늘날의 나미비아를 지배했다. 나치 전범의 아버지가 독일 식민주의 지배에 복무했다는 사실은 아무래도 예사롭지 않다. 우연이라며 지나치기에는 켕기는 데가 있다. 독일 제국의 군복을 입고 거수경례를 하며 환하게 웃는 어린 괴링과 그 군국주의 장난꾸러기를 바라보며 미소 짓는 가족의 사진은 다가오는 역사의 비극을 알려주는 불길한 예언 같은 것이었다. 20세기 초 나미비아에서 자행된 독일 제국의 식민주의 제노사이드와 동유럽에서 나치가 저지른 홀로코스트가 어린 시절 괴링의 가족사진에 절묘하게 겹쳐 보인다면 지나친 반응일까? 독일의 식민주의 제노사이드와 홀로코스트의 연속성을 강조하는 최근의 연구 경향에 비추어보면 사실 과민반응이랄 것도 없다.

홀로코스트에 대한 세상의 기억이 만들어지는 데는 몇 번의 중요한 전환점이 있었다. 1961년의 아이히만 재판, 6일전쟁이라 일컬어지는 1967년의 중동전쟁, 베트남 반전운동과 68혁명, 1978년 미국의 미니시리즈 〈홀로코스트〉의 미국 및 독일 방영, 1989년 베를린 장벽의 붕괴에 이은 현실사회주의 블록의 와해 등이 그것이었다는 데 이론의 여지가 없다. 이 전환점들은 홀로코스트에서 살아남은 사람들에 대한 따듯한 공감, 희생자의식을 도덕적으로 정당화할 때 발생하는 위험성, 제노사이드의 공범이 된 평범한 사람들, 스탈린주의의 희생자와 홀로코스트 희생자가 동유럽의 기억 공간에서 공존하고 경쟁하는 문제 등 새로운 이슈들을 제기하며 홀로코스트가 국경을 넘는 기억의 연대를 향해 나아가는 데 한몫을 했다. 그리고 2000년 1월에 발표된 '스톡홀름 선언'은 새로이 유럽연합과 나토에 가입하려는 동유럽 국가들에 홀로코스트 교육의 의무화라는 조건을 제시함으로써 그동안 냉전의 장벽에 가려져 있던 동유럽의 홀로코스트에 세간의 관심이 모이도록 했다. 폴란드, 우크라이나, 벨라루스, 발트 3국 등 이른바 '피투성이의 땅'에서 벌어진 홀로코스트는 강제수용소의 참상과는 또 다른 끔찍한 범죄를 증언해주었다. ○2부 6장

나미비아 원주민 학살과 히틀러

그런데 홀로코스트 연구와 기억에서 2004년이 중요한 전환점이라는 사실은 그다지 알려져 있지 않다. 2004년은 독일 식민주의 특수부대가 1904년 나미비아에서 봉기한 헤레로와 나마 부족을 학살한 식민주의 제노사이드가 일어난 지 100년이 되는 해였다. 자연히 이 비극을 재조명하는 다양한 학술 행사들이 기획되고 새로운 연구들이 쏟아져 나왔다. 그 밑에 깔린 가장 중요한 화두는 바로 이런 질문들이었다. '빌헬름 2세 시대의 독일 식민주의가 나치 독일의 홀로코스트에 영향을 미쳤는가, 만약 그렇다면 어떤 영향이었는가, 또 아프리카에서 독일이 행사한 식민주의적 폭력은 나치가 동유럽 슬라브인에게 자행한 폭력적 지배와 어떠한 연관성을 갖는가.' 세세한 부분에서는 여전히 이견이 많지만, 식민주의의 경험과 홀로코스트의 연관성을 더는 부정하기 어려운 게 현실이다.

1904년 헤레로 부족과 나마 부족이 반란을 일으키자 독일 식민주의는 절멸 정책으로 답했다. 어린이와 여성, 노인을 포함한 5만~8만 명의 헤레로·나마 부족민이 사막과 강제수용소에 고립되어 기아와 탈수, 질병과 학대로 사망했다. 당시 독일 식민주의자들은 이미 '절멸', '강제수용소'같이 나치의 동유럽 침략과 홀로코스트를 상징하는 용어를 거리낌없이 사용했다. 나미비아에서 독일 식민주의자들이 행한 제노사이드가 마

치 홀로코스트의 전사(前史)처럼 느껴지는 것도 이 때문이다. 그러나 그 것은 독일 식민주의의 특수성만은 아니었다. 예를 들어 강제수용소를 뜻 하는 독일어 'Konzentrationslager'는 1904년의 헤레로·나마 반란 당시 나 미비아의 독일 식민주의자들이 영어 'concentration camp'를 번역해 사용 한 것이다. 'concentration camp'는 1898년 보어전쟁 때 영국의 식민주의 자들이 남아프리카에서 강제수용소 운영을 검토하면서 사용하기 시작한 용어인데, 이것 역시 쿠바독립전쟁(1895~1898) 중 에스파냐 식민 지배자 들이 고안한 'reconcentración'을 영어로 번역한 것에 지나지 않는다. 쿠 바독립전쟁 당시 토벌대 대장이었던 에스파냐의 장군 발레리아노 웨일 레르(Valeriano Weyler)의 별명이 '도살자'였다는 사실도 예사롭지 않다.

독일이 발명한 개념은 '생활공간(Lebensraum)'이었다. '게으르고' '미개' 한 '원주민'을 몰아내고 '문명화'된 게르만인의 거주 공간을 확보해야 한 다는 생각에서 비롯된 것으로, 독일 제국의 인류지리학자인 프리드리히 라첼(Friedrich Ratzel)이 주창한 개념이다. 라첼은 젊은 시절에 미국의 서 부를 여행하면서 백인과 원주민의 투쟁을 목격한 뒤 문명의 진보를 위해 미개한 원주민이 문명화된 백인에게 공간을 양보해야 한다고 생각했다. 식민지 나미비아에서 현장 조사를 하면서 라첼의 이 생각은 신념으로 발 전했고, '생활공간'이란 개념은 그 부산물이었다. 실은 이마저도 라첼의 독창적인 생각은 아니었다. 라첼은 미국의 역사를 '대(大)서부의 식민화 과정'으로 해석한 프레더릭 잭슨 터너(Frederick Jackson Turner)의 프런티어 역사관에 깊은 영향을 받았다. 터너의 프런티어 역사관은 미국의 문명 이 미시시피강을 건너 서부를 개척했다는 승리의 역사관이기도 하다. 백 인 이주민이 선주민 인디언을 학살하고 추방한 역사를 미국의 성공 스토 리로 도금한 것이다. 라첼은 거기에 다윈의 진화론에서 가져온 생존경쟁

1904년 봉기 실패 후 독일령 남서아프리카의 강제수용소에 수감된 헤레로 부족민. 최근의 연구들은 빌헬름 시대 독일 제국의 식민주의 제노사이드와 홀로코스트의 연속성을 강조한다. 〈출처:National Archieve of Namibia〉

개념을 접목시킴으로써 유럽계 이주민이 자행한 인디언 절멸 정책을 정당화했다. 터너는 1896년 역사적 '서부'를 다룬 새로운 글에서 '공간'에 대한 라첼의 글을 광범위하게 인용함으로써 라첼의 관심에 화답했다.

뮌헨에서 벌인 우스꽝스러운 쿠데타(1923)가 실패로 끝나고 란츠베르크암레흐(Landsberg am Lech)의 감옥에 수감되어 있던 히틀러도 라첼의 책을 감명 깊게 읽었다. 당시 《나의 투쟁》 집필에 열중하고 있던 히틀러에게 쿠데타를 함께한 루돌프 헤스(Rudolf Hess)가 라첼의 책을 전했다. 헤스는 10년 뒤 제3제국의 부총통 자리에 앉게 될 인물로, 라첼의 공간 개념을 지지하는 뮌헨 공대 지리학 교수 카를 하우스호퍼(Karl Haushofer)의 제자이기도 했다. 미국 서부의 선주민 제노사이드와 나미비아의 식민지 제노사이드의 경험은 이렇게 히틀러의 세계관에 녹아들었다. 나치의 종말론적인 폭력은 독일의 특수성이라기보다는 '문명화된' 서유럽 식민주의에 그 전조가 있었던 것이다. 히틀러가 가장 즐겨 읽었다는 카를 프리드리히 마이(Karl Friedrich May)의 대중소설이 서부 개척과 인디언 정복에 관한 이야기인 것도 우연은 아니다. 히틀러는 《나의 투쟁》으로 벌어들인 수입으로 마이의 소설책을 구입해 동부전선으로 떠나는 독일 병사들에게 나눠주기도 했다. 나치 독일에 슬라브족이 살고 있는 동부는 미국의 서부 같은 곳이었다. 나치의 소련 침공 작전명이 '바르바로사(Barbarossa, 신성로마제국의 황제 프리드리히 1세의 별명에서 유래한 것으로, 붉은 수염이란 뜻)'였다는 점을 상기하자. 붉은 수염의 이 게르만 왕은 스스로를 십자군 전쟁의 영웅으로 여겼다. 실제로 히틀러는 자신과 나치 독일이 소련의 볼셰비즘이라는 이교도적·아시아적 야만에 맞서 유럽의 기독교 문명을 수호하는 십자군전쟁을 치르고 있다는 메타포를 즐겨 사용했다.

슬라브 동유럽과 '하얀 검둥이'

훗날 나치 독일의 소련 침공으로 광대한 흑토지대가 열렸을 때 나치의 식민장관 프란츠 폰 에프(Franz Ritter von Epp)는 아프리카 식민지 거주 경험이 있는 독일인들에게 먼저 이주를 권했다. 폰 에프에게 동부전선은 아프리카였고, 슬라브인은 '하얀 검둥이'였다. 그는 1904년 나미비아에서 '갈색 셔츠'를 입은 특수부대를 이끌고 헤레로와 나마 부족 학살을 주도한 문제적 인물이다. 제1차 세계대전이 끝난 직후인 1919년 2월에는 우익 준군사조직인 '자유군단(Freikorps)'을 창설했는데, '갈색 셔츠'의 제복에 이르기까지 두루두루 식민주의 특수부대의 학살 전통을 계승한 조직이었다. 루돌프 헤스와 그레고르 슈트라서(Gregor Strasser), 에른스트 룀(Ernst Röhm) 등 나치의 핵심 인사들은 이 자유군단에서 폭력을 배웠다.

인류학자 오이겐 피셔(Eugen Fischer)도 식민주의 경험에서 빼놓을 수 없다. 그는 독일의 한 대학에서 해부학 교수로 있을 당시 나미비아의 강제 수용소에서 헤레로와 나마 부족은 물론 이들과 현지의 백인 남성 사이에서 태어난 아이들을 대상으로 인류학적 조사를 실시한 후 인종 간 결합이 열등한 인종 형질을 재생산한다고 주장했다. 그의 주장은 훗날 아리아인과 유대인의 결혼을 금지하는 내용이 포함된 뉘른베르크 법의 과학적 근거가 된다. 무엇보다 피셔는 '카이저 빌헬름 인류학·유전·우생학 연구소(Kaiser Wilhelm Institute of Anthropology, Human Heredity, and Eugenics, KWI-A)' 소장에 취임함으로써 나치의 과학적 인종주의 이데올로그로 등극했다. 피셔는 지리학자 라첼이 주창한 '생활공간' 개념을 이렇게 인류학적 연구(?)를 통해 정당화했다. 그러니 이 열등 인종이 사는 아프리카는 독일 식민주의자들에게 '주인 없는 땅(no man's land)'이었고, 슬라브족이 사는 소련의 광대한 흑토지대는 나치에게 '주인 없는 땅'이었다.

미국 서부의 선주민 제노사이드는 독일 제국의 나미비아나 히틀러의 동유럽에 앞서 미군의 필리핀정복전쟁(1898~1902)에서 재현되었다. 이 전쟁에서 더글러스 맥아더(Douglass MacArthur)의 아버지 아서 맥아더(Arthur MacArthur) 장군이 지휘한 미군 4,000명이 필리핀 선주민 25만~75만여 명을 학살한 것으로 추산된다. 이 전쟁을 지휘한 30명의 미군 장군 가운데 26명이 이미 미 서부에서 아메리칸 인디언 학살로 군 경력을 쌓은 원주민 학살의 베테랑들이었다. 아서 맥아더 장군은 "백인과 달리 원주민들은 상처를 회복하는 능력"이 없어서 많이 죽었다며, 미군의 선주민 학살을 변호했다.

미국이 이렇게 선주민 제노사이드에 탁월했다면, 제국 독일은 인종주의를 법률적 차별로 현실화하는 데 각별한 재능을 발휘했다. 1905년 나미비아에서 통과된 '부성애적 징벌법(Väterliche Züchtigungsrecht)'은 독일 이주민에게 계몽을 빌미로 원주민을 채찍이나 주먹으로 때릴 수 있는 권한을 부여했다. 또 1906년과 1912년에는 각각 독일령 나미비아와 사모아섬에서 인종 간 혼혈을 금지하는 법을 공포했다. 아리아인과 유대인의 결혼은 물론 성행위조차 금지한 뉘른베르크 법의 원조는 바로 이들 식민주의적 법령들이었다.

한편 식민주의 제노사이드란 범죄에서는 히틀러보다 무솔리니가 선배였다. 1935년 10월 3일 에티오피아에 출병한 이탈리아 파시스트들은 여지없이 식민주의적 잔인성을 드러냈다. 파시스트 민병대는 전투원과 비전투원을 가리지 않고 원주민을 학살했다. 부녀자와 아이도 예외가 아니었다. 이들은 독가스 공격도 마다하지 않았으며, 리비아와 에티오피아 유목민을 대상으로 인종청소를 예고하기도 했다. 1936년 에스파냐 내전 당시 프랑시스코 프랑코(Francisco Franco Bahamonde) 장군이 지휘하던 아프리카 군단이 저지른 잔학행위도 식민주의적 폭력의 연장으로 이해된다. 이 군단의 주력부대는 에스파냐령 모로코의 이슬람 용병들로 구성된 부대였는데, 이들은 모로코의 선주민 마을을 쑥대밭으로 만드는 데 이골이 난 병사들이었다. 프랑코 장군과 극우 정당인 팔랑헤당(Falange Española) 파시스트들은 자국의 농민들을 아프리카의 원주민처럼 대했다. 평생을 에스파냐 내전 연구에 바친 영국의 역사가 폴 프레스톤(Paul Preston)이 프랑코 군대의 학살극을 '에스파냐의 홀로코스트'라고 명명한 것도 일리가 있다.

그럼에도 무솔리니나 프랑코가 행한 제노사이드는 양과 질 모두에서 나치의 제노사이드와 비교할 수준이 아니다. 나치는 아예 정부 내각에 장관급 부서인 동방부(Ostminsterium)를 설치해서 동유럽 점령지의 행정을 총괄하게 했다. 영국 내각의 부서 가운데 하나인 인도부(India Office)를 본뜬 동방부는 나치의 동유럽 지배가 본격적인 식민지 지배임을 말해준다. 나치 독일에 동유럽은 영국의 인도 같은 존재였다. 히틀러에게 "유럽과 아시아의 경계는 우랄산맥이 아니라 독일인의 정착지가 끝나고 순수한 슬라브인의 거주지가 시작되는 곳"이었다. 괴벨스에게도 폴란드는 아시아일 뿐이었다. 동유럽이라는 '아시아' 식민지에서 나치가 구상한 청사진은 삼중 구조의 인종주의적 특권 사회였다. 그 사회는 독일 이주민을 최상위에 놓고, 그 아래 '하얀 검둥이'인 슬라브인은 독일인을 위한 노예 노동력으로 배치했다. 가장 밑바닥의 유대인은 절멸시켜야 할 대상일 뿐이었다. 인민의 차 '폭스바겐'을 타고 새로 건설한 '아우토반'을 달려 크리미아반도로 이주하는 독일 식민주의자들의 이미지는 그러한 특권 사회의 상징이었다.

나치 독일의 첫 동유럽 점령지였던 폴란드에서 나치의 지배는 철저하게 식민주의 관행을 따랐다. 아프리카 원주민이 백인 점령군에게 그랬듯이, '하얀 검둥이' 슬라브인인 폴란드인은 아리아인에게 절대 복종해야 했다. 폴란드인은 영화관, 콘서트, 전시회, 도서관, 박물관, 극장 같은 곳에 출입할 수 없었고, 통금 시간을 엄수해야 했다. 문명개화의 상징인 자전거, 카메라, 라디오, 악기, 전축, 전화 등을 소유해서도 안 되었다. 가죽으로 만든 서류 가방조차 가질 수 없었다. 폴란드인은 인도를 걷다가도 독일인과 마주치면 차도로 내려가 모자를 벗고 독일인에게 경의를 표해야 했다. 열차를 이용할 때도 폴란드인은 독일인과 같은 창구와 대합실을 쓸 수 없었고, 독일인 전용 객차에 출입할 수 없었다. 독일인들에게 폴란드는 한마디로 동양이었다. 당시 (그리고 지금도) 독일에서 인기 있는 관광안내서인 《베데커(Baedeker)》의 폴란드 점령지 편에는 "(독일) 제국에서 동쪽으로 가는 여행객들은 폴란드에서 '동양 세계'의 첫인사를 받게 된다"고 쓰여 있었다. 식민주의적 범죄에 대해 누구보다 먼저 예민한 문학적 감수성을 드러낸 영국의 작가 조지프 콘래드(Joseph Conrad)가 유제프 테오도르 콘라드 코르제니오프스키(Józef Teodor Konrad Korzeniowski)라는 이름의 폴란드인으로 태어난 것도 우연이라고 생각되지는 않는다.

같은 맥락에서 나치의 소련 침공은 '모스크바-아시아적인 야만의 유대-볼셰비즘에 맞서 유럽의 문명을 수호하는' 십자군전쟁으로 묘사되었다. 나치 독일군은 '아시아적인 붉은 군대'에 맞서 기독교 문명을 수호하는 유럽의 십자군이었다. 그들은 우랄산맥에 야만적인 아시아인의 침입을 막는 문명의 만리장성을 쌓을 것이었다. 그러면 볼가강은 나치 독

나치당의 기관지 《일루스트리터 베옵아흐터(Illustrierter Beobachter)》 1942년 5월 28일 발행본 표지에 실린 화보. 의도적으로 슬라브 소년(왼쪽)과 독일 소년(오른쪽)을 비교해 슬라브인을 '하류 인간'으로 비하하고 있다. 〈출처: ©임지현〉

일의 미시시피강이 될 터였다. 나치의 이데올로기는 폴란드와 러시아 등 동유럽을 '동양화'했던 19세기 서유럽의 오리엔탈리즘적 전통 위에 서 있었던 것이다. 나치의 동유럽 지배는 이처럼 식민주의적 지배의 전형을 보여준다. 마크 마조워가 《검은 대륙》에서 잘 지적했듯이, 나치의 이데올로기는 아프리카와 아시아의 유색인 대신 유럽의 슬라브 백인을 식민통치의 대상으로 삼은 전도된 식민주의였다. 홀로코스트를 식민주의 제노사이드의 맥락 속에 놓고 보는 포스트식민주의적 해석이 가능한 것도 그런 이유에서이다.

'서양' 지식인들이 유독 히틀러의 나치즘에 분노하는 것도 같은 맥락이다. 아프리카를 문명화하려 했던 무솔리니와 달리 나치는 유럽인을 문명화의 대상으로 삼았기 때문이다. 에메 세제르(Aimé Césaire)의 촌철살인을 빌리면, 그들은 히틀러가 '인류'에 반하는 범죄(crime against the humanity)를 저질렀기 때문이 아니라 '백인'을 대상으로 범죄(crime against the white man)를 저질렀기 때문에 용서할 수 없었던 것이다. 양심적 백인 지식인 대부분이 홀로코스트 이전에 일어난 식민주의 제노사이드에 대해서는 침묵으로 일관했다는 점을 감안하면, 세제르의 비판은 설득력이 있다. 홀로코스트가 '야만적인' 아프리카나 아시아가 아니라 '문명화된' 유럽의 한복판에서 일어났기 때문에 유별나게 비판을 받았다는 사실은 지구촌이 기억하는 제노사이드가 서구중심주의에서 자유롭지 못하다는 의미이다. 벨기에령 콩고에서 1885년부터 1920년까지 약 1,000만 명의 원주민이 가혹한 노동에 탈진해 죽고 살해당한 아프리카의 제노사이드, 글자 그대로 '절멸된' 태즈메이니아(Tasmania)의 선주민 제노사이드, 많게는 1,800만 명으로 추산되는 미국의 선주민 제노사이드보다 홀로코스트가 각별히 더 비극적이라고 생각할 이유는 없다.

NBC의 미니시리즈 〈홀로코스트〉를 보면 식민주의 제노사이드에 비해 홀로코스트가 유럽인들에게 유독 더 감정적인 분노를 불러일으킨 이유가 분명해진다. 제노사이드의 희생자가 이국적인 식민지의 낯선 유색인이 아니라, 바로 자기 이웃에서 흔히 볼 수 있는 전형적인 백인 중산층이었기 때문이다. 〈홀로코스트〉가 독일에서 그토록 큰 반향을 일으킨 것도 이미 독일인으로 동화된 중산층 유대인이 주인공이었기 때문이다. 홀로코스트 희생자 대부분이 동유럽의 가난하고 무지한 하층 유대인들이라는 역사적 진실과는 거리가 있지만, 나치가 '백인에게 저지른 범죄'를 처음으로 생생하게 그렸다는 게 성공의 비결이었다.

　21세기 초 미국의 선주민 운동가 워드 처칠(Ward Churchill)은 콜로라도의 대학신문 사설에서 아메리카를 발견한 콜럼버스와 히틀러의 학살 총책 하인리히 힘러를 비교해서 논란이 된 바 있다. 미국 사회에 인디언 제노사이드에 대한 관심을 촉발하려는 의도였겠지만, 콜럼버스가 인디언을 절멸시킬 계획을 갖고 미 대륙에 발을 디뎠는지는 의문이다. 케리 멀로이(Kerri Malloy)의 비교는 훨씬 더 설득력이 있다. 캘리포니아에서 제노사이드의 역사를 가르치는 그를 처음 만난 것은 앞에서도 언급한 홀로코스트 기념박물관에서 열린 교수 세미나에서였다. 인디언의 피가 흐르는 이 중진 학자의 연구 분야는 미국 서부에서 백인 이주민이 인디언 선주민을 학살한 아메리카 제노사이드다. 그가 홀로코스트에 관심을 갖는 이유는 분명하다. 홀로코스트를 비교 분석의 지렛대로 삼아 인디언 제노사이드에 대한 미국 사회의 관심을 불러일으키려는 것이다. 홀로코스트와 인디언 제노사이드를 단순히 병치하는 것만으로도 효과가 대단하다는 게 그의 주장이다. 미국의 서부 '개척' 당시 백인 이주민이 아메리카 선주민을 절멸시키기 위해 체계적이고 의도적인 학살을 저지른 것은 부인할 수 없는 사실이다. 그런데도 미국의 시민사회나 대학 등의 학문기관들은 아메리카 인디언 학살을 좀처럼 제노사이드로 인정하려 들지 않는다. 홀로코스트의 주문(呪文)이 필요한 것은 이 때문이다.

　멀로이 교수와 그의 제자들은 '북서부 캘리포니아 제노사이드 프로젝트(Northwestern California Genocide Project)'라는 이름의 디지털 아카이브를 운영한다. 캘리포니아 선주민 제노사이드 관련 자료를 모아놓은 이 디지털 아카이브(nwgenocide.omeka.net)를 보면, 샌프란시스코에서 오리건주의 경계에 이르는 캘리포니아 북서부에서만 무려 7번의 제노사이드가 있었다. 학살의 희생자는 윈투(Wintu), 위요트(Wiyot), 톨로와(Tolowa), 휘커트(Whilkut), 포모(Pomo), 유로크(Yurok) 부족 등 우리로서는 거의 처음 듣는 이름들이다. 운디드 니 대학살(Wounded Knee Massacre, 1890)처럼 잘 알려진 사건은 아니지만, 오히려 그렇기 때문에 미 서부에서 인디언 학살이 얼마나 폭넓게 자행되었는지를 잘 보여주는 것이기도 하다. 어린이, 여자, 노인 등을 가리지 않고 죽이는 학살의 양상은 비슷한데, 학살자는 다양하다. 운디드 니의 제7기병대처럼 군대가 주역일 때도 있지만, 백인 이주민들이 결성한 자경대가 주인공일 때도 많다. 이주민 공동체 내부의 의사 결정 구조가 민주적일수록 학살의 강도도 세졌다는 사회학자 마이클 만(Michael Mann)의 조사 결과를 접하고 나면, 도무지 착잡함을 감출 길이 없다.

인디언 제노사이드와 홀로코스트를 나란히 놓고 보면 뜻밖의 결과를 얻게 된다. 미국의 민주주의는 홀로코스트의 대척점에 서 있는 게 아니라 홀로코스트의 가능성을 내장한 체제라는 결론이 그것이다. 근대 문명은 홀로코스트를 내장하고 있다는 지그문트 바우만의 지적은 미국의 민주주의에도 해당된다. 홀로코스트를 '전근대적이고' '반(半)봉건적인' 독일사의 특수성으로 국한시키려는 시도에는 정치적 알리바이의 냄새가 짙다. 식민주의 제노사이드의 맥락에 홀로코스트를 배치하는 순간, 영미식의 자유민주주의에 내장된 식민주의 제노사이드와 인디언 제노사이드의 원죄가 드러나는 것이다. 민주주의와 파시즘, 나치즘이 같다는 이야기가 아니다. 19세기와 20세기의 민주주의가 저지른 학살의 역사를 비판적으로 기억할 때 민주주의의 민주화를 향한 21세기의 고민이 길을 찾을 것이라는 이야기이다.

5. 홀로코스트와 제3세계

식민주의 제노사이드와 홀로코스트

'평화와 화해를 위한 아우슈비츠 연구소(Auschwitz Institute for Peace and Reconciliation, AIPR)'는 교육과 정책 개발을 통해 제노사이드를 방지하려는 목적으로 2007년 설립된 비영리 기관이다. 뉴욕뿐만 아니라 아우슈비츠 수용소가 있던 오시비엥침, 부에노스아이레스, 캄팔라 등에 사무소를 두고 있는 이 연구소의 설립 배경은 2000년 1월의 스톡홀름 선언으로 거슬러 올라간다. 46개국이 서명한 이 선언은 홀로코스트를 기억하는 일이 전 지구적 차원에서의 시민적 미덕이라 못박고, 나토에 가입하려는 동유럽 국가들에 각급 학교 차원의 홀로코스트 교육을 조건으로 제시했다. 이 선언을 계기로 홀로코스트는 유대 민족이나 이스라엘의 배타적 기억을 넘어서 지구적 시민사회의 규범적 기억이 되었다. 역설적인 것은 이 선언이 홀로코스트의 고유성 테제를 침식하는 결과를 낳았다는 점이다. 홀로코스트가 다른 어떤 제노사이드와도 비교할 수 없는 전대미문의 유일한 제노사이드란 테제는 홀로코스트를 신성화하고 특권화하는 작용을 해왔다. 따라서 이런 테제가 계속적으로 힘을 발휘했다면, 홀로코스트가 세계사적 기억으로 자리잡는 데 방해가 되었을 것이고, 홀로코스트를 기억하는 일이 개별 국가의 경계를 넘어 지구적 시민사회의 미덕으로 자리잡는 데도 어려움을 가져왔을 것이다. 유대인들만이 홀로코스트를 이해할 수 있다면, 비유대인들에게 홀로코스트는 닫힌 기억으로만 남을 것이기 때문이다. 무엇보다 AIPR이 아르헨티나의 부에노스아이레스나 우간다의 캄팔라에도 사무소를 설치했다는 사실은 홀로코스트와 제3세계 제노사이드가 지구적 기억 공간에서 연대할 가능성을 열어놓았다는 점에서 상징적 의미가 크다. 실제로 이 연구소는 매년 8월 9일 '세계 선주민의 날(International Day of the World's Indigenous Peoples)'마다 각별히 성명을 발표하고 세미나를 개최해왔다. 2018년 8월 9일 열린 세미나 주제는 '선주민의 초국가적 이민과 운동'이었다.

제노사이드 연구자 댄 스톤(Dan Stone)에 의하면, 제2차 세계대전 이후 전 세계에서 자행된 제노사이드는 무려 50여 건에 달한다. 그리고 이들 대부분은 국가 권력이 개발이란 이름으로 선주민 소수 부족에게 폭력을 행사하는 양상이었다. 얼마 전에 불거진 미얀마 정부군의 로힝야(Rohingya)족 학살이 가장 최근의 예라 하겠다. 이들은 문명화 과정의 이면에서 발생한 '진보의 희생자'였다. 일부 홀로코스트 연구자들은 선주민 제노사이드가 '실용적인' 목적으로 자행되었기 때문에 반유대주의에서 촉발된 나치의 홀로코스트와는 분명히 다르다는 논지를 고집한다. 심지어 나치의 로마(집시) 학살은 사회문제를 해결하는 과정에서 일어난 일이기 때문에 홀로코스트와는 분명히 구분되어야 한다는 주장도 있다. 르완다 제노사이드나 옛 유고슬라비아의 인종청소는 홀로코스트와 달리

원시적 부족 갈등이 표출된 것이라고 보는 견해들도 있다. 그러나 제3세계의 관점에서 보면 홀로코스트는 지리상의 발견 이래 지난 500여 년 동안 식민주의가 전 세계의 선주민들에게 행사해온 폭력과 크게 다를 바 없다. 선주민이 아니라 유럽인을 대상으로 했다는 점만 제외하면 폭력의 양상이 놀랄 정도로 유사하다. 폭력으로 얼룩진 유럽 식민주의의 역사가 홀로코스트의 선례라는 점에 대해서는 많은 파시즘·나치즘 연구자가 동의하는 바이다.◐3부 4장 남북전쟁 직후 미국의 남부에서 결성돼 흑인에게 살인적 폭력을 일삼은 KKK단을 파시즘의 주목할 만한 예고편이라고 본 로버트 팩스턴(Robert Paxton), 백인 이주민이 아메리카 인디언을 대량 학살한 사건에서 홀로코스트의 전조를 찾은 시몬 비젠탈(Simon Wiesenthal), 반유대주의의 전통은 식민주의적 대학살의 전통과 만난 후에야 대량 학살에서 홀로코스트로 발전했다는 스벤 린드크비스트(Sven Lindquist)의 지적 등은 모두 제3세계적 관점을 드러내준다.

베트남과 뉘른베르크

홀로코스트에 대한 제3세계적 관점은 역사적 시간과 공간을 달리하는 희생자들에게 색다른 연대의 가능성을 제공하기도 했다. 서로 다른 제노사이드의 희생자들이 지구적 기억 공간 속에서 만나 연대하면서 상대방의 경험을 준거로 삼아 비극적 과거에 대한 비판적 기억을 더 깊고 풍부하게 만들어갔던 것이다. 나치의 홀로코스트와 식민주의 제노사이드의 기억이 서로를 참조하면서 비판의 예지를 날카롭게 만들어간 선례는 일찍이 1960년대 프랑스 문단에서 찾아볼 수 있다. 20세기 파리는 저우언라이, 덩샤오핑, 호찌민 등 동아시아의 반제공산주의 활동가들, 에메 세제르, 레오폴 세다르 상고르(Léopold Sédar Senghor) 등 아프리카의 네그리튀드(Negritude) 운동가들, 프란츠 파농(Frantz Fanon) 등의 범아프리카주의자들 같은 제3세계 혁명가들뿐만 아니라, 제임스 볼드윈 같은 아프리카계 미국인 급진파 지식인들의 셋집이기도 했다.

그 가운데 특정한 시점을 꼽으라면 필시 1961년일 것이다. 1961년 프랑스 작가 마르그리트 뒤라스(Marguerite Duras)는 〈두 개의 게토(Les deux ghettos)〉라는 글에서 바르샤바 게토 생존자와 알제리 노동자를 병치해 연대를 위한 비전을 제시했다. 같은 해 샤를로트 델보(Charlotte Delbo)도 식민주의의 폭력과 자신의 아우슈비츠 경험을 편지 형식으로 직조한 증언 문학인《아름다운 편지(Les Belles Lettres)》를 출간했다. 두 사람의 글은 반식민주의적 제3세계의 저항 공간이 된 파리가 식민주의와 홀로코스트의 기억이 연대하는 무대였음을 암시하고 있다.

1961년은 예루살렘에서 아이히만 재판이 열린 해이자, 파리 시가에서 반식민주의 시위에 나선 알제리 이민자들이 학살된 해이기도 하다. 1961년 10월 17일 파리에서 학살된 알제리 이민자의 숫자는 약 300명 정도로 추산된다. 이때 알제리 이민자 학살을 지휘한 파리의 경찰총감이 제2차 세계대전 당시 보르도 경찰서장이었던 모리스 파퐁(Maurice Papon)이었다는 점도 역사의 우연이라고만 보기에는 석연치 않다. 파퐁은 보르도에 재직할 당시 1,600명이 넘는 유대인을 색출해 강제수용소로 보낸 사실이 드러나 1998년 '반인도적 범죄'로 기소되어 재판에 넘겨진 인물이다. 그러나 알제리 이민자 학살은 당시 기소 내용에 포함되지 않았다.

68세대의 기원을 식민주의적 폭력과 그에 대한 정치적 저항에서 찾는 흐름도 이와 무관하지 않다. 68세대는 국경을 넘는 비판적 기억의 물꼬를 튼 세대이자 전 세계적인 반식민주의 투쟁과 베트남 반전운동으로 단련된 세대였다. 비단 서유럽뿐만 아니라 동유럽과 아메리카, 아시아 등 전 세계의 내로라하는 지식인들이 베트남 반전운동에 동참했는데, 이들의 이념적 스펙트럼은 공산주의부터 개혁사회주의, 자유주의, 반공주의 등 다양했지만, 기억 연구의 관점에서 보면 식민주의와 홀로코스트의 기억이 연대하기 시작한 것이라는 의의가 있다. 1960년대 미국의 학생운동에 참가한 많은 유대계 학생들이 미군이 베트남에서 저지른 인종주의적 학살에서 홀로코스트를 연상했다. 뉘른베르크 재판에서 미국 측 검사였던 텔퍼드 테일러(Telford Taylor)는 《뉘른베르크와 베트남: 미국의 비극(Nuremberg and Vietnam: An American Tragedy)》(1970)에서 뉘른베르크 재판의 기준을 적용하면 미국이 베트남에서 한 행동도 나치가 제2차 세계대전에서 저지른 범죄와 다르지 않다며 반전운동에 호응했다. 영국의 철학자 버트런드 러셀(Bertrand Russell)은 1966년과 그 이듬해에 장 폴 사르트르(Jean Paul Sartre) 등과 함께 뉘른베르크 재판을 모델로 스웨덴과 덴마크에서 민간 법정(Russell Tribunal)을 열어 베트남에서 미군이 자행하는 학살극을 성토하고 학살의 책임을 물어야 한다고 주장했다. 장 폴 사르트르는 베트남에서 벌어지는 미군의 잔학행위를 프랑스 식민주의가 알제리 인민에게 저지른 무자비한 폭력과 대비했다. 베트남 반전운동을 계기로 홀로코스트와 식민주의적 폭력의 기억이 지구적 기억 공간에서 결합함으로써 전 지구적 차원에서 반인간적 폭력에 대한 감수성이 더 날카로워질 계기가 마련되었던 것이다.

베트남전쟁이 일깨운 난징대학살

　동아시아의 맥락에서 베트남 반전운동은 아시아·태평양전쟁 당시 일본군의 잔학행위에 대한 기억을 일깨웠다. 미국의 유대인 공동체가 홀로코스트의 기억을 억눌러야 했던 것처럼, 동아시아의 기억 공간에서도 냉전의 구속력은 강했다. 일본 제국의 식민지를 경험한 나라나 침공을 받았던 아시아의 인근 국가들은 일본과의 역사적 화해를 강요받았다. 반공전선의 연대를 위해서는 식민주의의 기억을 지워버려야 한다는 냉전의 논리가 동아시아를 지배했다. 하지만 일본군의 전쟁범죄에 대한 기억을 언제까지고 가둘 수는 없었다. 물꼬는 일본에서 먼저 터졌다.《아사히신문》의 베트남 특파원으로 베트남에서 미군의 전쟁범죄를 취재하던 혼다 가쓰이치(本多勝一)가 기억의 물꼬를 튼 주인공이었다.

　혼다의 회고에 따르면, 미군의 전쟁범죄를 다루던 중 돌연 "아시아·태평양전쟁에서 일본군의 행동은 지금 베트남에서 미군이 저지르는 잔학행위와 과연 달랐을까?"라는 데 생각이 미쳤다. 그래서 일본군이 중국을 침공한 경로를 따라가면서 르포를 쓰기로 결심했다. 그 과정에서 일본군의 잔학행위 증거를 모으고 증언을 기록했다. '난징학살'에 대한 일본의 양심적 기억을 일깨운 것도 그의 르포 기사였다. 하지만 그의 르포는 '난징사건'이라는 이름으로 역사적 의미를 축소하고자 했던 일본 보수주의자들의 맹렬한 비판에 직면해야 했다. 일본의 우파는 난징대학살을 코민테른 사관으로 무장한 좌파들이 일본 민족의 명예를 더럽히려는 선전 책동의 일환, 즉 조작된 것이라고 주장했다. 이를 입증할 공식 문서도 없을 뿐만 아니라, 설혹 살육이 있었다고 해도 전쟁이라면 수반되기 마련인 부수적 피해(collateral damage)였을 뿐이라고 합리화했다. 우파들이 주장하

1937년 12월 13일자 《도쿄니치니치신문(東京日日新聞)》의 기사로, 100인 참수 경쟁을 한 두 일본군 소위를 소개했다. 무카이 소위(오른쪽)는 106명을, 노다 소위(왼쪽)는 105명을 죽이는 기록을 세웠고, 다시 연장전에 돌입한다는 내용이다. 난징대학살은 일본군이 난징을 점령한 1937년 12월 13일부터 6주가량 이어졌다. 이 기사는 바로 그 첫날의 기록이다. 〈출처:위키미디어 커먼즈〉

는 47명 희생자설이 극단적으로 대변하듯이, 이들은 난징학살을 군의 의도적이고 조직적인 범죄가 아니라 전쟁의 혼란 속에서 불가피하게 발생한 부수적 폭력이었다고 주장하는 것이다. 이들은 또 태평천국군이나 반동적 중국 군벌들의 학살에 비하면 난징의 사건은 새 발의 피에 불과하다며, 일본의 교과서에서 소련군이나 미군의 잔학행위에 대해서는 고작 한두 줄 언급하면서 난징사건을 자세히 언급하는 것은 일본 군대를 모독하는 일이라는 의견까지 개진했다.

중국의 마오쩌둥 정부도 난징대학살에 대해서는 별다른 관심을 보이지 않았다. 냉전 당시 그들의 주적은 미 제국주의였다. 그런 만큼 난징대학살은 일본 군국주의에 대한 기억을 되살림으로써 미 제국주의를 향한 인민들의 적대감을 흐트러뜨리고 전선을 분열시킬 우려가 있었다. 난징대학살은 일본의 재무장을 획책하는 미 제국주의자들의 음모를 분쇄하는 데 필요한 정치적 기억이어야 했다. 난징대학살에 대한 기억은 이렇게 중국 본토에서도 뒤틀리고 잊혀갔다. 1960년 난징 대학의 역사학자들이 생존자들과 목격자들의 증언을 채록하여 기록하고 정리했지만, 출판되지 못하고 원고 상태로 남았다. 1960년대까지도 난징은 중국인들 사이에서 역사적인 계급투쟁의 장소로만 기억되었다. 일본군에게 학살당한 중국인보다는 국민당 '반동' 세력에게 학살당한 혁명 순교자들에 대한 기억이 우선이었다. 그러던 1997년 중국계 미국인 아이리스 창의 《난징의 강간》이 간행되면서 난징대학살이 드디어 세인의 주목을 끌기 시작했다. 아이리스 창은 비단 홀로코스트뿐만 아니라 고대 로마군의 카르타고 학살과 에스파냐의 이단 재판, 14세기 티무르 몽골군의 학살 등을 난징대학살과 비교해서 센세이션을 불러일으켰다.

홀로코스트와 일본군 '위안부'

난징대학살의 예에서 보듯이, 홀로코스트와 제3세계가 지구적 기억 공간에서 본격적으로 결합되기 시작한 것은 냉전체제가 붕괴된 이후의 일이다. 1990년대 이래 일본군 '위안부'를 어떻게 기억할 것인가 하는 문제가 동아시아를 넘어 지구적 기억 공간의 뜨거운 이슈로 등장한 것도 같은 맥락에서이다. 물론 그때까지 일본군 '위안부' 문제가 전적으로 무시되어온 것만은 아니다. 예컨대 1948년 네덜란드가 주관한 바타비아

(Batavia, 자카르타의 옛 이름) 재판에서는 1944년 당시 네덜란드령 인도네시아의 민간인 수용소에 억류된 네덜란드 여성들을 일본군 '위안부'로 내몬 일본군 가해자들에 대한 기소와 처벌이 이루어졌다. 그러나 그것은 전시 민간인에 대한 성적 착취와 폭력을 심판했다기보다는 감히 아시아 남성이 백인 여성을 성적 착취의 대상으로 삼은 것에 대한 인종주의적 보복의 성격이 강했다. 흑인 여성에 대해서는 성폭력을 서슴지 않았던 미국의 인종주의자들이 백인 여성에 대한 흑인 남성의 성폭력을 결코 용납할 수 없었던 것과 비슷한 이치였다. 백인 여성에 대한 유색인 남성의 성폭력은 그것이 성폭력이라서가 아니라 인종적 금기를 깨트리는 행위이기에 결코 용납될 수 없었다. 말하자면 이는 백인 남성의 권력에 대한 도전으로 읽혔던 것이다.

1991년 김학순의 증언으로 일본군 '위안부' 문제가 공적 영역에서 기억될 때조차 이 문제는 '민족화된 섹슈얼리티'의 차원에서 다루어졌다. 독립운동과 같은 영웅주의적 민족 서사에 어긋나는 일본군 '위안부'에 대한 기억은 포스트식민주의 한국의 가부장적 기억체제에서 철저하게 주변으로 밀려났다. 그러다가 유고슬라비아 내전이 발발하여 보스니아의 이슬람 여성에게 가해진 조직적인 성폭력이 국제 여론의 주목을 받으면서 동아시아의 일본군 '위안부' 문제가 다시 뜨거운 이슈로 떠올랐다. 여기에는 CNN 등 글로벌 미디어의 역할이 컸다. 실시간으로 중계되는 참혹한 성폭력의 현장은 전 세계 시민사회의 분노를 촉발시켰다. 영상으로 전달되는 생생한 장면은 책이나 말로 전해 듣던 것보다 훨씬 충격적이었다. 이 생생한 충격이 사람들로 하여금 제2차 세계대전으로 거슬러 올라가 일본군 '위안부' 피해자들이 겪은 고통과 고난에 격렬하게 공감하도록 만들었다.

둘은 제도적으로도 연결되었다. 구 유고슬라비아와 르완다의 전범재판에 참여한 법률가들이 2000년 12월 도쿄에서 열린 민간 차원의 '일본군 성노예제에 대한 여성 국제 전범재판소(Women's International War Crimes Tribunal on Japan's Military Sexual Slavery)'의 재판에 검사와 판사로 참가한 것이다. 이들은 이미 사망한 일본 천황 히로히토를 전범으로 선언했다. 이를 계기로 일본군 '위안부' 기억 활동가들이 미국의 홀로코스트 기억 활동가들과 연대하기 시작했다. 1960년대 베트남 반전운동과 홀로코스트의 기억이 연대했듯이, 일본군 '위안부'의 기억이 멀리 태평양을 건너 홀로코스트의 기억과 연대하기 시작한 것이다. 2011년 12월 13일 뉴욕 퀸즈버러 구민대학의 '쿱퍼버그 홀로코스트 센터(Kupferberg Holocaust Center)'에서 일본군 '위안부' 피해자들과 홀로코스트 생존자들이 만나 서로 위로하고 포옹하는 장면은 가슴 뭉클하다. 폭력이 가해지던 당시에는 결코 만난 적이 없던 피해자들이 이렇게 전후의 기억 속에서 만나 공감과 연대의 네트워크를 결성하기 시작했다. 역사의 현실 속에서는 멀리 떨어져 있던 개별적 행위자들이 기억의 연대를 도모하게 된 것이다.

국경을 넘는 기억들

기억의 연대는 격동의 순간이 지나고 현실 정치의 역학관계가 희미해졌을 때 비로소 발걸음을 뗀다. 그런 점에서 기억의 연대는 지금 여기에서 작동하고 있는 현실적 힘의 연대보다 훨씬 유연하다. 독일의 이슬람계 이주민들이 홀로코스트 희생자들과 기억의 연대를 맺는 것도 그 때문이다. 머리에 히잡을 두른 '아우슈비츠의 터키 아주머니'나 베를린의 홀

독일 베를린에 있는 홀로코스트 기억의 터를 찾은 나미비아 유골반환운동 활동가들. 이
들은 오랫동안 베를린 샤리테 병원에서 보관해온 나미비아인들의 유골 반환을 요구해왔
다. 독일 제국은 유럽 백인의 인종적 우월성을 증명하기 위해 1904년 봉기 때 포로로 잡
힌 헤레로·나마 부족민들의 유골을 독일로 가져갔다. 〈출처:ⓒReinhart Kössler〉

로코스트 기억의 터 안에서 상념에 잠긴 나미비아 유골반환운동 활동가들의 모습이 낯설기보다는 자연스럽게 느껴지는 세상으로 나아가고 있는 것이다.

1961년 이민이 시작된 이래 터키계 이주민들은 독일의 과거, 특히 홀로코스트의 기억에 개입하고 관계를 맺는 문제로 고민해왔다. 독일 사회가 그들에게 홀로코스트는 당신들이 오기 전에 일어난 일이니 개입하지 말라고 경고하는 동시에, 홀로코스트에 무관심한 반유대주의자들이라고 힐난했기 때문이다. 이 어이없는 이중 잣대에 이주민들은 분노했다. 독일의 이슬람계 이주민들은 국가가 주도하는 기념 의례를 소비하는 수동적 구경꾼이 아니라 자기 나름의 기억을 만들고 퍼뜨리는 적극적 행위자로 목소리를 내기 시작했다. 그리고 이들의 목소리가 독일의 기억 경관을 바꾸기 시작했다. 터키계 독일 작가인 자페르 셰노차크(Zafer Şenocak)의 소설《위험한 연대(Gefährliche Verwandtschaft)》(1998)는 주인공이자 화자인 터키계 독일인 무슬림의 개인적 기억 속에서 홀로코스트와 아르메니아 제노사이드를 만나게 함으로써 기억의 민족적 경계를 흔들어버렸다. 카바레의 만담꾼 세르다르 소문주(Serdar Somuncu)는 홀로코스트 생존자의 수기를 독일의 쿠르드족 이주민의 수기로 각색하여 카바레 무대에 올림으로써 아르메니아 제노사이드에 대한 기억을 일깨웠다. 독일로 망명한 터키 역사학자 타네르 악참(Taner Akçam)은 아르메니아 제노사이드에 대한 최초의 본격 연구서들을 출간했다.

특히 흥미로운 것은 베를린 노이쾰른(Neukölln)구의 기억 활동가들이 시도한 '노이쾰른 동네 어머니' 프로젝트였다. 가난한 이민자 가정의 사회복지와 교육, 자녀 돌봄 노동 등의 문제를 해결할 목적에서 출발한 이 프로젝트는 정치와 역사를 포괄하는 데까지 발전했다. 프로젝트 참가자들은 독일의 자원활동가 집단과 연대하여 나치의 역사를 배우고 공부하기에 이르렀으며, 급기야는 아우슈비츠로 답사 여행을 떠나면서 답사 과정 전체를 직접 다큐멘터리 영상에 담았다. 터키, 에리트레아, 이라크, 스리랑카, 팔레스타인 등지에서 이주한 이 여성들 대부분은 자기 나라에서 이미 정치적 폭력과 경제적 결핍, 인종주의적 학대와 제노사이드를 겪은 사람들이었다. 그들에게 아우슈비츠 방문은 어린 시절 직접 경험했거나 어른들에게 들었던 자기 고향의 제노사이드에 대한 기억을 되살리는 계기가 되었다. 아우슈비츠 강제수용소가 위치한 오시비엥침(Oświęcim)이라는 낙후된 작은 도시의 길거리에서 이들이 맞닥뜨린 폴란드 스킨헤드들의 인종주의적 폭언도 관객들을 낯설게 만드는 연극 효과처럼 영상에 담겼다. 유대인들의 공동묘지인 아우슈비츠에서 맞닥뜨린 인종주의적 폭언은 거꾸로 홀로코스트라는 유대인들의 트라우마와 이슬람 소수민족의 트라우마가 연대할 가능성을 시사해주는 무대장치처럼 느껴진다.

홀로코스트 가해자로서 독일인들이 자기비판적 기억공동체를 구성해온 과정은 충분히 그 의의가 인정된다. 하지만 독일인들이 스스로에게 과거에 저지른 범죄의 책임을 묻는 과정은 공범의식을 통해 '단일한 독일 민족'이라는 정체성을 구성하는 과정이기도 했다. 뉘른베르크에 대한 반성이 뉘른베르크의 인식 지평 안에 갇혀 있었던 것이다. 이 모순적인 기억공동체의 기억 문법에 틈새를 만들고 그 기만성을 폭로한 것은 소수자의 관점에서 독일인들의 기억에 적극적으로 개입하기 시작한 이슬람 이민자들의 기억이었다. 지구적 기억 공간에서 홀로코스트와 제3세계의 '위험한 연대'가 실은 '결정적인 연대'인 것도 이런 이유 때문이다.

6. 나가사키와 아우슈비츠

원폭의 기억과 반전 평화

아시아·태평양전쟁 막바지 일본의 원폭 희생자들을 생각하면 대부분이 나가사키보다는 히로시마를 먼저 떠올린다. 원자폭탄이 먼저 떨어진 곳도 히로시마이고, 피해의 규모도 나가사키보다 컸기 때문이다. 1945년 8월 6일 최초로 원자폭탄이 투하된 히로시마의 폭심에는 훗날 평화기념공원이 조성되었는데, 매해 8월 6일이면 전 세계에서 반핵 평화운동가들이 이곳에 모여 희생자들을 추모하고 핵무기 없는 세계를 다짐한다. 하지만 히로시마의 원폭 기념일은 공산당부터 극우 민족주의자에 이르기까지 여러 갈래의 평화운동이 난맥처럼 얽히면서 각양각색의 정치 선전이 난무하는 장바닥으로 전락한 상황이다. 이에 대해서는 오에 겐자부로가 탁월한 르포를 남긴 바 있다. 오래전 이야기지만, 작가답게 희생자에 대한 탁월한 공감 능력과 놀라운 정치적 감수성으로 쓴 글이라서 여전히 울림이 크다.

오에가 히로시마 르포에 열중하던 1964년 10월에는 도쿄에서 올림픽이 열렸다. 원자폭탄의 섬광이 히로시마의 하늘에 번뜩인 바로 그날 히로시마에서 태어난 한 젊은이가 올림픽 주경기장의 트랙을 힘차게 한 바퀴 돌고는 올림픽의 시작을 알리는 성화에 점화했다. 일본은 이렇게 원폭의 비극을 올림픽의 평화정신으로 승화시켰다는 메시지를 전 세계에 발신했다.

　평화의 정신이 철철 넘치는 웅장한 경기장의 건축에 얽힌 역사도 흥미롭다. 최신 설비를 갖춘 이 올림픽 경기장은 세계적인 건축가 단게 겐조(丹下健三)의 작품이다. 그는 히로시마 평화기념공원을 설계한 건축가로도 잘 알려져 있다. 그러나 단게 겐조를 건축을 통해 평화를 구현하려고 애쓴 건축가였다고 결론짓기는 어렵다. 전쟁이 한창이던 1942년, 단게 겐조는 후지산 기슭에 들어서게 될 대동아건설기념관 설계 공모전에서 우승했다. 신사(神社)의 구조를 본떠 일본 제국의 웅대한 비전을 제시하려던 그의 대동아건설기념관은 실현되지 않았지만, 놀랍게도 그 설계안의 기본 골격이 히로시마 평화기념공원에 그대로 적용되었다. 조금만 예민한 사람이라면, 야스쿠니 신사의 거대한 도리이(鳥居)를 연상시키는 기념공원 평화기념자료관에서 멀리 '원폭 돔'이라 불리는 폐허가 된 히로시마 상업전시장에 이르기까지 참배의 동선이 신사의 동선과 놀랍도록 유사하다는 것을 쉽게 알 수 있다. 단게 겐조라는 한 인물이 구현한 이 건축의 역사는 평화국가 일본이란 이미지조차 군국주의 일본 제국의 그림자에서 자유롭지 못하다는 사실을 보여준다.

1945년 8월 6일, 원자폭탄 투하로 폐허가 되어버린 히로시마. 사진에 보이는 건물은 오늘날 히로시마 평화기념공원 안에 피폭의 상징으로 남아 있는 '원폭 돔'이다. 이 건물은 1915년 히로시마현 물산진열관으로 문을 열었고, 지금까지 피폭된 당시의 모습을 유지하고 있다. 〈출처:위키미디어 커먼즈〉

위령의 도시 나가사키

　반핵과 평화를 상징하는 터가 된 히로시마에 비해 나가사키는 늘 뒷전이었다. 그러나 죽은 자들을 위로하는 장소라는 관점에서는 나가사키가 히로시마보다 두드러진다. 히로시마가 세속적 정치의 관점에서 원폭 희생자들을 기억한다면, 나가사키의 기억은 영(靈)적인 것, 귀신 혹은 종교와 얽혀 있다. 그것은 아마도 나가사키가 일본 가톨릭의 순교 성지라는 역사를 가지고 있기 때문일 것이다. 실제로 나가사키의 기차역을 나서면 오우라 천주당, 혼고치 성모의 기사 수도원, 일본 26성인기념관, 우라카미 천주당, 콜베 기념관, 나카마치 교회당 등 가톨릭 유적이 좌우로 펼쳐져 있어 마치 순례길에 오른 듯한 느낌을 받는다. 이 유적들은 모두 도쿠가와 막부의 천주교 박해, 아우슈비츠 강제수용소의 비극, 원폭 투하와 성당의 수난이 순교의 역사와 중첩되어 있는 역사의 다층적 흔적들을 껴안고 있다. 나가사키의 원폭 수난담은 히로시마의 세속적 수난담과 달리 박해와 순교, 고난과 구원이라는 천주교의 신성한 역사와 어우러져 영적인 광배를 은은히 비추고 있다. 일본 26성인기념관에서 볼 수 있는 피폭된 마리아 관음상이야말로 그 상징일 것이다. 마리아 관음상은 나가사키의 천주교도들이 박해를 피하기 위해 마리아 상이라 생각하고 몸에 지니고 다니던 관음불상이다. 그 박해의 상징이 다시 피폭으로 일그러진 흔적은 애잔하기 짝이 없다.

　기록에 따르면, 1549년 예수회 소속 선교사 프란시스코 사비에르(Francisco Xavier)가 처음 일본에 기독교를 전파했다고 한다. 이후 일본 기독교는 고니시 유키나가(小西行長) 등 서양의 선진 문물에 관심이 높았던 다이묘의 후원 아래 빠르게 교세를 확장해갔다. 그러나 호시절도 잠깐,

1597년 서양인 선교사를 포함해 26명의 기독교도가 십자가에 매달려 처형당한 것을 시작으로 1614년에는 기독교 금교령이 내려지고 1627년과 1631년 사이에 나가사키현 남부의 운젠(雲仙)에서 '지옥 온천의 탄압'이 벌어지는 등 1873년 공식적으로 금교령이 해제될 때까지 일본 기독교는 250여 년 동안 탄압과 박해에 시달렸다. 마틴 스코세이지 감독이 메가폰을 잡고 리엄 니슨이 주연을 맡아 최근 영화화된 엔도 슈사쿠(遠藤周作)의 소설《침묵》은 도쿠가와 막부 시대 일본 기독교도의 수난을 생생하게 그리고 있다. 도쿠가와 막부는 십자가에 못박힌 예수 그리스도나 성모 마리아가 조각된 상을 길 위에 놓고 기독교도들에게 밟고 지나가게 함으로써(후미에ふみえ) 배교의 의지를 시험했다. 배교를 거부한 신자는 펄펄 끓는 온천에 밀어넣거나 십자가에 묶어 바다에 던져버렸다. 일본 기독교도의 수난은 제노사이드라는 조어를 만들고 제노사이드 협약 통과에 온 힘을 기울인 라파엘 렘킨이 제노사이드 목록에 포함시킬 정도였다.

일본의 기독교도들은 살인적인 탄압과 박해를 피해 몰래 신앙생활을 지속했다. '가쿠레 기리시탄(隠れキリシタン)'이라 불렸던 이 숨은 기독교도들은 작게 십자가를 새긴 관음상이나 삼존불상을 품에 지니고 다녔는데, 이들에게는 이런 불상이 겉으로는 불교도처럼 보여 박해를 피하면서 자신의 신앙을 지킬 유일한 방법이었다. 이들은 개항 이후 기독교 박해가 실질적으로 사라지자, 1865년 나가사키의 오우라 천주당에 나타나 정체를 드러냈다. '후란스데라(フランス寺, 프랑스 절)'라고 불렸던 오우라 천주당에서 숨은 기독교인들을 '발견한' 경위에 대해서는 파리외방선교회의 베르나르 타디 프티장(Bernard-Thadée Petitjean) 신부가 교구장에게 보낸 편지에서 감동적으로 묘사한 바 있다.

엔도 슈사쿠가 "인간은 이리도 슬픈데, 주여, 바다는 푸르기만 합니다"

라고 탄식한 나가사키 앞바다에는 100여 개가 넘는 기독교 유적들이 파란 바다를 배경으로 흩어져 있다. 코발트색의 아름답기 그지없는 푸른 바다 때문에 그 박해의 역사가 더 애잔하게 느껴진다. 그 가운데는 국보인 오우라 천주당을 비롯해 국가 지정 중요 문화재만 15개에 이른다. 또한 일본 전체 면적의 1퍼센트에 불과한 나가사키현에 일본 전체 성당의 10퍼센트에 달하는 130여 개의 성당이 몰려 있으니, 나가사키는 그야말로 일본 기독교의 중심이자 순교의 역사를 증언하는 성지인 셈이다. 2007년 1월에는 '나가사키의 성당들과 가톨릭 관련 유산'이 유네스코 세계 문화유산 잠정 일람표에 등록되어 일본 가톨릭의 박해와 수난, 잠복과 부활이라는 극적인 역사가 그 가치를 인정받았다.

아우슈비츠의 성인과 나가사키의 성자

히로시마보다 나가사키가 더 영적인 애도의 공간으로 느껴지는 것도 가톨릭 순교의 오랜 역사가 개입되어 있기 때문이다. 원자폭탄의 희생자들을 위로하고 그들의 죽음을 의미 있는 무언가로 승화시키기 위해서는 히로시마보다는 나가사키의 장소성이 그 목적에 더 부합했다. 반전·반핵·평화의 이름 아래 정치적 해석이 난무하는 히로시마보다는 막부의 탄압과 박해를 순교와 희생으로 승화시킨 나가사키의 종교적 오라(aura)가 억울하게 죽은 피폭자들의 혼령을 다독거리고 위무하는 해원의 문화와 더 잘 결합할 수 있었다. 나가사키라는 기억 공간 속에서 원자폭탄으로 인한 세속의 원통한 죽음과 가톨릭의 종교적 신성을 이어준 것은 나가사키와 인연이 깊은 두 명의 가톨릭 신부와 신자였다. 한 명은 나가사키에서 선교 활동을 했던 폴란드의 신부 막시밀리안 콜베이고, 다른 한 명은 나가사키의 원자폭탄을 온몸으로 맞았던 일본인 의사 나가이 다카시다. 가톨릭이라는 종교적 공통점을 제외하면 삶의 경로가 전혀 다른 두 사람이 나가사키라는 기억 공간에서 만나 아우슈비츠 강제수용소와 나가사키의 원자폭탄을 연결시키는 상황은 흥미롭기 그지없다.

콜베 신부는 앞선 글 〈아우슈비츠와 천 개의 십자가〉◑2부 5장에서 언급한 인물로, 1930년부터 1936년까지 무려 6년 동안 나가사키에 머물렀다. 그는 나가사키 교외에 훗날 신학교로 바뀐 수도원을 세우고《원죄 없는 성모의 기사(Rycerz Niepokalanej)》의 일본어판《성모의 기사(聖母の騎士)》를 발간하는 등 서양 선교사 가운데 가장 활발하게 선교 활동을 폈다.《원죄 없는 성모의 기사》는 콜베 신부가 1922년 1월 폴란드 크라쿠프의 수도원에서 창간한 폴란드어 가톨릭 잡지이다. 콜베 신부는 1936년 지병인 결핵이 악화되어 폴란드로 돌아간 후에도 성모기사회(Militia Immaculatae)를 중심으로 활발하게 사제직을 수행했다.

제2차 세계대전이 일어난 후 콜베 신부는《원죄 없는 성모의 기사》에 나치 독일을 비판하는 기사를 실었다는 이유로 체포되어 바르샤바의 파비아크(Pawiak) 감옥에 갇혔다가 아우슈비츠 수용소로 이감되었다. 당시 나치 친위대는 수용소에서 누군가가 탈출할 때마다 탈출자 한 명 당 10명의 수감자를 임의로 골라 굶겨 죽이는 잔학한 처벌을 일삼았다. 그런데 그렇게 뽑힌 폴란드인 동료 수감자 프란시셰크 가요브니체크(Franciszek Gajowniczek)가 처자식을 두고 죽을 수 없다며 울부짖자 콜베 신부가 그를 대신해 아우슈비츠 11호 막사의 징벌방으로 들어갔고, 1941년 8월 14일 그곳에서 숨을 거두었다. 폴란드 출신 교황인 요한 바오로 2세는 1982년 10월 10일 콜베 신부의 죽음을 순교로 인정하고 신부를 가톨릭 성인으로 추대했다. 종교적 신념을 지키기 위한 희생이 아니라 순교로 볼수 없다는 반론도 있었지만, 동료 가톨릭교인에게 자비를 베푼 '자비의성인'으로 볼 수 있다는 게 당시 교황청의 공식 해석이었다. 그 후 '막시밀리안 콜베'는 공동의 선을 위해 헌신한 정치범들 사이에서 세례명으로인기가 있었다. 1980년대 중반 이후 가톨릭으로 개종한 한국의 정치범들중에도 '막시밀리안 콜베'라는 세례명을 가진 이들이 몇 있다.

의사이자 가톨릭교도였던 나가이 다카시는 나가사키에 투하된 원자폭탄에 아내를 잃고 본인도 지병인 백혈병과 피폭의 후유증을 앓다가 1951년 5월 1일 영면했다. 콜베 신부와 나가이의 인연은 각별하다. 나가사키에 머물던 콜베 신부가 결핵으로 고생할 때 나가이가 혼고치의 수도원으로 왕진을 다녀와 기록을 남겼다. 나가이가 남긴 〈미소의 비밀〉이라는짧은 기록에는 오랫동안 결핵을 앓아 양쪽 폐 모두 80퍼센트 가까이 기능을 잃고 고열에 시달리면서도 아무렇지도 않게 《성모의 기사》 발간과선교 활동에 열심인 콜베 신부의 모습이 담겨 있다. 여기서 나가이는 콜베 신부의 상태를 의학적으로는 설명하기 어렵다며 은근히 종교의 기적적인 힘을 부각시켰다. 나가이는 또 전쟁이 끝난 1947년부터 죽기 직전까지 《성모의 기사》에 〈원폭 황무지의 기록(原子野錄音)〉을 연재했다. 나가이와 콜베 신부의 인연은 나가이가 죽을 때까지 지속되었던 셈이다.

피폭 후유증으로 사경을 헤매던 나가이가 기적적으로 회복된 것은 콜베 신부가 굴을 파고 성모상을 모셨다는 혼고치의 루르드 샘물 덕분이었다. 임종의 침상에 누워 있던 나가이의 눈에는 "루르드의 장미꽃이 만발한 바위와 아주 청초한 성모님의 모습이 뚜렷하게 보였다. 그리고 막시밀리안 콜베 신부님께 전구해달라는 기도를 하라는 목소리가 들려오는 것 같았다." 그 후 나가이는 기적적으로 깨어나 그해 11월 23일 우라

아우슈비츠의 성인 막시밀리안 콜베 신부(왼쪽)와 우라카미의 성자 나가이 다카시(오른쪽). 가톨릭이라는 종교를 제외하면 전혀 다른 삶을 산 두 사람이 흥미롭게도 나가사키라는 기억의 공간에서 아우슈비츠와 나가사키의 경험을 연결시켰다. 〈출처:위키미디어 커먼즈〉

카미 천주당의 희생자를 기리는 미사에서 '우라카미 한사이(燔祭)'설로 알려진 명연설을 남기게 된다. 자신을 통째로 태워 신께 제사 지내는 '번제'처럼 나가사키의 원폭 희생자들은 자신을 통째로 태워 평화의 제단에 바쳤다는 그 연설은 원폭 희생자들의 원통한 죽음을 평화를 위한 희생으로 승화시킨 명연설로 평가받는다. '한사이'는 《구약성서》〈창세기〉 8장 20절에 나오는 '홀로코스트(Holocaust)'를 일본어로 번역한 것인데, 여기서 홀로코스트는 부정 타지 않은 깨끗한 동물을 산 채로 태워 신께 공양하는 희생의 제의를 뜻한다. 그러므로 '우라카미 한사이'설은 홀로코스트의 유대인 희생자들과 나가사키의 원폭 희생자들을 같은 심급에서 기억한다는 의미를 함축한다. 뇨코도(如己堂)에 누운 채 병마와 싸우면서도 나가사키 원폭 희생자들의 죽음에 종교적 의미를 부여한 나가이는 그 후 '우라카미의 성자'로 불리게 되었다.

일본, 콜베 신부를 먼저 발견하다

1981년 일본에서 콜베 신부의 생애를 담은 영화 〈아우슈비츠: 사랑의 기적(アウシュビッツ 愛の奇跡)〉이 상영되고, 비슷한 시기에 엔도 슈사쿠의 소설 〈여자의 일생(女の一生)〉이 《아사히신문》에 연재(1980~1982)되면서 이들의 인연이 일본에서 주목받기 시작했다. 1982년 제3회 일본 적십자영화제 최우수상을 받은 영화도 그렇지만, 특히 엔도 슈사쿠의 소설이 큰 영향을 끼쳤다. 〈여자의 일생〉 2부는 제2차 세계대전 당시 전쟁의 참화 속에서 스러져간 나가사키 젊은이들의 비극적 사랑이 아우슈비츠에서 순교한 막시밀리안 콜베 신부의 이야기와 교차하는 이른바 이중 소설의 형식으로 쓰였다. "친구를 위하여 자기 목숨을 내놓는 것보다 더 큰 사랑은 없다"는 성서의 구절이 이 둘을 이어주는 고리이다. 콜베 신부의 사랑의 기적을 이야기한 엔도 슈사쿠의 에세이는 고등학교 문학 교과서에 실려 많은 일본의 청소년이 콜베에 대해 아는 계기가 되었다.

《기적》이라는 '사소설'을 통해 막시밀리안 콜베 신부의 생애를 전후 일본에 널리 알린 소노 아야코(曾野綾子)의 각별한 콜베 사랑도 같은 맥락에서 이해된다. 소노 아야코는 1971년 10월 17일 바티칸에서 열리는 콜베 신부의 '시복식(諡福式, 성인으로 추대하기 전 공식적으로 공경할 수 있는 인물編者임을 알리는 가톨릭의 예식)'에 참가하기 앞서 9월 21일 폴란드를 찾았다. 폴란드 출신 예수회 신부인 타데우쉬 오블락(Tadeusz K. Oblak)의 안

내로, 3주 이상 폴란드에 흩어져 있는 콜베 신부의 흔적을 찾아다녔다. 콜베 신부의 고향인 즈둔스카 볼라(Zduńska Wola)부터 니예포칼라누프(Niepokalanów) 수도원과 신부의 휴양지 자코파네(Zakopane)를 거쳐, 오시비엥침의 아우슈비츠 강제수용소에 이르는 긴 여정이었다. 또 콜베 신부 덕에 살아남을 수 있었던 프란시셰크 가요브니체크를 방문해 콜베 신부에 대해 환담을 나누기도 했다. 오블락 신부의 안내로 동네 사람들에게 물어물어 가요브니체크의 집을 찾아가면서, 소노는 그가 별로 유명하지 않은 데 놀랐다. 일본이라면 벌써 일상생활이 망가질 정도로 미디어가 몰려들었을 것이라며 폴란드 미디어의 무신경을 은근히 탓하기도 했다.

소노 아야코는 이 여행 기록을 1972년 1월부터 1년간 일본의 가톨릭 잡지 《가톨릭 구락부》에 연재했다. 프랑스어로 쓰인 마리아 비노프스카(Maria Winowska)의 콜베 전기를 바탕으로 폴란드 여행 당시 취재한 내용에 작가의 감성을 덧붙인 이 기록은 작가 자신이 1인칭 주인공이 되어 이야기를 전개하는 사소설의 형태를 띠었고, 연재가 끝나자 《기적》이라는 단행본으로 출간되었다. 또 1980년대 초에는 앞에 언급한 것처럼 콜베 신부에 관한 엔도 슈사쿠의 소설이 발간되고 전기 영화가 상영되었는데, 모두 콜베 신부가 성인으로 추대되기 전의 일이니 일본 가톨릭 사회와 지식 사회가 콜베 신부를 얼마나 사랑했는지 잘 알 수 있다. 콜베 신부의 고국인 폴란드에서조차 1991년에야 겨우 전기 영화가 제작되고, 2007년에 다큐멘터리가 TV에서 방영된 것과 비교하면 더 그렇다. 폴란드 상원은 훨씬 뒤인 2011년에야 콜베 순교 70주년을 기념해 그해를 성인 막시밀리안 콜베의 해로 선포한다. 지구적 기억 공간에서 콜베 신부의 존재가 알려진 것은 교황에 이어 테레사 수녀가 나가사키를 방문하고, 콜베가 성인으로 시성된 1982년 이후의 일일 것이다.

콜베 신부의 반유대주의를 지워버리다

나가사키는 이처럼 순교 성인 콜베의 기억을 환기시키는 데 결정적인 역할을 했다. 그러나 콜베 신부의 삶에서 반유대주의의 기억을 지워버린 것도 사실이다. 나가사키가 일부러 망각한 것인지 아닌지는 알 길이 없지만, 지구적 기억 공간에서는 콜베 신부의 반유대주의가 문제로 불거졌다. 발단은 1971년 콜베 신부가 '복자'로 시복된 직후, 폴란드의 자유주의적인 가톨릭 주간지 《주간 보편(Tygodnik Powszechny)》에 얀 유제프 립스키(Jan Józef Lipski)가 보낸 독자 편지였다. 립스키는 폴란드의 유대계 사회주의자이자 반체제 인사로, 콜베 신부가 창간하고 편집을 주관했던 가톨릭 신문 《작은 신문(Mały Dziennik)》의 논설들이 극단적인 반유대주의로 기울었음을 지적했다. 콜베 신부의 시복을 추진한 가톨릭 교회의 반박처럼, 당대의 관점에서 보면 콜베 신부의 반유대주의가 온건했다는 해석도 가능하다. 실제로 콜베 신부는 유대인에 대한 증오를 부추기는 대신 폴란드인들에게 스스로 산업과 장사에 힘쓸 것을 당부하고, 유대인을 가톨릭으로 개종시키는 데 관심을 가졌다. 그럼에도 신문의 논조가 반유대주의로 흐른 것은 폴란드의 극우 인사들이라고 할 수 있는 급진 민족주의 진영(Obóz Narodowo-Radykalny, ONR)의 인물들이 편집진에 참여했기 때문이다. 그런 만큼 이것을 오로지 콜베 신부의 책임으로 돌릴 수만은 없다. 이 '급진 민족주의 진영'은 폴란드 독립 100주년인 2018년 11월 11일 바르샤바 등 폴란드의 대도시에서 유럽 극우파들과 연대하여 대규모 반이민·반이슬람 인종주의적 시위를 조직함으로써 전간기 반유대주의와의 역사적 연속성을 과시했다.

콜베 신부의 반유대주의에 대한 논쟁은 이후 잠잠해졌다가 1982년 콜베 신부가 성인으로 시성된 후 다시 빈과 뉴욕 등의 신문과 서평 잡지에서 불거졌다. 여기서 이 논쟁에 대해 상세하게 언급할 생각은 없다. 문제는 나가사키의 피폭에 대한 기억 문화가 콜베를 둘러싼 반유대주의 논란을 망각한 채 그를 아우슈비츠에서 사랑의 기적을 행한 성인으로만 기억하는 데 안주함으로써, 콜베의 순교를 탈역사화하고 탈맥락화한다는 점이다. 콜베 신부의 순교 현장인 아우슈비츠 블록 11호 건물의 앞마당에 세워진 십자가를 두고 벌어진 가톨릭계와 유대계의 대립은 십자가와 콜베 신부가 상기시키는 반유대주의의 역사적 맥락 안에서만 온전히 이해할 수 있다. 콜베 신부에 대한 나가사키의 탈역사화된 기억이 침략과 가해의 기억에는 눈을 감고 세계에서 유일한 원폭 피해국임을 강조하는 일본의 원폭을 둘러싼 기억과 같은 논리구조를 공유하고 있어 흥미롭다.

하나 더 덧붙이면, '세계 유일의 피폭국'이라는 이유로 반핵 평화운동의 종주국임을 자처하는 일본이 정작 핵무기의 완전한 폐기와 개발 금지를 추구하는 UN의 '핵무기 금지 조약(Treaty on the Prohibition of Nuclear Weapons, TPNW)'에는 서명하지 않았다는 점이다. 한국과 북한, 일본 모두 2017년 7월 7일 조약의 채택을 결정하는 UN 총회에서 투표에 불참함으로써 그동안 동아시아에서 전개된 반핵 평화운동의 속내를 들켜버렸다. 나가사키에서 접합된 가톨릭 순교와 박해-아우슈비츠 강제수용소-원폭 희생자의 기억이 석연치 않은 데는 이런 이유가 있었기 때문이다. 고베 앞바다 아와지섬(淡路島)에 안도 다다오(安藤忠雄)가 설계한 고급 리조트의 로비에서 뜬금없이 안네 프랑크 사진전 포스터를 마주쳤을 때 서걱거리던 느낌과 맞닿아 있다. 홀로코스트 희생자인 안네 프랑크와 아우슈비츠의 순교자인 콜베 신부에 대한 일본 사회의 맥락을 벗어난 과도한 관심은 일본의 원폭 희생자들에 대한 억제된 자기 연민의 한 표현인지도 모르겠다.

4부

살아남은 자의 무게

1. 경계의 기억, 기억의 경계인

조선인 가해자들?

안동원은 대한민국 정부가 수립된 직후 기독교청년회(YMCA)의 후원으로 세계 일주 여행을 떠났다. 태극서관에서 발간한 《세계일주기-붕정십만리(鵬程十萬里)》(1949)가 바로 그 여행 기록이다. 당시로서는 보기 드문 이 여행기에는 그가 런던에서 뜻밖의 봉변을 당한 일이 나와 있다. 한 영국인이 "유, 코리안?" 하고 묻기에 그렇다고 했더니 다짜고짜 "빠가야로, 빠가야로" 하면서 때릴 듯이 달려들더라는 것이다. 자신은 '쨉(일본인)'이 아니라 한국인이라고 항변했지만, 그 영국인은 한국 놈이 더 나쁘다며 막무가내였다. 알고 보니 그는 일본군이 싱가포르를 함락할 당시 사로잡혀 포로수용소에서 3년을 보낸 영국군 포로 출신이었다. 포로수용소에서 굶주림과 학대, 비인간적 처우를 당했던 그의 기억은 일본군에 배속된 식민지 조선인 군무원들에 대한 분노와 결합되어 있었다. 영국군 포로들이 수용소에서 늘 마주치던 상대는 일본군 지휘부가 아니라 현장의 조선인 간수들이었기 때문이다. 안동원은 이제 식민지 조선인이 아닌 해방된 독립국가 대한민국의 당당한 국민이었건만, 그 영국인의 기억 속에서 한국인은 일본 제국의 신민이라는 굴레에서 벗어날 수 없는 존재였던 것이다. 안동원은 일제에 충성을 해도 "그렇게까지 하여서" 조선 사람들에 대한 "적개심을 일으키도록 한 그 병정 놈들이 미웠다"라고 적고 있다.

훗날 서울여대를 세운 고황경도 1947년에 미 군정 부녀국장으로서 뉴델리에서 열린 범아시아대회에 참가했다가 비슷한 경험을 했다. 호텔 로비에 앉아 있는 고황경에게 말레이 대표 한 사람이 다가오더니 일본군이 말레이를 점령했을 때 조선인 병사가 자기 가족을 고문했다는 등 일본 주둔군에 배속된 조선인들의 잔혹한 행동에 대해 항의했던 것이다. 고황경은 적개심에 더해 경멸감을 감추지 않는 말레이 대표에게 어떤 식으로든 해명하지 않을 수 없었다. 살아남기 위해 일본인 병사보다 더 충성하고 명령 수행에 적극적일 수밖에 없었던 식민지 조선인 병사들의 안타까운 처지를 설명했지만, 말레이 대표가 수긍했는지는 의문이다. 고황경은 당시 감전된 것처럼 '찌르르'한 느낌을 받았다고 술회한다.

조선인들이 일본 제국주의의 가장 큰 희생자였다는 신생 대한민국의 공식 기억은, 식민지 조선 출신 병사나 군무원 들이 일본군보다 더 고약했다는 아시아 이웃들의 풀뿌리 기억 앞에서 이렇게 가면이 벗겨졌다. 영화 〈콰이강의 다리〉(1957)로 유명해진 타이-미얀마 철도 부설사업에도 식민지 조선인들은 어김없이 모습을 드러냈다. 가혹한 작업 환경 탓에 노역에 동원된 연합군 포로들은 4명에 1명꼴로 죽어갔다. 이와 관련해 '전쟁포로 처우에 관한 제네바 협약'을 위반한 책임을 묻는 연합국의 전범재판에서 모두 120명이 전범으로 기소되어 111명이 유죄 판결을 받

일본군 타이-미얀마 철도 부설사업에 강제 동원된 연합군 포로들의 모습. 일본 제국의 여러 식민지에 전쟁포로들을 감시·관리하는 군무원으로 동원된 식민지 조선인들은 전쟁이 끝난 후 B·C급 전범으로 기소되어 유죄 판결을 받았다. 그러나 한국의 공식 기억은 이들을 전범이 아닌 일본 제국주의의 희생자로 자리매김하려 한다. 식민지 조선인이라는 이유만으로 이들의 행위를 합리화할 수 있을까? 〈출처:크리에이티브 커먼즈〉

고 그중 32명이 사형 선고를 받았다. 기소된 자들 가운데 조선인 군무원은 35명이었는데, 그중 33명이 유죄 판결을 받았다. 사형 선고를 받은 조선인은 13명이었고, 9명이 결국 사형에 처해졌다. 타이-미얀마 철도 부설사업의 강제 노역과 관련해 전범으로 처리된 식민지 조선인은 세 명 가운데 한 명꼴이었고, 이는 일본인 다음으로 높은 비율이었다. 전쟁 직후 열린 아시아·태평양전쟁 관련 B·C급 전범재판의 유죄 선고 가운데 4분의 1이 수용소 관계자였다는 사실에 비추어보아도 조선인 군무원의 비율은 꽤 높다.

그런데 2006년 11월 '일제강점하 강제동원피해 진상규명위원회'에 신고 접수된 조선인 B·C급 전범 86명 가운데 83명이 '일본의 전쟁 책임 전가행위에 따른 피해자'로 위원회로부터 인정을 받음으로써, 한국 사회의 공식 기억에서 이들은 일본 제국주의의 희생자가 되었다. 전범으로 몰려 처벌받은 조선인 군무원들을 단지 조선인이라는 이유만으로 일본 제국주의의 희생자로 기억하려는 한국 사회 공식 기억의 논리는 자기방어적이다. 이 논리는 예드바브네의 학살자였던 라우단스키(Laudański) 형제의 자기방어 논리와 놀라울 정도로 유사하다. 1941년 7월 나치에 점령된 폴란드의 예드바브네에서 유대인 이웃들을 학살한 형제가 학살에 가담한 사실을 인정하면서도 자신들은 역사의 희생자라고 강변했다. 자신들 역시 나치와 소련의 이중 점령으로 고통받은 폴란드 민족의 일원이기 때문이라는 논리였다. 이처럼 나치의 유대인 학살을 도운 공범자나 협력자 들이 스탈린주의 테러의 희생자였다는 점을 강조하는 모습은 우크라이나, 발트 3국, 헝가리, 발칸반도 등 곳곳에서 발견된다.

개별 가해자가 민족의 이름으로 희생자 집단에 숨어 희생자로 둔갑하는 기억의 마술은 위험한 속임수다. 식민지 피지배 민족 혹은 피점령 국가의 일원이었다는 이유로 개인의 반인도적 범죄행위에 면죄부를 줄 수는 없다. 만약 그럴 수 있다고 생각한다면 그런 사고방식은 거꾸로 된 반유대주의나 다름없다. 개별 행위의 잘잘못에 상관없이 유대인이므로 유죄라는 발상의 극단이 바로 홀로코스트였다는 점에서, 국적이나 민족을 기준으로 가해자와 희생자를 나누는 기억의 코드는 위험천만하다. 강제로 동원되었다고는 하지만, 일본군 '육군 특별지원병제도'에 지원한 조선인 경쟁률이 1938년 7.3 대 1에서 1942년 62.4 대 1, 1943년 48.1 대 1로 치솟았다는 사실은 시사하는 바가 크다. 지원병으로 나갔다 돌아오면 순사나 면사무소 서기가 될 수 있다는 희망으로 제국의 제도를 타고 넘으려 했던 식민지 조선의 가난한 청년들에게 '친일파' 딱지를 붙이자는 게 아니다. 조선인 군무원이든 지원병이든 개개인의 가학행위를 따지지 않고 어쨌든 식민지 조선인이므로 그들도 모두 피해자였다는 주장이 문제라는 것이다. 그들을 모두 친일행위자로 몰거나 반대로 피해자로 뭉뚱 그리는 양극단은 모두 풀뿌리 기억에 대한 공식적 기억의 폭력이다. 민족, 계급, 인종, 젠더, 세대 등 무엇에 기초했든 특정한 이념을 지향하는 공적 기억은 풀뿌리 기억을 향해 기억의 폭력을 행사하기 쉽다.

탈영토화된 기억과 기억의 경계인들

실제로 자신에게 적대적인 외부 세계와 맞닥뜨려 꾸불꾸불 살아가는 역사적 행위자들의 구체적 삶은 추상적인 이념의 잣대로 잴 수 없는 변화무쌍한 것이다. 헤게모니적 기억의 영토 안에 갇히지 않고 '탈영토화'된 기억의 경계인으로 살아온 역사의 하위 주체들에 관한 풀뿌리 기억이 소중한 것도 이 때문이다. 조선인 군무원으로 일본군에 복무했다가 인도네시아 민족해방군에 가담하고, 결국 네덜란드군에 사로잡혀 총살당한 양칠성은 기억의 경계인이 어떤 존재인지를 잘 보여준다. 식민지 조선인, 일본군 군무원이자 친일협력자, 일본군 전범, 인도네시아 민족해방군, 네덜란드군의 사형수 포로로 이어진 그의 굴곡진 삶은 결코 어느 한 가지 영토화된 기억의 틀 안에 가두어둘 수 없다. 자바섬의 외딴 시골 가룻(Garut)의 인도네시아 독립영웅묘지에 묻혀 있는 양칠성은 제2차 세계대전 이후 남북한과 일본, 네덜란드와 인도네시아를 넘나드는 기억의 경계인이었다.

비단 조선인 군무원들만이 아니라 타이완 군무원들 또한 제국에 등을 돌리고 인도네시아의 독립운동에 투신했다. 아시아 민족을 백인 제국주의의 쇠사슬에서 해방시킨다는 대동아공영권의 대의를 믿었던 일본군 패잔병들도 아크멧 수카르노(Achmed Sukarno)의 파르티잔을 따라 정글로 들어갔다. 영국 식민주의 군대의 첨병으로 인도네시아에 들어온 구르카(Gorkha) 병사들도 더러 인도네시아 민족해방군에 가담했다. 더 멀리는 프랑스 제국에 반기를 든 노예혁명군을 진압하기 위해 아이티에 파견된 나폴레옹 휘하의 폴란드 여단 병사 일부가 제국 군대에 등을 돌리고 투생 루베르튀르(Toussaint L'ouverture)가 이끄는 노예혁명군에 가담한 기억도 있다. 러시아가 삼켜버린 조국 폴란드의 독립을 꿈꾸며 '적의 적'인 프랑스혁명군에 복무하다가, 멀리 카리브해 섬나라의 독립운동을 진압하는 반혁명군으로 동원된 폴란드 출신 병사들의 운명은 애잔하기 짝이 없다. 아이티의 생 도밍그(Saint Domingue)에 있는 폴란드 병사들의 묘지는 이 불운한 경계인들을 기리는 기억의 터이다.

가룻에 있는 양칠성의 무덤만큼이나 짠한 곳이 있다. 터키의 이스탄불

외곽에 있는 폴란드인 마을과 러시아 제국을 향해 복수를 꿈꾸다 타향에서 스러져간 폴란드 민족주의자들이 묻힌 이스탄불의 폴란드인 공동묘지가 그곳이다. 공동묘지에는 망명한 폴란드 귀족 안토니 알렉산데르 일린스키(Antoni Aleksander Iliński)의 묘지도 있다. 일린스키의 낭만적 혁명주의 역정은 실로 어지럽기 짝이 없지만 추적하다 보면 흥미롭다. 1814년 폴란드의 부유한 귀족 집안에서 태어난 그는 겨우 열여섯 살에 폴란드 민족이 러시아 제국에 맞서 일으킨 11월 봉기(1830)에 가담했다. 그리고 봉기가 실패하자 평생 돌아오지 못할 망명길에 올랐다. 떠돌던 그가 처음으로 닻을 내린 곳은 포르투갈의 국왕 페드로 1세 휘하의 폴란드 여단이었다. 이어 에스파냐 내전에 참전했다가 투우사로 잠깐 이름을 날리고는 홀연 이베리아반도를 떠났다. 그사이에 포르투갈과 에스파냐 군대에서만 무려 11개의 훈장을 받았다. 그 뒤 일린스키는 돌연 프랑스 군대에 들어가 알제리에서 에미르 압델카데르(Emir AbdelKader)의 반란을 진압하는 데 참가했다. 30여 년 전 '블랙 자코뱅'이 이끄는 아이티의 노예혁명군에 가담했던 그의 선배들과는 다른 선택이었다. 이후 잠시 사라졌던 그는 러시아가 아프가니스탄 서부의 작은 도시 헤라트(Herat)를 포위 공격하던 1836년 바로 그 현장에 나타났다가 다시 자취를 감춘다. 일린스키가 다시 모습을 드러낸 것은 1839년 중국 광둥(廣東)에서였다. 그다음 해 발발한 제1차 아편전쟁과 관련이 있으리라 추측되지만, 그 이상의 자료는 없다. 이어서 제1차 시크(Sikh)전쟁이 일어난 1845년 말에 영국의 동인도회사 편에 서서 싸웠다는 기록이 나온다.

그가 다시 기록에 등장하는 것은 1848년 헝가리혁명 때의 일이다. 당시 그는 유제프 벰(Józef Bem) 장군이 이끄는 독립혁명군에 가담해 헝가리 평원에서 싸웠다. 테메슈바르(Temesvár) 전투에서 타던 말이 세 마리나 죽어 나갈 정도의 격전을 치르면서도 맨 마지막으로 전쟁터를 떠났다는 전설을 남기고 일린스키는 또 기록에서 사라진다. 일린스키가 또다시 기록에 등장하는 것은 이슬람으로 개종한 이후의 일이다. 쿠르디스탄(Kurdistan)의 봉기를 진압한 오스만튀르크의 오마르 파샤(Omar Pasha) 휘하 포병대의 소령 메흐메트 이스켄데르 베이(Mehmet İskender Bey)가 바로 일린스키다. 1851년에 오마르 파샤 휘하에서 보스니아의 반란을 진압했고, 크림전쟁(1853~1856) 때에는 러시아군에 맞서 혁혁한 공을 세웠다. 개인적으로는 20여 년 전의 11월 봉기에서 러시아 점령군에 패배한 빚을 어느 정도 갚은 셈이었다. 그 공을 인정받아 일린스키는 1855년 파샤(장군)로 승진했고, 1857년 바그다드 총독으로 임명된 오마르 파샤를 따라가 그 지역 부족들의 반란을 진압했다. 엔도르핀이 넘쳐나는 이 혁명가 싸움꾼은 1860년 이스탄불로 돌아와 그다음 해 영면했다.

1836년 아프가니스탄에서부터 1845년 시크전쟁의 무대였던 인도 펀자브(Punjab)를 거쳐 아편전쟁 시기 중국의 광둥, 크림반도에 이르기까지 일린스키의 변화무쌍한 행보를 설명할 수 있는 단 하나의 키워드는 '러시아'였다. 러시아 제국과 싸울 수 있다면 누구와 손을 잡든 어디서 싸우든 개의치 않았다. 심지어는 이슬람으로 개종하는 일도 서슴지 않았다. 이처럼 러시아에 대한 복수를 꿈꾸며 온갖 전장을 누비다가 결국 객지에서 숨을 거둔 폴란드 혁명가들이 바로 이스탄불에 있는 폴란드인 공동묘지의 주인공들이다. 유럽과 아시아의 경계를 수도 없이 넘나들며 온갖 제국과 피압박 민족에 번갈아가며 봉사했으니, 일린스키는 제국에 저항한 민족주의자였다고 볼 수만도, 그렇다고 피압박 민족을 착취한 제국주의자였다고 볼 수만도 없는 인물이다. 그에게 제국과 민족의 경계는 여기저기 구멍 뚫려 서로 삼투되는 공간이었던 것이다. 이스탄불 외곽에 위치해 이국적인 풍경으로 관광객을 부르는 폴란드인 마을은 바로 이 경계에 있다.

경계를 넘나드는 기억의 조각들

동아시아의 기억 공간으로 다시 관심을 좁히면, 프로레슬러 역도산(力道山, 리키도잔)이 기억의 경계인으로 단연 돋보인다. 역도산은 해방 이후 남한과 북한 그리고 전후 일본 모두가 호의적으로 기억하는 극히 예외적인 인물이다. 패전국 일본에서는 승전국 미국의 거한들을 당수로 쓰러트려 링 안에서 통쾌하게 제2차 세계대전의 패배를 설욕한 국가적 자존심의 상징으로, 남북한 양측에서는 식민지 시대에 일본으로 건너가 세계 레슬링을 제패한 민족의 영웅으로 기억되고 있다. 미국과 일본, 남한과 북한을 가로지르는 역도산에 대한 트랜스내셔널한 기억은 동아시아 현대사의 흥미로운 장면이다. 설경구가 열연한 영화 〈역도산〉(2004)이 보여주는 에피소드들도 예사롭지 않다. 동양의 전통적인 강장제를 권하는 야쿠자 두목에게 "나는 서양제 비타민만 먹는다"고 말하는 역도산의 모습은 식민지적 근대의 양면성을 통렬하게 드러낸다. '양놈'에게 이기기 위해 양약을 먹는 역설은 20세기 내내 주변부 민족주의가 고민했던 문제다. 양놈의 나라 미국에 가서 양놈들에게 레슬링을 배워 양놈들의 비타민을 먹고 양놈들을 혼내주는 역도산과 그에 환호하는 일본 관중은 식민주의를 넘어서면서 내재화하는 포스트식민성의 역설이다.

호남의 타고난 씨름꾼으로 일본에 가서 역도산에게 서양식 레슬링을 배우고 일본의 반칙왕들을 혼내주는 김일과 그의 박치기에 환호했던 남한의 내 또래 어린 레슬링 팬들은 그 포스트식민성의 역설을 체화한 세대였다. 그 역설은 태평양과 현해탄을 넘나드는 트랜스내셔널한 기억 공간에서 연쇄적으로 작동하고 있었다. 소학교 교사, 만주국 육군군관학교 학생, 일본 육사 생도, 일본군 장교, 남로당 당원을 거쳐 정치적 반공주의와 경제적 스탈린주의를 묘하게 결합한 박정희의 역정도 포스트식민성의 복합성을 잘 드러내주는 징표가 아닌가 한다. 기회주의자라고 차치해버리면 간단하겠지만, 그럴 경우 그 이상의 물음이 봉쇄되고 사유는 정지된다. 기회주의의 전형처럼 보이는 박정희의 이 극변하는 행보는 서로 다른 20세기 근대화의 길이 박정희라는 한 인물에게서 모순되게 뒤엉킨 결과로 보인다. 김정일 국방위원장이 야당 정치인으로서 북한을 방문한 박근혜 의원에게 새마을운동과 박정희식 개발독재에 대해 각별한 관심을 표하고, 정주영 현대그룹 명예회장에게 새마을운동의 성공을 이야기한 대목도 예사롭지는 않다. 사회주의 대 자본주의라는 냉전의 이분법으로는 이념의 경계를 넘나드는 현실을 포착할 수 없다. 권력을 쥐고 헤게모니적 공식 기억을 만들어내는 이들의 입에서 부지불식간에 불쑥불쑥 튀어나오는 기억들, 경계를 넘나드는 그 기억의 조각들은 풀뿌리 기억이 가지고 있는 질긴 생명력을 보여주는 것이 아닐까?

2. 수난담의 기억 정치

역사적 상상력과 기억

내 서가의 한 귀퉁이에는 귄터 그라스의《게걸음으로 가다(Im Krebsgang)》와 요코 왓킨스의《요코 이야기》가 나란히 꽂혀 있다. 기억에 대한 글을 쓰면서 두 책을 비교하는 경우가 종종 있다 보니, 독일과 일본에 관한 이야기들이 한데 놓인 것이다. 실화에 바탕을 둔 두 소설은 같으면서 다르고, 다르면서 같다. 제2차 세계대전이 끝난 후 나치 독일과 제국 일본의 민간인 추방자와 귀환자는 각각 1,200만 명과 320만 명에 달했다. 규모도 압도적인 데다 당사자들의 기억 또한 생생하지만, 이들은 제2차 세계대전과 관련된 공식 기억에서는 상대적으로 관심 밖에 있다. 가해국인 나치 독일과 제국 일본의 희생자들을 어떻게 다루어야 할지 난감했을 것이다. '악당'이라는 고정관념이 너무 강해서 '나치 독일인 희생자'나 '제국 일본인 희생자'라는 말 자체가 형용모순처럼 느껴졌는지도 모르겠다. 그러나 나치가 홀로코스트라는 반인도적 범죄를 저질렀다고 해서 모든 독일인이 악당일 수는 없다. 억울한 죽음이 없는 것도 아니다. 일본의 황국 신민이라고 해서 미군의 선전매체들이 그린 것처럼 모두 '옆으로 째진 날카로운 눈'을 번뜩이며 무차별 살상을 일삼은 것도 아니다.

전쟁이라는 극한 상황은 연합국이든 추축국이든 가리지 않고 무고한 희생자를 적지 않게 낳았다. 그러니 제2차 세계대전이라는 역사의 무대에서 악역을 도맡은 나치 독일과 제국 일본에도 희생자가 많았다는 이야기는 별반 새삼스러울 게 없다. 《게걸음으로 가다》와 《요코 이야기》도 모두 그런 이야기이다. 그런데 두 소설이 그리는 기억의 정치적 지형도는 천양지차이다. 두 작가가 지향하는 거대 담론이나 이념이 크게 달라서가 아니다. 한 사람은 역사를 왜곡하고 다른 한 사람은 역사적 진실만 추구하기 때문도 아니다. 얼핏 보면 눈치채지도 못할 만큼 미묘한 시각 차이가 있을 뿐이다. 그러나 잔뜩 예민해져 있는 기억의 회로를 거치고 나면 사소한 듯 보이는 이 차이가 극복할 수 없는 차이를 낳는다. 두 책을 갈라놓은 것은 역사적 감수성이었다. 귄터 그라스와 요코 왓킨스는 작가로서 가진 문학적 필치나 문장의 향기보다는 역사적 상상력과 자신의 기억을 문제화할 수 있는 비판적 감수성에서 큰 간격이 있었던 것이다. 두 소설의 내용을 구체적으로 살펴보면 문제의 핵심이 더 명료하게 드러난다.

《요코 이야기》의 탈역사성

《요코 이야기》에는 1945년 일본의 패전 당시 11세 소녀였던 작가와 그 가족이 한반도 북부의 나남에서 일본으로 귀환하면서 겪은 생명의 위협, 굶주림, 성폭행의 공포 등 참혹한 생존의 경험이 잘 녹아 있다. 작가는 당시 일본인 귀환자들이 겪어야 했던 고통을 어린아이들도 이해할 수 있도록 쉬운 언어로 생생하게 그렸다. 행복했던 '자아'가 일본으로 돌아와 정착하는 과정에서 무수한 시련을 겪지만, 오히려 그 시련을 통해 성장하며 결국 적절한 보상을 받는다는, 영웅전 같은 단순한 서사구조 덕분에 어린아이들에게 더 호소력을 지닐 수도 있겠다. 1986년 미국에서 '대나무숲 저 멀리(So Far from the Bamboo Grove)'라는 제목으로 처음 간행된 이 책은 2005년 4월 한국에서 '요코 이야기'라는 제목으로 번역·발간되었다. 당시 한국에서는 큰 반응도 비판도 없었다. "1945년 일제가 패망할 당시 한반도 북단 나남에서부터 …… 일본까지 험난한 피란길에 오른 일본인 일가의 이야기를 어린 소녀의 눈으로 그린 자전적 소설" 혹은 "국적을 잠시만 잊는다면, 전쟁이 한 가족의 삶을 어떻게 고난에 빠뜨리는지 담담하게 묘사한 성장소설"이라는 당시의 일간지 서평에서는 미온적이나마 호의마저 느껴진다.

그런데 2007년 1월 이 책은 한국 언론에서 갑자기 비판의 도마 위에 올랐다. 진보와 보수를 막론하고 언론들은 "얼빠진 한국, 일본마저 거부한 《요코 이야기》 출간", "일 전범 딸이 쓴 엉터리 조선 회상기", "미국도 속은 일본판 안네의 일기", "《요코 이야기》 왜곡투성이" 등의 자극적인 기사를 쏟아냈다. 기사 제목에서 보듯이, 이 책이 역사를 왜곡하고 있다는 것이 핵심이었다. 2년도 채 안 되는 사이에 이토록 급작스럽게 바뀐 한국 언론의 태도가 의아하기도 하고 당혹스럽기 짝이 없었다. 궁금증을 참지 못해 그 연원을 추적해보니, 급변의 이면에는 태평양 너머 한국계 미국인들의 '원거리 민족주의'가 작동하고 있었다. 뉴욕과 보스턴 등지의 한국계 미국인들이 제기한 문제의 핵심은 이 책이 식민주의와 전쟁의 피해자인 한국인을 가해자로 묘사하고, 가해자인 일본인은 피해자로 묘사하고 있다는 점이다. 동아시아의 역사에 무지한 미국 학생들에게 가해자와 피해자가 뒤바뀐 채 각인될 수 있다는 그들의 항의는 미국적 맥락에서 일리가 있는 것으로 보인다. 실제로 한국계 미국인의 분노가 조직화된 것도 자기 아이들이 같은 반 아이들에게 못된 한국인의 후예라고 따돌림을 당한 때문이었다.

이는 우선 서구 중심으로 편제된 미국의 역사 교육이 안고 있는 문제다. 미국의 청소년들에게 20세기 동아시아사에 대한 초보적인 지식만 있었어도 그런 일은 벌어지지 않았을 것이다. 그러나 《요코 이야기》 자체도 문제를 안고 있다. 책에는 요코 자신과 가족이 겪은 고통만 있을 뿐 일본 식민주의의 역사적·도덕적 부당성이나 일본군이 저지른 범죄와 잔학행위에 대한 언급은 없다. 미안한 말이지만, 이 책의 저자에게는 역사적 감수성이 전혀 없다. 그 결과 요코의 기억에서 역사적 맥락은 제거된 채, '히키아게샤(引揚者)'로 총칭되는 일본인 피란민의 고통과 희생만 일방적으로 강조되기에 이른다. 그렇다고 이 책을 거짓투성이라고 단정해버려서는 곤란하다. 어린 소녀의 입장에서 가해와 희생을 이분법적으로 대립시키는 저자의 단순하고 몰역사적인 시각을 지적하는 것과 책의 내용이 거짓이라는 것은 다른 이야기이다.

과장과 거짓의 경계

일본 정부의 추계에 따르면, 만주와 한반도 북부 등에서 소련군에 투항한 일본 군인과 민간인의 수는 약 130만 명에 이른다. 1945년 패전 직후부터 1949년까지 약 4년 동안 100만 명가량은 일본으로 돌아왔으나 나머지 30만 명의 행방은 알 길이 없다. 대부분 사망했을 것으로 추정된다. 1945년 겨울 만주 지역에서만 일본 군인과 민간인 약 10만 명이 기아와 추위, 전염병으로 사망했다. 전쟁의 희생자들이 대개 그렇듯이, 일본의 경우도 민간인 희생자는 대부분 노인과 여성 그리고 어린아이들이었다는 점에서는 의심의 여지가 없다. 제2차 세계대전을 통틀어 징병과 강제 노동, 피폭 등으로 사망한 조선인이 약 7만 명임을 고려하면, 동북아시아에서 희생된 일본인의 수는 결코 무시할 만한 게 아니다. 요코의 기억이 단순하게 개인적 고난을 역사와 분리시켜 강조하고 있는 것은 사실이지만, 그녀의 고난을 순전한 거짓말로 치부해서는 곤란한 것이다.

그런데 진보든 보수든 한국 사회의 독법은 요코의 고통을 아예 부정하려는 듯하다. 요코의 아버지가 생체실험 등으로 악명 높은 관동군 731부대의 장교였다는 마타도어를 넘어서 아예 《요코 이야기》를 역사를 왜곡한 거짓말로 몰고 간다. 나남에는 대나무가 자라지 않는다거나, B-29기의 폭격은 있지도 않았고, 요코 일가가 피란 갈 당시에는 북한 지역에 아직 '공산군'이 조직되지 않았다는 '사실'이 요코의 기억을 거짓으로 모는 근거로 제시된다. 실증주의의 메스로 증언의 부정확성을 해부하고 부정확성을 근거로 증언 자체를 거짓말로 몰고 가는 이 논리는 일본 우익의 '위안부' 부정론과 매우 유사하다. '위안부' 피해자들의 흐릿하고 자의적인 기억을 사실로 인정할 수 없으며, 증언을 뒷받침하는 공문서가 없다는 이유로 '위안부'의 역사를 말소해버리려는 일본 우익의 논리 역시 실증주의를 무기로 삼고 있다. 이런 논리는 이미 홀로코스트 부정론에서부터 발견된다. 공식 문서와 아카이브를 가진 가해자가 증언밖에 가진 것 없는 하위계층 희생자의 기억을 지워버리는 무기로는 '문서의 실증'만한 것이 없다.

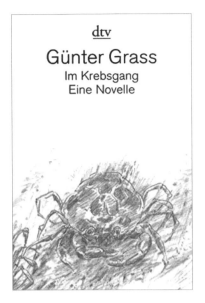
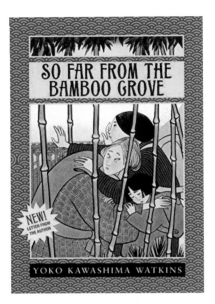

《게걸음으로 가다》(왼쪽)와 《요코 이야기》(오른쪽) 표지. 《요코 이야기》가 일본의 가해와 침략의 기억은 잊은 채 단순히 일본인의 희생을 강조했다면, 《게걸음으로 가다》는 독일인의 희생을 이야기하면서도 가해와 피해가 복합적으로 교차하는 기억의 터를 제공했다.

인식론의 문제를 떠나서 한국 언론이 《요코 이야기》에 과민한 반응을 보인 것은 '일본=가해자' 대 '한국=희생자'라는 이분법이 흔들리는 상황에 당혹했기 때문이 아닌가 싶다. 책에 그려진 '가해자 한국인'이라는 이미지가 '희생자의식 민족주의'의 역사적 정당성을 저해하는 데 대한 불편함도 있었을 것이다. 이 책은 어린 소녀의 개인적 경험을 자의적으로 재구성한 것에 불과하다며 기억의 신뢰성을 의심하고 음해성 소문까지 마다하지 않으면서 요코의 가해자적 위치를 강조하는 것도 같은 맥락에서 이해된다. 한국의 희생자의식 민족주의가 보여준 과잉반응은 의도치 않은 결과를 낳기도 했다. 《요코 이야기》가 '한국 때리기'에 맛들인 일본의 우익 출판사에서 일본어로 번역·발간된 것이다. 결국 한국의 희생자의식 민족주의가 일본 사회에서 히키아게샤 이야기(引揚者物語)의 풍요로운 문학적 유산에 가려 아무런 존재감이 없던 《요코 이야기》를 부각시킨 것이다. 동아시아의 기억 공간에서 작동하는 한일 민족주의의 적대적 공범관계가 이렇게 그 비밀을 슬그머니 드러냈다.

가해와 피해가 중첩되다

독일의 노벨상 수상 작가 귄터 그라스의 《게걸음으로 가다》는 빌헬름 구스틀로프(Wilhelm Gustloff)호의 비극을 다루고 있다. 이 배는 1945년 1월 30일, 1만여 명의 독일인 피란민을 태우고 동프로이센의 고텐하펜(Gotenhafen, 현재 폴란드의 그디니아Gdynia) 항구를 출발한 직후 소련 잠수함의 어뢰에 격침됐다. 4,000여 명의 어린이를 포함한 민간인 승객 대부분이 발트해의 차가운 바다 속에 수장된 이 비극적 사건은 1959년 서독에서 영화로 만들어지기도 했다. 이때만 해도 구스틀로프호의 비극은 서독에 정착한 독일인 피란민들이 소련 공산군의 복수에 얼마나 고통받았는지 생생히 증언하는 사건 가운데 하나였다. 그러나 1960년대 말 이후 가해자 나치 독일에 대한 독일인 스스로의 비판과 성찰이 분단 당시 서독 사회의 기억 문화를 지배하게 되면서, 독일인을 희생자로 자리매김해온 이 사건은 서독인들의 기억에서도 지워졌다. 동유럽과의 역사적 화해를 추구한 빌리 브란트(Willy Brandt) 수상의 '동방 정책(Ostpolitik)'이 망각을 부추긴 면도 있다. 홀로코스트의 기억에 가려 은닉되어 있던 이 비극은 1990년 독일 통일과 소련의 붕괴로 정치적 환경이 급변하면서 다시 공적 영역의 표면에 등장한다.

탈냉전체제가 구축되자 제2차 세계대전에 대한 기억도 냉전의 이데올로기에서 해방되어 새로운 기억구성체를 형성한다. 특히 동유럽 국가들의 유럽연합 가입을 계기로 이들의 기억이 유럽의 기억구성체에 대거 편입되기 시작하면서 유럽의 기억도 재편될 수밖에 없었다. 이 과정에서 스탈린주의 테러의 희생자들을 어떻게 기억할 것인가 하는 문제가 기억구성체를 재편하는 동력이 되었다. 소련군의 어뢰 공격으로 침몰된 구스틀로프호의 비극도 덩달아 주목받게 되었는데, 우파 인사들이 그 기억을 주도했다. 옛 동독 지역에서 고개를 든 네오나치 그룹도 적극적이었다. 이에 대해 귄터 그라스는 독일인의 죄가 너무 크다는 이유로 그들이 겪은 고통마저 외면해서는 안 된다고 주장했다. 특히 좌파가 홀로코스트에 대한 죄의식에 사로잡힌 나머지 침묵으로 일관하면서 그 고통을 어떻게 기억할 것인가 하는 중차대한 문제를 우파에게 일임해서는 안 된다고 목소리를 높였다. 좌파의 목소리가 더해질 때에만 균형 잡힌 기억이 가능하다는 게 그라스의 생각이었다. 그라스는 이 비극을 사회적 기억에서 지워버리거나 반대로 독일 중심으로 절대화는 대신 역사의 맥락 속에 놓고 비판적으로 기억하기를 바라지 않았나 싶다.

2002년에 출간된 이 소설이 독일 사회에서 피해자로서 독일인에 대한 활발한 논의를 불러일으킨 것은 분명하다. 독일 지식인 사회의 양심을 대변하는 그라스의 작가적 존재감이 논의를 추동하는 데 큰 역할을 했을 것이다. 그래서인지 네오나치가 아닌 귄터 그라스가 발화자라는 사실에 당황한 일부 좌파 평론가들은 이 작품이 나치즘을 정당화하는 논리로 귀결될 수 있다고 비판했다. 그러나 차가운 겨울 바다에 수장된 8,000여

명의 무고한 희생에 초점을 맞추었다고 해서 이 소설이 나치즘을 옹호하고 정당화한다고 이야기하기는 어렵다. 노련한 작가인 그라스는 이 배가 스위스 주재 나치 당조직의 최고 책임자였던 빌헬름 구스틀로프의 이름을 땄다거나, 취역한 후에는 주로 나치의 노동통제 정책의 하나였던 '기쁨을 통한 힘(Kraft durch Freude, KDF)' 프로그램에 동원된 선전도구였다거나, 에스파냐 내전이 끝나고 게르니카 폭격으로 악명 높은 콘도르 항공 여단을 본국으로 후송한 피 묻은 배였다거나, 침몰의 주된 희생자였던 동프로이센의 독일인들 사이에서 나치당 지지율이 월등하게 높았다는 등의 내용을 소설 곳곳에 배치하여 가해와 피해가 복합적으로 교차하는 기억의 터를 독자들에게 제공했다.

괄호 안에 묶인 희생

'유럽 역사상 최대 규모의 강제 이주'라고 평가되는 독일인 피란민 혹은 강제 추방자의 수는 적게는 1,100만 명, 많게는 1,400만 명에 달하는 것으로 추산된다. 그 가운데 200만 명이 강제 추방과 피란의 와중에 연합군의 폭격이나 공격, 기아와 전염병 등으로 죽음을 맞았다. 혹은 떠나기도 전에 형벌수용소 등에서 복수에 찬 슬라브인들의 테러와 린치에 목숨을 잃거나 즉결 처형된 사람도 있었다. 희생자 대부분은 노인이나 여성, 어린아이였다. 한 통계에 따르면 150만 명가량의 독일 여성이 주로 소련의 적군 병사들에게 강간당했다. 종전 직후 마땅한 수용시설이 없는 상황에서 나치 친위대 출신 포로와 민간인 일부는 나치가 점령지에 건설한 강제수용소에 수용되기도 했다. 폴란드 왐비노비체(Łambinowice)의 독

일인 형벌수용소가 40퍼센트 이상의 높은 사망률을 기록한 예가 말해주
듯이, 복수심에 불타는 동유럽의 사디스트들이 간수로 부임한 수용소에
서는 나치가 유대인에게 휘두른 것과 똑같은 폭력이 횡행했다. 그 뿐만
아니다. 슐레지엔 지역에 남은 독일인들은 팔에 하얀 완장을 차고 독일
인임을 드러내야만 했다. 하얀 완장이 다비드의 별을 대신한 것이다. 동
유럽의 피억압자들이 전후에는 자신들이 그렇게도 증오하던 '게슈타포',
'나치 친위대'로 불릴 정도로 똑같이 독일인을 박해했다는 역사적 아이
러니 앞에서는 그저 말문이 막힐 따름이다.

독일 피란민에게 가해진 폭력을 인지하고 그들의 고통을 이해한다고
해서 나치 독일의 반인도적 범죄가 정당화되는 것은 아니다. 1938년의
지방자치 선거에서 체코에 거주하던 독일인 유권자 90퍼센트가 나치 성
향의 수데텐 독일당(Sudeten Deutsche Partei)을 지지한 사실이 잘 보여주듯
이, 러시아인-폴란드인-체코인의 보복에 희생된 동유럽 독일인의 상당
수는 나치의 적극적 공범자 혹은 수동적 방관자였다. 독일인 피란민의
희생을 아무리 강조해도, 그것은 유대인 학살이나 슬라브족 노예화 같은
나치의 범죄행위에 괄호로 묶인 희생일 뿐이다.

동독과 서독은 괄호 속에 묶인 희생의 기억을 의도적으로 억압한 측면
이 있다. 동독은 사회주의 형제국인 폴란드와 체코를 고려해야 했고, 서
독은 콘라트 아데나워(Konrad Adenauer)의 서유럽 통합 우선 정책이나 빌
리 브란트의 동방 정책을 앞세워야 했기 때문이다. 물론 전쟁 직후에는
러시아에 억류된 독일군 포로들을 위해 소련을 자극하지 않으려는 의도
도 있었다. 무엇보다 중요한 것은 전후 독일 사회의 기억이 냉전체제에
포박되어 정치 논리에 휘둘렸다는 점이다. 그 결과 서독과 동독의 집단
적 기억은 다른 모습을 할 수밖에 없었다. 서독은 동유럽의 사회주의 정

권이 가한 폭력에 방점을 찍었다. 특히 소련 적군이 독일인 피란민에게 살인과 강간, 약탈을 자행한 사실을 부각시켰다. 그것은 '슬라브인은 인간 이하의 아시아 유목민'이라는 파울 요제프 괴벨스의 시선을 냉전의 논리에 따라 재구성한 것이기도 했다. 이로써 동부전선에서 나치 독일의 침략 전쟁에 적극적으로 동조한 독일 여성에 대한 기억은 공산주의의 폭력에 희생된 독일 여성에 대한 기억으로 대체되었다. 또한 추방자 동맹 같은 독일 피란민 조직은 자신들의 고통과 희생을 강조하는 일에 '절멸수용소', '제노사이드' 같은 홀로코스트를 상징하는 용어를 거리낌없이 사용했다. 홀로코스트 희생자와 독일인 피란민 희생자를 등가로 취급한 것이다. 이들은 폴란드에 대한 복수를 공언하고 잃어버린 고향 땅이라며 옛 점령지에 대한 향수를 노골적으로 드러내는 것은 물론, 독일인 피란민의 역사적 희생에 무관심한 폴란드 정부를 '네오나치'라고 비난해 물의를 빚기도 했다. 반면 사회주의 형제국이자 영웅적인 해방자인 소련의 적군을 비판할 수 없었던 동독에서는 영국과 미국의 공군이 전쟁 말엽 드레스덴 등 전후 동독으로 편입된 도시들을 마구잡이로 폭격한 사실을 강조했다. 군사적 가치가 높지 않은 이 도시들을 마구잡이로 폭격한 것은 사회주의 독일의 건설을 막기 위한 영미 양국의 교묘한 음모였다는 것이다. 독일인이 연합국 공군이 저지른 범죄행위의 피해자였다는 담론은 동독의 사회적 기억을 떠받치는 한 기둥이었다. 놀랍게도 동독 인민의 희생을 홀로코스트와 동일시하는 경향도 감지된다.

서독과 동독 정부의 공식적인 희생 담론은 이렇듯 냉전의 논리에 편승하여 독일인의 희생을 괄호 속에 묶고 있는 나치의 잔학행위를 사실상 지워버리는 것이었다. 자신들의 희생을 탈역사화하고 탈맥락화했다는 점에서 냉전 시대 분단 독일의 기억은《요코 이야기》의 문법과 크게 다르지 않다. 중요한 것은 역사적 감수성이라는 면에서 《게걸음으로 가다》가 《요코 이야기》보다 낫다는 뻔한 결론이 아니라, 개인의 차원에서는 아무리 생생하고 진정한 기억이라 해도 탈역사화·탈맥락화된다면 언제든 정치적으로 조작되어 기억 전쟁의 도구로 전락할 수 있음을 분명히 자각해야 한다는 점이다.

3. 용서하는 자, 용서받는 자

누구를 향한 사과인가

기억의 역사에서도 용서는 생각보다 쉽지 않다. 가해자들이 용서를 구하기 위해 천근만근 무거운 입을 떼는 것부터가 어렵다. 어렵사리 입을 뗀다고 해도, 들릴 듯 말 듯 허공에 대고 속삭이는 걸 보면 진짜 용서를 구하는 건지 아닌지 판단하기가 어렵다. 또 대부분 본의가 아니었다거나 불가피한 상황이었다거나 왜곡되어 전해졌다는 식의 변명이 앞선다. 진정으로 잘못을 뉘우친다기보다는 상황에 떠밀려 어쩔 수 없이 사죄하는 척하는 게 아닌지 의심스러울 때가 많다.

2018년 대한항공의 조씨 자매가 기어들어 가는 목소리로 "심려를 끼쳐드려 진심으로 죄송하다"고 번갈아 사죄했을 때도 그랬다. 유체이탈 화법이라거나 사과의 주체가 분명치 않다는 지적도 일리가 있지만, 한국어는 주어를 생략하는 경우가 많으니 일단 본인들이 사과하는 것이라고 치자. 정작 문제는 이들이 누구에게 사과하는지 모르겠다는 점이다. 자신들이 언어적·신체적 폭력을 휘둘러서 상처를 입힌 비행기 사무장이나 광고회사 임직원에게 사과하는 것이 아니라 마치 대국민 사과를 하는 듯하다. 그런데 '국민의 한 사람'인 나는 그들의 사과를 받아들일 수도 용서할 수도 없다. 그들의 행태에 눈살이 찌푸려지기는 하지만, 그들이 사과할 정도로 나에게 잘못한 것이 없기 때문이다. 게다가 내게는 대한항공의 사무장이나 광고대행사 임직원을 대신해서 그들을 용서할 권한도 없다. 그러니 그들이 국민에게 사과하는 것은 아무 의미가 없다. 조씨 자매가 국민이라는 익명의 다수에게 용서를 구하는 것도 우습지만, 누군가 나서서 '다 같은 국민의 한 사람'으로서 그들을 용서해주겠다고 한다면 더 황당할 것이다. 그 누군가가 설혹 국민의 대표라 해도 결코 용서의 주체가 될 수는 없다. 그들의 사과는 단지 회사 안에서 자신들이 휘두르는 권력보다 더 큰 권력, '국민'이라는 이름으로 행사되는 공권력을 의식한 게 아닌가 하는 혐의가 짙다. 항상 자기보다 더 큰 권력을 무서워해야 한다는 힘의 논리에 익숙한 이 작은 권력자들은 이번에도 더 큰 권력에 머리를 숙였을 뿐이다. 그러니 사과도 용서도 서로 엇박자가 되어버린다. 대한항공의 조씨 자매는 처음부터 미디어와 국민이 아니라 자신들이 행패를 부린 그 개인들에게 용서를 구해야 했다. 피해자 개개인이 아니라 익명의 다수에게 사죄한 것은 자신들의 행패를 가능케 한 '힘의 논리', 무엇보다 그 권력 관계의 잠재적 폭력성에 본인들이 얼마나 무감각한지를 자백한 것에 지나지 않는다.

용서의 어려움

가해자가 적절하게 사과하고 용서를 구하는 것도 어렵지만, 피해자가 가해자를 용서하는 것도 결코 쉬운 일이 아니다. 바르샤바 출신의 유대교 랍비 아브라함 요수아 헤셸(Abraham Joshua Heschel)은 사과와 용서의 엇박자에 대해 흥미로운 일화를 들려준다. 유명한 학자이자 고매한 인격자로 알려진 한 랍비가 바르샤바에서 집으로 돌아가는 기차여행 중에 겪은 일이다.

랍비가 객실의 자기 자리에 앉자 벌써부터 카드놀이에 열중하고 있던 옆자리의 상인들이 같이 놀자고 권했다. 랍비는 카드놀이를 한 번도 해본 적이 없다며 정중히 사양하고 초연한 듯 앉아 있었다. 하지만 무리에 끼지 않는 랍비의 존재가 눈에 거슬렸던 한 명이 기어이 랍비의 멱살을 잡고 객실에서 그를 쫓아냈다. 쫓겨난 랍비는 복도에 선 채로 목적지까지 갈 수밖에 없었다. 하지만 객실에서 랍비에게 무례하게 굴었던 상인들은 목적지의 플랫폼에 내리자마자 당혹스러운 광경과 마주쳤다. 기차에서 내린 랍비를 알아본 많은 사람이 달려와 반기며 랍비에게 악수를 청하기 때문이었다. 그제야 자신이 객실에서 쫓아낸 옆자리의 승객이 브레스트-리토프스크(Brest-Litowsk, 현 벨라루스의 브레스트Brest)의 존경받는 랍비임을 알게 된 상인은 곧바로 자신이 한 짓을 용서해달라고 청했다. 그러나 랍비는 그를 용서해주지 않았다.

도무지 마음이 편치 않았던 상인은 그날 저녁 랍비의 집을 찾아가 300루블의 위로금을 내밀며 다시 용서를 청했다. 랍비의 대답은 간단했다. 그럴 수 없다는 것이었다. 랍비의 완강한 태도에 사람들은 모두 의아해했다. 그토록 고매한 인격의 소유자가 어찌 그만한 일로 토라져서 용서를 거부한단 말인가? 결국 랍비의 큰아들이 나섰다. 조심스러운 대화 끝에, 누군가 세 번 이상 용서를 간청하면 반드시 용서해주어야 한다는 용서의 율법이 아버지의 입에서 나오자, 그 틈을 타서 아들은 용서를 간청하던 상인의 이름을 꺼냈다. 용서의 율법에 따라 상인도 용서해야 하지 않겠냐고 물었다. 그러자 랍비는 이렇게 답했다. "나는 그를 용서하고 싶어도 용서할 수가 없다. 기차 안에서 그는 내가 누군지 몰랐다. 그러니까 그는 내가 아니라 어느 이름 없는 사람에게 죄를 지은 셈이지. 그러니 나 말고 그 이름 없는 사람을 찾아가 용서를 구하는 게 옳다."

아브라함 헤셸이 전한 이 일화는 누구도 자기 자신이 아닌 다른 사람에게 저질러진 죄를 대신 용서해줄 수 없다는 유대교의 가르침에 대한 것이다. 유대교가 아니라 존재론의 상식적 관점에서 보아도 제3자가 피해자를 대신해 가해자를 용서할 수 있는지 의문스럽다. 기차 안의 랍비에 관한 이 일화는 사실 '나치 사냥꾼'이라 불리는 시몬 비젠탈의 곤혹스러운 질문에 대한 헤셸의 우회적 답변이었다.

"당신이라면 어떻게 했을까?"

시몬 비젠탈은 홀로코스트로 무려 90여 명의 일가친척을 잃었지만, 본인은 기적적으로 살아남아 여생을 나치 전범 추적에 바친 입지전적 인물이다. 그의 업적을 기려 1977년 로스앤젤레스에 설립된 시몬 비젠탈 센터는 홀로코스트의 기억을 보존할 뿐 아니라, 각지에 지부를 두고 전 세계에서 자행되고 있는 크고 작은 제노사이드를 감시·고발하는 작업을 하는 대표적 민간단체이다. 비젠탈은 홀로코스트가 끝나고도 20여 년이 지난 시점에 《해바라기(Die Sonnenblume)》(1969)를 통해 가슴 깊이 묻어두었던 화두를 꺼내 전 세계의 종교 지도자와 양식 있는 지식인에게 의견을 구했다. 제2차 세계대전의 경험에서 제기된 가장 첨예한 도덕적 문제 중 하나라고 평가되는 그의 이야기는 멀리 1942년 여름으로 거슬러 올라간다.

당시 비젠탈은 나치에 의해 서부 우크라이나의 중심지 리비프에 자리한 야노프스카(Janowska) 강제수용소에 갇혀 있었다. 전쟁의 황폐함을 비웃기라도 하듯 곳곳에 무심하게 피어 있는 여름날의 해바라기는 그 아름다움 때문에 강제수용소의 비참한 삶과 대조되어 세상의 부조리를 더 날카롭게 증언하는 듯했다. 그는 매일 초현실적인 오브제 같은 해바라기를 보며 수용소 밖으로 강제 노역을 다녀야 했다. 전쟁 전에는 젊음을 소비하며 돌아다니던 낯익은 거리를 이제는 줄무늬 죄수복을 입은 채 굶주림과 피로에 지친 몸으로 걸어야 했다. 어느 날은 나치 독일군에 의해 임시 병원으로 개조된 자신의 모교 리비프 공과대학으로 사역을 나갔다. 그에게 주어진 일은 코를 찌르는 소독약 냄새와 상처에서 배어난 악취가 뒤범벅된 병원 쓰레기를 치우는 것이었다. 그런데 한창 일에 열중하고 있는 그에게 간호사 한 명이 다가오더니 유대인이냐고 묻고는, 대뜸 건물 안으로 데려갔다. 간호사를 따라 걸으며 학창시절의 기억을 더듬다 보니 어느새 한 병실 앞에 서게 됐다.

간호사가 이끄는 대로 따라 들어간 병실에는 침대 하나가 덩그러니 놓여 있었는데, 온몸을 하얀 붕대로 감싼 남자 하나가 미동도 않고 누워 있었다. '카를 자이들(Karl Seidl)'이라는 이름의 그 남자는 나치 친위대에 자원입대하여 동부전선으로 왔다가 부상을 입고 죽어가고 있다고 했다. 그런데 간호사로부터 강제수용소의 유대인들이 병원으로 노역을 왔다는 이야기를 듣고는 그들 가운데 누구라도 좋으니 한 명을 데려와 달라고 부탁했다는 것이다. 죽기 전에 자신이 유대인들에게 저지른 끔찍한 범죄에 대해 용서를 구해야 편히 눈을 감을 수 있을 것 같다는 생각 때문이었다.

침대 옆에 엉거주춤 서 있는 비젠탈에게 그는 죽음을 앞에 두고 병상에 누워 있으려니 죽어가던 유대인들의 얼굴이 자꾸 눈앞에 어른거려 도무지 평온을 찾을 수 없다며, 자신의 부대가 동부전선에서 유대인에게 저지른 만행을 고백했다. 그 병사는 비젠탈에게 성당에서 복사 노릇을 하며 행복해하던 어린 시절부터 나치에 열광하여 히틀러 유겐트에 들어간 후 사회민주당 지지자였던 아버지와 사이가 벌어진 청소년 시절 그리고 나치 친위대에 자원입대하여 동유럽에서 집단적 범죄행위에 가담하기까지의 과정을 참회의 심정으로 솔직하게 털어놓았다. 특히 러시아에서 한 마을의 유대인 전부를 창고에 몰아넣고 불을 지른 후, 뛰쳐나오는 사람들을 기관총으로 쏘아 죽인 기억이 자신을 내내 괴롭힌다고 했다. 옷에 불이 붙은 채 2층 창문에서 자식의 눈을 가리고 뛰어내리던 유대인 남자의 모습도 도저히 잊을 수 없다고 했다. 검은 머리에 갈색 눈을 한 아이의 얼굴이 너무도 또렷하고 생생해서 편히 죽음을 맞을 수 없을 것 같다고도 했다. 그래서 누구든지 유대인을 만나기만 하면 죽기 전에 모든 것을 고백하고 용서를 빌겠노라고 생각하던 차에 마침 비젠탈을 만났다는 것이다.

제발 편히 죽음을 맞게 해달라며 간절히 용서를 비는 카를에게 비젠탈은 아무런 대꾸도 하지 않고 조용히 방을 나왔다. 그를 용서하지 않은 것이다. 용서하지 않은 게 아니라 용서할 수 없었는지도 모르겠다. 그런데 비젠탈은 홀가분하기보다는 자꾸 마음 한구석이 꺼림칙했다. 죽음을 눈앞에 둔 '어린 양'을 용서하지 않고 그냥 나온 게 너무 비정한 행동은 아

아우슈비츠에 남겨진 홀로코스트 희생자들의 신발더미. 이들은 가해자를 용서할 수 있을까? 이들이 없는 세상에서 누군가가 이들을 대신해 가해자를 용서한다는 것이 과연 가능한 일일까? 〈출처:셔터스톡〉

니었는지, 죽어가는 사람의 마지막 소원을 그렇게 무시해도 되는 것인지 확신할 수 없었던 것이다. 수용소 친구 요제크가 그 이야기를 듣고 비젠탈을 위로했다. 자신도 결코 용서하지 않았을 테지만, 비젠탈과 달리 자신은 조용히 방을 빠져나오는 대신 분명한 어조로 거절 의사를 밝혔을 거라고 했다. 그 어린 나치 청년이 다른 유대인들에게 저지른 죄를 자신들이 용서하는 건 주제넘은 짓이라는 이야기였다.

비젠탈은 오랫동안 이 이야기를 마음에 품고 있었다. 그리고 20년이 훌쩍 지나 사람들에게 질문을 던졌다. "당신이라면 어떻게 했을까?" 비젠탈이 던진 질문을 두고 그 이후로 전 세계의 많은 철학자와 신학자, 지식인이 답을 고민하는 과정에서 용서가 얼마나 복잡하고 어려운 문제인지 잘 드러났다. 앞서 랍비 헤셸이 우회적으로 표현했던 것처럼, 그에게 희생당한 사람들이 용서할 권리를 위임하지 않은 상황에서, 비젠탈이든 요제크든 또 다른 누구든 그들을 대신해서 카를을 용서할 수 없다는 건 당연하다. 누군가가 저지른 죄를 용서할지 말지는 전적으로 피해 당사자가 결정할 일이다. 이미 억울하게 죽은 자를 대신해서 다른 사람이 살인자를 용서한다는 것은 어불성설이다.

누구도 대신 용서할 수 없다

비젠탈이 죽어가는 '어린 양'을 용서하지 않은 것이 양심의 가책을 받을 일은 아니다. 용서를 강조하는 일부 가톨릭 신부들처럼, 자신의 죄를 진정으로 뉘우치고 용서를 구하는 사람에게서 속죄의 기회를 빼앗았다고 비난해서는 곤란하다. 용서를 빌지도 않은 자를 용서하기는 당연히 불가능하지만, 용서를 빈다 해도 피해 당사자가 아닌 다른 사람에게 용서를 빌었다면 그 다른 사람이 용서하는 것도 불가능하다. 더욱이 이 나치는 유대인 '아무나' 한 사람을 불러 용서를 구함으로써 유대인 전체를 하나로 묶어 죄악시해온 나치의 논리를 여전히 답습하고 있었다. 단지 유대인이라는 이유로 일면식도 없는 비젠탈에게 마지막 용서를 구함으로써 이 나치는 자기가 해야 하는 도덕적 결정의 부담을 비젠탈에게 떠넘겨버렸다. 편안한 죽음을 맞겠다는 일념으로 이 나치 범죄자는 자신이 죽인 그 유대인들 대신 유대인 아무에게나 용서를 구하고, 그를 용서하지 못한 그 유대인 아무개는 스스로를 책망하게 되는, 어처구니없는 상황을 만든 것이다. 프리모 레비의 냉정한 평가에 따르면, 이 나치는 자신의 편안한 죽음을 위해 다시 한번 유대인을 도구로 사용한 데 지나지 않는다. 자신의 평온한 죽음을 위해 '유대인을 아무나 한 명 데려다 달라'고 한 그의 행동은 이기적이고 뻔뻔하기 짝이 없다. 그는 단지 자신의 죄책감과 고민을 유대인 아무에게나 떠넘기고 싶었을 뿐이다. 그러고 보면 그는 그때처럼 죽음이 임박하거나 적어도 독일의 패망이 확실해졌을 때에야 참회했을 법한 인물이다. 나치의 제3제국이 승승장구하고 자신이 승리의 특전을 마음껏 누리는 상황에서도 그가 진정으로 참회하고 용서를 구했을지는 의문이다.

　기억의 정치라는 관점에서 보면, 용서는 폭력적일 때도 많다. 특히 이미 죽은 피해자를 대신해 누군가 살해범을 용서하는 행위는 피해자의 고유한 권한을 부정하는 것이나 마찬가지니 피해자에게는 또 다른 폭력일 수 있다. 가령 자기 아이를 죽인 범인을 용서했다고 치자. 그것은 가장 사랑하는 사람을 강제로 자기 삶에서 빼앗아간 행위에 대한 용서일 수는 있지만, 살인을 용서한 것일 수는 없다. 생명을 빼앗아간 행위를 용서하는 것은 그에게 살해당한 아이만이 할 수 있는 일이다. 그럼에도 부모가 마치 살인을 용서하는 것처럼 행동한다면, 이는 자식을 자율적 인간이 아니라 소유물로 대하는 것인지도 모른다. 연인이나 친구를 대신해서 그/그녀를 죽인 가해자를 용서할 수 있다는 생각도 위험하기는 마찬가지다. 누구도 사랑이라는 이름으로 다른 사람의 생명권을 소유할 수는 없다. 그럴 수 있다고 생각한다면, 그것은 착각일 뿐이다.

이렇게 폭력적인 용서가 정말 위험한 것은 그 행위가 사람들로 하여금 아직도 억울한 피해자를 잊어버리도록 만들기 때문이다. 억울하게 죽은 자는 말이 없으니, 사람들은 사과와 용서의 힘겨운 줄다리기가 끝났다고 생각하고 마치 아무 일도 없었던 듯 평온하게 살아가게 된다. 그러나 이 평화는 여전한 피의 얼룩을 짐짓 못 본 척하는 거짓 평화일 뿐이다. 기억의 정치에서 중요한 것은 서둘러 가해자를 용서하고 상처를 봉합해서 평화의 길로 나아가는 것이 아니라, 그렇게 끔찍한 행위조차도 인간성의 일부임을 아프게 인정하고 인간의 그 끔찍한 일부가 다시는 세상에 드러나지 않도록 더 나은 기억의 방법을 모색하는 것이리라. 홀로코스트 이후 전 세계에서 벌어진 크고 작은 제노사이드만 50여 건을 헤아리는 상황에서 용서란 도대체 어떤 의미일까?

4. 논리적 반성과 양심의 가책

제국의 기억과 전후 부흥

노다 마사아키(野田正彰)는 일본의 정신과 의사이다. 그의 책《전쟁과 죄책(戰爭と罪責)》(1998)은 '애도할 줄 모르는' 독일인의 집단 심성을 비판한 독일의 정신분석학자 알렉산더 미처리히와 마르가레테 미처리히(Alexander and Margarete Mitscherlich) 부부의 책《애도할 수 없음(Die Unfähigkeit zu trauern)》(1967)에 대한 일본 정신분석학자의 답변이기도 하다. 그의 분석에 따르면, 전후 일본의 집단 심리는 "전쟁은 본래 비참한 것"이라는 대전제 아래 일본 군부 지도자들에게 전쟁의 책임을 묻지 않으며, 전쟁에 동조한 평범한 일본인 모두에게 면죄부를 발부했다. 전쟁의 일반화는 실상 자신들의 고유한 과거를 부인하는 행위다. 이 지점에서 전후 일본의 면죄 논리는 '애도할 줄 모르는' 독일의 집단 심성과 만난다. 1950~1960년대 민족적 호소에 응해 전후 경제 부흥에 매진함으로써 '라인강의 기적'을 낳은 독일인의 집단 심성은 아시아·태평양전쟁 당

시 총력전체제의 돌격 정신을 전후 고도성장의 메커니즘으로 바꾼 일본인의 집단 심성과 놀랍도록 비슷하다. 피비린내 나는 과거를 망각함으로써 마음의 상처를 부인하고, 경제성장에 몰입해 패전의 충격을 물질적으로 보상하려는 집단 심리에서 자기 성찰적 기억을 기대하기란 어렵다.

'건국'과 '재건'이라는 만주국의 모토 아래 '산업 전사'를 동원해 조국 근대화와 고도성장을 지향한 박정희 시대 남한의 집단 심성도 제국의 그것과 크게 다르지 않다. 박정희 정권의 조국 근대화는 경제성장과 주민 통제, 동원체제의 구축 등 여러 면에서 만주국의 경로를 답습한 것이었다. 서양 제국주의에 대항해 그럴듯한 경제적 자급자족체제를 세우려던 만주국의 정신은 북한과 중화인민공화국에도 그대로 계승되었다. '익찬 체제'라고 불렀던 일본 제국주의의 '자발적 총동원체제'가 제2차 세계대전 이후 독립을 찾은 동아시아의 구식민지·반식민지 국가의 발전 전략 속에서 되살아난 것이다. 아시아·태평양전쟁 이후 동아시아 각국이 겉으로는 '반제 투쟁'과 '식민지 유산의 극복'이라는 정치 구호를 내세우면서 일본 식민주의의 과거를 근원적으로 비판하지 못한 것도 결국은 제국 일본의 발전 전략에서 크게 벗어나지 못했기 때문이다.

실종된 죄책감

2015년 4월 인도네시아의 반둥(Bandung)에서 열린 비동맹운동 60주년 기념식에서 시진핑 중국 국가주석과 아베 신조 일본 총리가 만면에 웃음을 머금고 악수하는 한 장의 사진 앞에서 나는 만감이 교차했다. 냉전 시기 미국과 소련 가운데 어느 진영에도 속하기를 거부하며 탈식민지 개발

도상국들끼리 연대하고 협력하자고 다짐했던 비동맹운동 회의체의 속살이 어김없이 드러났기 때문이다. 일본의 식민지였던 한국과 타이완은 정작 1955년 반둥회의 준비 과정에서 소외되고 제국 일본이 비동맹체제의 창립 멤버로 참가했다. 국제적 냉전체제가 만들어낸 역사의 아이러니는 동아시아에서 식민주의의 과거를 온당하게 기억하지 못할 것이라는 불길한 예언이기도 했다.

일본 제국의 자발적 동원체제가 전후 동아시아 이웃 국가들의 발전 전략 속에서 증식되고 있을 때, 정작 일본의 반전 평화운동은 일본이야말로 서양 제국주의의 희생자였다는 의식 위에 서 있었다. 전쟁 상황에서는 적도 아군도, 승자도 패자도 모두 희생자라는, 그러므로 누구에게도 죄를 물을 수 없다는 이 논리 앞에서 과거에 대한 성찰적 기억은 신기루처럼 사라졌다. 이들은 '승자의 정의'가 희생자인 자신들을 죄인으로 모는 것뿐이라고 생각했다. 승자가 패자에게 힘의 우위를 바탕으로 반성을 강요한다고 느꼈던 것이다. 나치 독일과 제국 일본의 국가적 범죄에 가담한 평범한 독일인이나 일본인에게서 가슴 깊은 곳에서 우러나오는 자책을 발견하기 어려운 것도 이 때문이다.

오키나와 출신으로 의과대학을 졸업하고 군의관으로 중국전선에서 복무한 유아사 켄(湯淺謙)의 사례는 사안의 복잡성을 잘 말해준다. 그는 19세기 말 일본에 강제 편입된 오키나와 출신이라는 이유로 받는 차별에 분노하기보다는 결사적으로 차별하는 측에 끼려고 노력했다. 사지가 멀쩡한 중국 민간인이나 팔로군(八路軍) 포로를 대상으로 생체실험과 해부, 수술 연습을 거리낌없이 했지만, 중국군에게 사로잡혀 허베이성의 포로수용소로 간 후에도 그로 인한 죄책감은 전혀 없었다. 그는 마음속으로 "명령이었다, 어쩔 도리가 없었다, 전쟁이었다, 이런 일이 흔했다"는 변

명을 되뇌었다고 한다. 엔도 슈사쿠의《바다와 독약(海と毒薬)》은 1945년 규슈 의과대학에서 포로로 잡힌 미군 조종사들에게 생체실험을 한 실제 사건을 다룬 소설이다. 이 소설이 섬찟한 것은 생체실험에 가담했던 주인공들의 내면에서 죄책감을 찾기 어렵기 때문이다.

논리적 반성에서 양심의 가책으로

중국은 일본군 포로를 관대하게 처우했다. 전후 전범 처리 과정에서도 총리 저우언라이는 누군가 잘못을 추궁해서가 아니라 본인 스스로 잘못을 느끼고 인정할 때에야 비로소 과거가 청산된다고 생각했다. 그의 입장은 너무도 완고해서 "일본인 전범을 처리할 때 한 명도 사형시켜서는 안 된다"고 할 정도였다. 일본인 전범이 중국전선에서 저지른 자신의 잔학행위를 샅샅이 기억해서 고백하고 죄를 뉘우치게 한 후 관대하게 처리한다는 게 그의 원칙이었다. 그 결과 1956년 중화인민공화국의 법정에 전범으로 기소된 일본군 1,062명 가운데 사형이나 종신형을 선고받은 사람은 단 한 명도 없었고, 45명만이 유죄 판결을 받고 복역한 뒤 일본으로 돌아갔다. 다른 1,017명은 불기소 처분되어 곧바로 귀국했다. 그러나 죄를 인정하고 고백하는 '탄바이(坦白)' 과정은 쉽지 않았으며, 포로마다 개인적인 차이도 컸다. 그들에게 주어진 가장 큰 과제는 희생자인 상대의 고통에 공감하고 죄의식을 느끼며 자신의 악행을 반성하는 것이 아니라, 중국인 포로수용소 관리 요원들이 가진 선악의 기준에 맞추어 논리적으로 자신의 악행을 기억해내는 것이었다. 중국 포로수용소에서 탄바이의 기준에 합격하고 사상 개조를 거쳐 마침내 일본으로 돌아온 일본군 중대장 출신 고지마 다카오(小島隆男)의 기억은 이 지점에서 매우 흥미롭다.

《전쟁과 죄책》의 저자 노다 마사아키는 고지마를 집중 인터뷰하면서 그의 기억과 반성이 언제나 '설명적'이라고 느꼈다. 고지마는 전쟁 중에 저지른 자신의 잔학행위에 대해 이러저러한 근거를 대고 "그러니까 나는 몹쓸 짓을 했다"고 말한다. 죄책감이란 굳이 설명하지 않아도 불쑥불쑥 일상의 의식에 침투하는 것인데, 그걸 느끼기에는 고지마의 기억이 지나치게 설명적이고 논리적이었다. 예컨대 살아 있는 중국인을 상대로 실시한 총검 훈련을 회상하는 와중에도 고지마는 총검에 찔린 중국인의 얼굴이 아니라 찌르면 찌를수록 피투성이가 되는 자신과 병사들의 손을 떠올린다. 억울한 죽임을 당한 상대가 아니라 그를 찌르느라 피투성이가 된 자신의 손을 기억하는 것이다. 고지마의 논리적 반성은 자신이 살해한 사람을 추상화해버린다. 살해당한 사람의 얼굴이 어떻게 생겼냐는 질문에 얼굴은 기억나지 않고 '그냥 찌른 부분만' 생생하게 떠오른다고 답한 것도 그런 이유에서이다.

그에 대한 정신의학자 노다의 반응은 매몰차기 그지없다. "그렇다면 살해당한 상대방을 물체로밖에 인식하지 않은 거네요." 노다의 말에 고지마는 그만 입을 굳게 다물어버렸다. 노다가 자신의 질문이 너무 가혹하지 않았나 반성하는 순간, 고지마가 뜻밖의 고백을 하면서 반전이 찾아온다. 고지마는 중국의 포로수용소에서 탄바이를 하면서도 정말로 나쁜 짓을 했다고 생각한 적은 별로 없었고, 진짜 죄책감은 오히려 귀국한 후에 서서히 들기 시작했다고 한다. 귀국한 후 취직도 하고 재혼하여 아들도 얻고 평범하게 살던 어느 날이었다. 문득 밤중에 깨어나 아들이 자는 모습을 보는데, 자기 부하들에게 희생된 중국 아이의 얼굴이 아들의 얼굴과 겹쳐 보이더라는 것이다. 죽어가면서 큰 눈을 똑바로 뜨고 자신을 노려보던 중국 아이의 얼굴, 자기 아들의 얼굴에서 그 아이의 얼굴이 떠오르자 정말 견딜 수 없었다고 했다. 고지마의 기억 속에서 추상으로만 존재하던 피살자가 얼굴을 가진 구체적 인간으로 떠오르는 바로 그 순간, 논리적 반성은 양심의 가책에 자리를 양보한다.

정신과 의사인 노다의 관심은 고지마의 행위가 실제로 어떠했는가 하는 역사적 실증이 아니라, 그가 과거에 저지른 자신의 행위에 대해 지금 어떻게 느끼고 있는가 하는 도덕적 감정에 있었다. 이미 70대 노인이 된 고지마에게 잔인하다 할 만큼 집요하게 죄책감에 대해 묻고 또 묻는 것도 그 때문이다. 노다는 자신의 아들과 중국 아이에 관한 고지마의 고백을 듣고 마음이 놓였다고 쓰고 있다. 일본의 근대는 사람들을 극심한 경쟁으로 몰아넣고 끊임없이 공격성을 강화하여 도덕과 양심을 경직시켰다. 고지마가 그런 시절을 혹독하게 겪었으면서도 마음에 상처를 입을 여지를 가지고 있었다는 사실에 마음이 놓였던 것이다. 죄의식과 슬픔을 느낄 수 있는 힘은 도덕적 힘이기도 하다.

양심의 가책과 도덕적 정당성

1990년 제1차 걸프전쟁이 일어나자 당시 서독의 수도였던 본(Bonn)의 이스라엘 대사관에는 독일 사람들의 전화가 밤낮없이 이어졌다. 울음 섞인 목소리로 전화한 그들 중에는 만에 하나라도 끔찍한 일이 일어나면 이스라엘 아이들을 맡았다가 전쟁이 끝난 후 돌려보내도 되겠냐고 묻는 이들이 많았다. 사담 후세인과 아돌프 히틀러가 종종 유비되는 상황에서 당시 독일인들이 이스라엘에 보낸 우려는 충분히 이해된다. 홀로코스트라는 끔찍한 범죄를 저지른 독일 민족의 한 사람으로 산다는 것은 정말 쉽지 않은 일이다. 그런데 문제는 이스라엘 대사관으로 전화한 평범한 독일인들의 격한 반응에 홀로코스트에 대한 양심의 가책이 깃들어 있지만, 일종의 도덕적 위선도 느껴진다는 것이다. 공개적으로 속죄함으로써 다른 사람들에게 자신의 도덕성을 인정받으려는 몸짓과 양심의 가책은 분명히 다르다. 남에게서 자신의 도덕성을 인정받으려는 데서 오는 그 위선은, 끔찍한 죄를 저질렀지만 이미 회개한 우리가 이제 세상의 악을 제거할 것이라는 도덕적 우월감과 연결되어 있다. 홀로코스트라는 과거와 대면할 때 극단적인 자기 부정에 몰두하는 일부 독일인에게서 진정한 양심의 가책보다는 과시를 위한 도덕주의를 느끼는 것도 그 때문이다. 독일인들은 자신들이 역사에서 배운 게 있고, 그래서 나치 때와는 분명히 다르다는 사실을 전 세계에 알리고 싶었던 것이다. 과거의 일을 회개했다고 양심의 가책이 덜어진다면, 그것은 이미 양심의 가책이 아니다. 자기 마음의 짐을 덜기 위한 회개는 또 다른 이기주의일 뿐이다.

기억 연구는 양심의 가책과 도덕적 정당성이 등을 지기도 한다는 또 하나의 역설을 우리에게 일깨워준다. 도덕적 자기 정당성이 강할수록 자책의 자리는 점점 좁아지고, 자신에 대한 도덕적 성찰은 더 어려워진다. 도덕주의가 강할수록 더 도덕적이지 못한 것이다. 나치 점령기 폴란드의 비극은 폴란드판 '비드쿤 크비슬링(Vidkun Quisling) 정권'을 갖지 못한 데 있다는 아담 미흐니크(Adam Michnik)의 지독한 역설은 이 지점에서 울림이 크다. 크비슬링 정권은 제2차 세계대전 당시 나치에 점령된 노르웨이에 수립된 괴뢰정권으로, '크비슬링'은 정권 차원에서 체계적으로 나치에 부역한 자 혹은 민족 배반자를 상징하는 집합명사였다. 그런데 미흐니크는 크비슬링 정권과 같은 괴뢰정권의 부재가 오히려 폴란드의 비극이었다고 주장한 것이다. 나치에 협력하기를 한사코 거부한 데서 오는 도덕적 정당성과 민족적 자부심이 도리어 전후 폴란드 사회가 비판적으로 자기를 성찰할 기회를 가로막았다는 깊은 반성이 이 역설의 밑에 흐르고 있다. 실제로 나치 점령하의 폴란드에서 개인적으로 나치에 부역한 사람들은 있었지만, 체계적으로 협력하는 괴뢰정권은 상상도 못할 일이었다. 우선은 나치가 슬라브족 '열등 인간'인 폴란드인에게 괴뢰정권을 세울 기회조차 주지 않은 탓이 크다. 설혹 나치가 기회를 주었다 하더라도 폴란드인의 강력한 민족주의 정서가 이를 불가능하게 했을 것이다.

폴란드의 레지스탕스 운동은 유럽의 어느 나라보다 강력했다. 규모도 프랑스의 레지스탕스를 넘어 요시프 브로즈 티토(Josip Broz Tito)의 유고슬라비아 파르티잔에 견줄 만했다. 특히 국내군(Armia Krajowa)은 좌파와 우파를 망라하여 무려 35만 명이란 규모를 자랑했으니 게릴라 부대라기보다는 정규군에 가까웠다. 국내군과는 별도로 극우 민족주의 계열의 민족무장대(Narodowe Siły Zbrojne)도 있었는데, 한창때는 군세가 10만 명에 이르기도 했다. 그 뿐만 아니라 농촌 각지에는 16만 명에 달하는 농민부대(Bataliony Chłopskie)가 따로 있었다. 소련의 지원을 받은 인민군(Armia Ludowa)도 작은 규모였다고는 하나 무려 3만 명에 달했다. 유대계 폴란드인들은 별도로 유대인 전투단(Żydowska Organizacja Bojowa)을 결성해서 1943년 바르샤바 게토 봉기 등을 주도하며 나치와 싸웠다. 폴란드의 레지스탕스 운동이 무력에만 의지한 것은 아니다. 수백 개의 지하신문이 폴란드인의 저항 활동을 지지하고 활동 소식을 전했다. 그 가운데 가장 많은 부수를 발행한 주간지 《비울레틴 인포르마치이니(Biuletyn Informacyjny)》는 매호 1만 부 이상을 인쇄했다. 지하대학인 '비행대학'은 고등교육과 영화 관람 금지, 타자기와 카메라 소지 금지 등 모든 문화 활동과 지적 작업에 대한 나치의 탄압에 맞서고자 비밀 과정 수료자들에게 공식 학위를 수여하기도 했다. 더 중요한 것은 폴란드 지하정부(Polskie Państwo Podziemne)가 공인된 권위를 가지고 사실상 나치 점령기의 폴란드를 통치했다는 점이다. 지하정부는 생존을 위한 어쩔 수 없는 타협과 용서할 수 없는 배신행위의 기준을 제시하고, 그에 맞추어 부역자를 처벌하는 사법 기능도 행사했다. 나치 점령하의 폴란드는 런던에 있는 망명정부와 국내에 있는 지하정부의 연정 아래 있었다고 해도 과언이 아니다.

도덕적 정당성의 비윤리성

이처럼 찬연히 빛나는 폴란드 레지스탕스 운동에도 어두운 그늘이 있다. 그 어둠은 도덕적 정당성의 결핍이 아니라 과잉에서 비롯된다. 폴란드인들은 폴란드가 나치에 점령당한 그 어떤 나라보다 치열하게 싸웠다는 민족적 자부심으로 가득하다. 목숨을 걸고 유대인을 구출한 비유대인들을 기리기 위해 예루살렘의 야드 바셈에 조성된 '의인의 숲(Garden of the Righteous Among the Nations)'에 명예 안장된 의인 가운데 폴란드인이 가장 많다는 사실도 폴란드인들의 자부심을 더해준다. 의인의 숲에 명예 안장된 2만 6,513명 중에 무려 6,706명이 폴란드인이니 자부심을 가질 만도 하다. 그러나 바로 여기서 폴란드의 역설이 시작된다. 목숨을 걸고 유대인을 구한 레지스탕스의 민족 영웅들이 사실은 반유대주의자들이기도 했다는 점 때문이다. 그러니 폴란드 민족주의의 입장에서는 이 역설이 참으로 곤혹스러울 것이다. 이 역설은 전후의 기억 정치에서 폴란드인이 도덕적 정당성의 안락한 자아도취에서 벗어나 자아비판의 성찰적 기억을 일깨우는 계기가 되었다.

조피아 코사크-슈추츠카(Zofia Kossak-Szczucka)는 이 역설을 한몸에 구현하고 있는 인물이다. 제2차 세계대전 전부터 그녀는 민족주의 성향의 소설과 산문으로 잘 알려진 작가였다. 폴란드 민족주의의 주류로서 전간기(戰間期)에 반유대주의적 색채가 강한 작품들을 발표했고, 제2차 세계대전이 일어나고 나치가 폴란드를 점령한 뒤로는 민족주의 계열의 레지스탕스 운동에 적극 가담했다. 무엇보다 나치의 홀로코스트에서 수천 명의 유대인을 구출한 것으로 유명한 폴란드의 지하조직 제고타(Żegota)를 공동 창설했다. 결국 1943년 나치에 체포되어 아우슈비츠 강제수용소로 보내졌으나 살아남았고, 사후인 1985년에는 야드 바솀에서 유대인을 구한 의인으로 추서되었다. 전후 폴란드 사회주의 정권에서 초대 '안기부장'을 지낸 유대계 공산주의자 야쿠프 베르만(Jakub Berman)의 동생 아돌프 베르만(Adolf Berman)도 그녀가 구한 유대인 가운데 한 명이었다. 덕분에 코사크-슈추츠카는 극우 민족주의 성향을 가졌음에도 공산주의 치하에서 그럭저럭 살아갈 수 있었다. 2009년에는 폴란드 국립은행이 그녀의 제고타 활동을 기리는 기념주화를 발행하기도 했다.

코사크-슈추츠카가 정말 흥미로운 점은, 제고타 활동을 하면서도 '유대인들은 폴란드의 정치적·경제적·이데올로기적 적'이라는 반유대주의 신념을 버리지 않았다는 점이다. 그녀의 유대인 구명 활동은 자기 땅에서 일어나고 있는 홀로코스트를 방관한다면, 폴란드인들은 예수를 십자가에 못박아 죽이고는 "피 묻은 손을 씻어버린 폰티우스 필라투스(Pontius Pilatus)나 다를 바 없다"는 생각에서 비롯되었다. 그녀를 비롯한 제고타의 폴란드인들은 가톨릭 민족주의의 자부심 때문에라도 죽어가는 유대인들을 수수방관할 수 없었다. 자신들은 비록 반유대주의자지만 폴란드 민족의 명예를 위해서는 유대인들을 구해야만 한다고 생각했다. 폴란드 가톨릭의 민족주의적 신념이 '유대인을 구출한 반유대주의'라는 역설을 낳은 것이다. 홀로코스트에서 유대인들을 구한 폴란드의 반유대주의적 민족주의자들이 전해주는 메시지는 분명하다. 이들에게는 민족의 명예라는 추상이 구체적인 한 사람의 생명보다 소중했던 것이다.

목숨을 걸고 유대인을 구한 그들의 공로는 인정받아 마땅하다. 그러나 유대인을 구한 반유대주의라는 폴란드의 역설은 도덕적 정당성에 안주하는 기억이 얼마나 비윤리적일 수 있는가를 잘 말해준다. 한국의 민주화운동에 복무했거나 조국 근대화의 주도 세력이었다는 데서 오는 도덕적 정당성과 자부심이 좌우를 막론하고 한국의 정치판을 망가뜨린 것도 좋은 예이다. 폴란드의 전투적 민족주의 세력이든, 한국의 '싸우며 일하는' 근대화 세력이든, 또는 민중 속으로 들어간 민주화운동 세력이든 이들이 공통으로 갖고 있는 문제는 과거의 도덕적 정당성으로 현실 정치에서의 무능이나 추악함을 덮고 있다는 사실이다. 그러나 우리가 앞에서 살펴보았다시피, 자타가 공인하는 도덕적 정당성보다는 스스로를 비판적으로 되돌아볼 수 있는 양심의 목소리가 훨씬 더 소중하다. 자신의 정당성을 자부하면서도 의심할 수 있는 모순어법이야말로 미래지향적 정치를 추동하는 문법이 아닐까?

5. 이성과 도덕이 충돌하는 야만의 역사

생존의 합리성과 인간적 존엄성

〈공범자가 된 희생자〉 편에서 폴란드인이 유대인 이웃의 죽음에 법적 책임을 질 이유는 없다고 해도 양심의 가책은 느껴야 한다던 얀 브원스키 논쟁을 다룬 바 있다.●2부 2장 그 논쟁은 폴란드 땅에서 벌어진 홀로코스트와 관련해 그동안 억누르고 있던 폴란드인 이웃의 아픈 기억들을 끄집어내는 기폭제가 됐다. 아니, 아프다는 형용사로는 충분치 않다. 그 기억은 트라우마라는 말 외에는 달리 표현할 길이 없다. 예지 야스트솀보프스키(Jerzy Jastrzębowski)도 모든 가족 구성원의 가슴 깊은 곳에 트라우마처럼 자리 잡고 있던 기억을 끄집어내 논쟁에 참가했다. 그는 폴란드의 전형적인 지식인 가문 출신으로, 나치가 폴란드를 침공할 당시 두 살배기 어린아이에 불과했다. 그 가족의 이념적 지향은 보수적 민족주의에 기울어 있었지만, 문화적으로는 세기말의 귀족적 코즈모폴리터니즘에 가까웠다. 그의 가족에게는 할머니 때부터 가깝게 지내온 유대인 친구가

한 명 있었다. 엘야쉬 파진스키(Eljasz Parzyński)라는 이름의 그 유대인은 회색 턱수염이 무성한 전형적인 폴란드 귀족 같은 외모를 지닌 데다, 동부 변경의 악센트가 가미된 아름다운 폴란드어로 즉석에서 아담 미츠키에비추(Adam Mickiewicz)의 장편 서사시 〈판 타데우쉬(Pan Tadeusz)〉를 읊는 낭만파였다. 스위스의 공과대학에서 공부하면서 익힌 빈 악센트의 독일어를 쓸 때는 스위스 신사처럼 보이기도 했다. 두 살밖에 안 된 어린 예지에게 폴란드 시인들의 동시를 암송해 들려준 것도 그였다. 어린 예지를 비롯해 온 가족이 할머니의 친구인 엘야쉬 파진스키를 '엘리 할아버지'라 부르며 따랐다.

1941년 어느 날, 엘리 할아버지가 헐떡이며 예지의 집을 찾아왔다. 그러고는 곧장 자신과 여동생들을 숨겨줄 수 있겠냐고 물었다. 나치로부터 한 시간 후에 바르샤바 게토로 떠나라는 명령을 받았다고 했다. 명령에 복종하거나 나치의 눈을 피해 폴란드 친구 집에 숨거나 둘 중 하나를 선택해야만 했다. 이제 엘리 할아버지의 운명은 전적으로 예지 가족에게 달려 있었다. 이 폴란드인 가족은 논의 끝에 온 식구가 처형될 위험을 무릅쓰고 오랜 유대인 친구를 숨겨주기로 결정했다. 그러나 함께 온 세 여동생은 받아들이지 않기로 결정했다. 그녀들은 친구와 달리 말할 때마다 이디시어 악센트가 두드러졌고, 게다가 한 명은 금발 가발을 쓰고 있었지만 검은색 고수머리를 감추기 어려웠다. 한눈에도 유대인처럼 보이는 여동생들까지 숨겨준다면 발각될 확률이 너무도 높았다. 엘리 할아버지는 여동생들과 떨어질 수 없다고 했지만, 발각되면 엘리 남매는 물론 그들을 숨겨준 예지 가족도 모두 처형될 게 뻔했다. 이들의 결정은 가족 모두와 유대인 친구의 생존을 위해 불가피하고도 이성적인 선택이었다.

결국 집 앞에서 죽음을 향해 발길을 돌리던 엘리 남매에 대한 기억은

바르샤바 게토로 강제 이주당하는 유대인들. 바르샤바 게토는 나치 점령기 유럽에서 가장 큰 게토였다. 1940년에 건설된 후 유대인 약 40만 명이 수용되었다. 나치가 '동부 지역에 재정착하기 위한 이주'라고 유대인들에게 설명한 '이송 작전'이 실시된 1942년 여름, 이곳에서만 약 25만 명의 유대인이 트레블링카(Treblinka) 절멸수용소로 이송되어 총살되거나 가스실에서 사망했다. 〈출처: 위키미디어 커먼즈〉

삶과 죽음의 문턱에서 쓰라린 마음으로 남매의 이별을 요구할 수밖에 없었던 폴란드 가족에게 평생 아물 수 없는 상처로 남았다. 이 이야기를 나중에 예지에게 들려준 사람도 예지의 가족 중 한 사람이었는데, 말을 하는 중에도 결코 예지의 눈을 쳐다보지 못했다고 한다. 10퍼센트도 채 안 되는 확률에 온 가족의 생사를 걸 수 없었던 그들의 선택을 누구도 섣불리 비난할 수는 없다. 그렇다고 해도 그것이 예지 가족을 양심의 가책이나 도덕적 죄책감에서 벗어나게 해주지는 못한다. 그들 가족의 결정을 생존을 위한 이성적이고 불가피한 선택이었다고 한다면 너무 냉정한 합리론일 테고, 가족이 몰살되더라도 인간의 존엄성을 위해 모두를 숨겨주었어야 했다고 한다면 지나친 도덕론일 것이다. 이 가족은 전쟁이 끝난 후에도 내내 그 일로 괴로워했고, 그 기억이 되살아나지 않게끔 가슴 깊은 곳에 꾹꾹 묻어두었다.

나치의 게임 법칙

나치가 만든 비인간적인 세계에서 이성과 도덕, 합리성과 인간성이 비극적으로 대립한 예는 이 밖에도 무수히 많다. 한번은 아우슈비츠 강제수용소에서 14명의 좌파 정치범과 유대인이 탈출했다. 하지만 운이 따라주지 않아 1시간여 만에 모두 붙잡히고 말았다. 결국 그들은 교수대로 끌려갔는데, 사형을 집행해야 할 나치 친위대의 장교가 갑자기 뜻밖의 명령을 내렸다. 교수대 앞마당에 늘어선 수용자들 중에서 각자 1명씩 죽음의 동반자를 고르라는 것이었다. 싫다면 자신이 직접 골라도 되지만, 그 경우 14명이 아니라 50명이 더 교수대에 오르게 될 것이라고 했다. 친위대 장교가 직접 50명을 고르는 수고를 할 필요는 없었다. 14명의 탈출자가 각자 1명씩 죽음의 동반자를 택함으로써, 그러지 않을 경우 치러야만 했던 또 다른 36명의 무고한 희생을 막았기 때문이다. 그들은 누구를 선택했을까? 어쩌면 평소에 싫어하던 사람? 의외로 친구? 그도 아니면 생면부지의 사람? 고를 때의 심정은 어떠했을까? 내가 직접 선택하면 36명의 무고한 생명을 구하게 된다는 이성적 판단이 무거운 마음의 짐을 얼마나 덜어주었을지는 의문이다. 나치 수용소의 생존율이 매우 낮은 점을 감안하면 결국 모두가 죽을 운명이었을 테니 차라리 나치의 손에 그 비인간적인 선택을 맡기는 편이 인간의 존엄성과 도덕성을 지킨다는 면에서는 더 현명한 판단이 아니었을까? 그러나 이성을 택한 그들의 행동이 과연 비난받을 만한 것이었는가? 이런 질문들 앞에서 나는 판단 중지 상태에 빠져버린다.

〈논리적 반성과 양심의 가책〉 편에서 언급한 조피아 코사크-슈추츠카가 전하는 이야기는 더 끔찍하다.●4부 4장 너무 끔찍해서 비현실적으로 느껴질 정도다. 이야기는 전쟁이 끝난 후 그녀가 친구에게 보낸 편지에 적혀 있다. 비스와(Wisła)강을 가로지르는 바르샤바의 키에르베츠 다리 위에서 부랑자인 듯 보이는 지저분한 유대인 소년이 구걸을 하고 있었다. 지나가던 폴란드인이 불쌍히 여겨 적선을 했다. 그런데 이 모습을 어떤 독일군이 목격하고는 적선하던 폴란드인을 확 덮치더니, 아이를 강물 속으로 던져버리라고 명령했다. 거부하면 둘 다 쏘아 죽이겠다는 협박과 함께. 그 순간에도 독일군은 논리적으로 설득하는 걸 잊지 않았다. "네가 이 유대인 거지를 도울 방법은 없다. 유대인은 게토 밖에 있으면 안 되는데 이 아이는 여기에 있으니 죽음을 피할 길이 없다. 이 아이는 어차피 내가 죽일 거다. 네가 이 아이를 강으로 던진다면 너는 보내주겠다. 안

그러면 너도 죽는다. 아이를 빠트려 죽이거나 너도 같이 죽거나 둘 중 하나다. 셋 셀 때까지……" 혼비백산한 폴란드인은 조금 전까지만 해도 동정했던 어린 유대인 거지를 다리 난간 너머 강물 속으로 던져버렸다. 그러고는 독일군의 격려를 받으며 무사히 집으로 돌아갔다. 하지만 이틀 후 목매 자살했다. 그가 자살한 이유를 제대로 알 길은 없다. 인간의 존엄성을 잃어버린 데 대한 수치심과 자기모멸감 때문인지, 어린아이를 강물 속으로 던져버린 데 대한 죄책감 때문인지, 아니면 주변 사람들이 따가운 시선을 보낸 때문인지, 그도 아니면 그 모든 게 복합적으로 작용한 탓인지 추측만 할 수 있을 뿐이다.

사람의 목숨을 담보로 행사되는 그 끔찍한 위력 앞에 굴복한 폴란드인들을 쉽게 손가락질하거나 그들에게 죄를 묻기는 어렵다. 나치 억압자들은 생존 외의 다른 동기들은 모두 비합리적인 것으로 볼 수밖에 없게끔 게임의 법칙을 바꾸어버렸다. 나치가 만든 이 비인간적인 세계에서 이성은 도덕의 적이었다. 그런 상황인 만큼 폴란드인이 유대인 대량 학살에 저항하지 않은 것은 생존을 위한 합리적인 선택이었다고 변호할 수 있다. 인간을 극한 상황으로 몰아 인간적 삶과 생존을 맞바꾸게 함으로써 생존을 위한 합리성이 인간성을 삼켜버리도록 만든 것이다. 나치는 결국 생존의 논리를 도덕적 의무와 인간의 존엄성에 앞서는 것으로 만듦으로써 통치의 '기술적 성공'을 거둔 것이다.

코사크-슈추츠카가 전한 그 폴란드인의 자살은 어쩌면 나치 억압자들의 기술적 성공에 정면으로 도전한 것이었을지도 모른다. 또는 인간의 존엄성이 생존의 논리보다 더 소중하다는 뒤늦은 자각의 표현이었는지도 모르겠다. 프리모 레비가 간파했듯이, 자살은 인간을 노예화된 동물처럼 부리는 나치의 환경 속에서 가장 인간적인 행위였는지도 모른다. 강인한 정치범들이 나치 게슈타포나 스탈린 비밀경찰의 감옥이나 취조실에서 자살하는 행위는 자신의 생사여탈권을 쥔 것처럼 젠체하는 고문 기술자들 앞에서 "나의 생사는 내가 결정한다"는 행위 주체성을 지키기 위한 최후의 수단이었다. 동물들은 죽음을 받아들이지만 자살하는 일은 없다.

히틀러를 모방한 어릿광대

홀로코스트를 온몸으로 견뎌내야 했던 유대인들에게 이성과 도덕이 충돌하는 야만의 삶은 더 큰 딜레마를 안겨주었다. 우치 게토의 자치위원회 의장으로서 히틀러를 모방한 독재자였던 하임 룸코프스키(Chaim Rumkowski)의 행적은 실로 많은 점을 생각하게 해준다. 1940년 2월에 문을 열어 한창때는 유대인 16만 명을 수용하기도 했던 우치 게토는 1944년 가을에 폐쇄됐다. 규모로는 바르샤바 게토에 이어 두 번째지만, 존속 기간은 가장 길었다. 무시 못 할 우치 게토의 산업 생산량 때문이기도 했지만, 룸코프스키의 독특한 개성도 한몫을 했다.

나치 침공 당시 룸코프스키는 우치에서 유대인 고아원을 운영하고 있었다. 보험중개인에서 사회사업가로 변신한 후여서 사회적 존경을 받기도 했지만, 홀아비로서 고아들에게 '건전하지 못한' 관심이 크다는 소문도 있었다. 정력적이지만 교양 없고 권위적이라는 평판이 자자했다. 나치 침략자들이 룸코프스키를 우치 게토의 자치위원회 의장으로 지명한 배경은 알 길이 없다. 끔찍이도 권력을 사랑한 데다 수완이 좋았던 만큼 자신이 적임자라고 나치를 설득하는 데 온갖 방법을 동원했을 것이다. 혹은 나치가 이 자를 조롱할 요량으로 의장으로 임명했는지도 모르겠다.

어쨌든 그는 임명되자마자 우치 게토에 대한 전권을 인정받고 자치위원회를 구성했으며, 구성한 지 겨우 3주 만에 자신의 지시를 따르지 않는 위원들을 나치 상부에 고발하여 제거했다. 랍비의 종교행위가 금지된 후로는 유대인의 결혼식도 주관했다. 우치 게토 안에서 공적 영역과 사적 영역 모두를 지배한 것이다. 나치 지휘부에 일일이 보고하고 재가를 받아야 한다는 점에서는 우물 안 개구리였지만, 신관의 영역까지 장악한 만큼 그 안에서 행사할 수 있는 권력의 크기는 무소불위의 전제군주라 할 정도로 유례가 없었다. 룸코프스키는 일종의 대용화폐를 발행하기도 했는데, 이는 그가 얼마나 허영덩어리인지를 보여주는 것이기도 해서 게토 유대인들 사이에서 그의 이름을 빗대 룸킨(Rumkin)이라는 별칭으로 불리기도 했다. 훗날 아우슈비츠에서 살아 돌아온 프리모 레비도 우치의 게토에서만 통용된 이 돈을 예전에 입던 바지 주머니에서 우연히 발견했다고 한다. 앞면에는 다윗의 방패-유대인의 별이 그려져 있고, 뒷면에는 발권자로 '리츠만슈타트(Litzmannstadt, 우치의 독일 이름)의 자치위원회 의장'이란 표기와 함께 림코프스키의 사인이 들어 있었다. 이 화폐는 우치 게토 안에서 룸코프스키의 장악력을 높였다.

그뿐만 아니다. 룸코프스키는 자신의 얼굴이 그려진 우표도 발행했다. 자신을 경호하고 게토의 질서와 규율을 유지할 목적으로 600명의 유대인을 동원해 게토 경찰대를 조직하기도 했다. 게토 안에서 행차할 때는 뼈만 앙상한 경주용 말 한 마리가 모는 우스꽝스러운 마차를 타고 다녔고, 영양실조와 전염병으로 죽어가는 게토의 아이들이 '선견지명으로 미래를 대비하는 우리의 사랑하는 위원장님'을 칭송하게끔 학교에 자신을 위한 '용비어천가'를 주문하기도 했다. 연설을 할 때도 군중과 가상 대화를 하는 무솔리니와 히틀러의 웅변술을 본떠 박수갈채를 유도하고 이를

우치 게토에서 연설 중인 룸코프스키(위)와 그가 발행한 화폐의 뒷면(아래). 룸코프스키는
우치 게토의 자치위원회 의장으로서 게토의 독재자로 군림했지만, 1944년 8월 결국 자
신의 가족과 함께 아우슈비츠로 가는 마지막 열차에 올라타야 했다. 그는 아우슈비츠에
서 특수부대(Sonderkommando)라 불리는, 유대인들로 구성된 일종의 시체 처리반원들의
손에 살해되었다고 한다. 〈출처:위키미디어 커먼즈〉

군중의 동의로 해석했다. 1944년 우치 게토가 폐쇄되어 아우슈비츠로 강제 이송될 때도 룸코프스키는 다른 유대인들과 함께 화물칸에 실려가기를 거부하고, 자신의 권위에 맞는 별도의 객차를 요구했다. 동료 유대인들을 아우슈비츠로 강제 이송하라는 나치의 최후통첩을 접하고 자살한 바르샤바 게토의 자치위원회 의장 아담 체르니아쿠프(Adam Czerniaków)의 선택과는 대조적이다.

합리적 이성의 비합리성

우치 게토의 생존자 예후다 레이브 게르스트(Yehuda Leib Gerst)의 회고에 따르면, 룸코프스키는 한마디로 복잡한 인간이었다. 그는 게토의 동료 유대인에게는 절대 복종을 요구하며 총통처럼 군림했지만, 나치에게는 순한 양이었다. 위로는 비굴하고 아래로는 전제적인, 두 얼굴의 게토 군주였던 것이다. 피에로처럼 우스꽝스러운 행적을 보이긴 했지만, 그의 행동에는 나름의 원칙이 있었다. 룸코프스키는 우치 게토를 나치에게 없어서는 안 될 곳으로 만드는 것만이 우치의 유대인이 살아남을 방법이라고 했다. 즉, 우치 게토를 나치의 효율 높은 군수품 제조기지로 만들어 생산성을 높일수록 더 많은 유대인이 더 오래 생존할 수 있다는 것이었다. 그래서 자신은 나치가 요구할 때까지 기다리지 않고, 언제나 한발 앞서 그들의 요구를 충족시킨다고 자랑하기까지 했다.

효과는 분명히 있었다. 전부는 아니라 해도 우치 게토의 유대인은 바르샤바 게토의 유대인보다 평균 2년 이상 오래 살았다. 악명 높은 비밀경찰을 운영하기도 했지만, 룸코프스키는 게토 주민들의 의식주를 효율적으로 조직했고, 게토 내에 7개의 병원과 5개의 진료소, 7개의 약국을 운영했다. 그곳에서 일하는 의사와 간호사의 수가 한동안은 수백 명에 이르기도 했다. 비록 의약품이 제대로 공급되지 않아 온전한 구실은 못했지만, 어쨌거나 게토 안에서 보건의료체계가 작동한 것이다. 학교시설을 유지하는 데도 관심을 쏟아 47개의 학교가 여전히 운영되었고, 그곳에서 학령기 아동의 63퍼센트가 교육을 받을 수 있었다. '문화의 집'을 세워 연극과 오케스트라를 운영하고, 여타 공연을 시도하기도 했다. 다른 게토에서는 상상도 할 수 없는 일들이었다. 그럼에도 불구하고 룸코프스키는 1942년 한 해에만 약 5만 5,000명에 달하는 어린아이와 노인을 노동 부적격자로 판정해 헤움노(Chelmno)에 있는 죽음의 절멸수용소로 보내야 했다. 그해 9월 "내게 당신 아이들을 달라(Give Me Your Children)"고 한 연설에서 그는 자기 손으로 어린아이들을 제단에 제물로 보내야 하는 상황이 오리라고는 상상도 하지 못했다고 고백했다. 그렇지만 게토의 원활한 생존을 위해서는 나치 억압자들의 요구에 응할 수밖에 없으니, 유대인들을 위해 유대인 자식들을 내놓으라고 강요했다. 그 연설은 뻔뻔하기 이를 데 없었지만, 협력의 속성이 무엇이었는지를 잘 드러내준다.

협력은 생존의 합리성을 설파하는 이성의 언어였지만, 이성을 도덕의 적으로 만든 나치의 초현실적으로 사악한 지배구조는 합리적 이성의 비합리성을 여실히 드러낸다. 우치 게토에서 저비용 고효율로 생산된 군수물자가 나치의 전쟁 수행에 기여하고, 그래서 유대인 절멸 전쟁이 더 효율적으로 이루어졌다면, 우치 게토의 유대인들을 지탱했던 생존의 합리성은 결국 제 발등을 찍은 것이 아닌가? 허영과 야망으로 가득 찬 룸코프스키의 모순된 삶은 개인의 도덕적 파탄 이상의 의미를 지닌다. 그의 삶은 도구적 이성이 합리성의 이름 아래 숨기고 있는 야만의 발톱을 극적으로 드러낸다.

　나치 통치의 잔악성은 무엇보다 희생자들을 파괴하기 전에 비인간화한다는 데서 잘 드러난다. 마지못해서라도 나치가 만든 게임의 규칙을 받아들이는 순간, 자신도 모르게 인간이기를 포기하게 되는 것이다. 그러나 그 누구도 내부자가 아닌 역사의 외부자가 되어 동시대인의 행렬을 지켜볼 수는 없다. 내부와 외부를 넘나드는 경계인의 시선으로 이 과거를 기억하는 것만이, 만족스럽지는 않지만 지금으로서는 유일한 해법이 아닌가 하는 답답함을 지우기 어렵다.

연루된 주체와 기억의 책임

한나 아렌트는 단지 독일인이라는 이유만으로 홀로코스트에 대한 책임을 묻는 '집합적 유죄(collective guilt)'라는 개념에 단호하게 반대했다. 독일인이라는 이유만으로 책임을 묻는다면 유대인으로 태어났다는 이유만으로 강제수용소로 보낸 나치의 홀로코스트와 논리적으로 다를 바 없다는 게 아렌트의 항변이었다. 어떤 사람에게 책임을 묻는다는 것은 오로지 그가 한 행위와 그에 따른 결과에 대한 책임을 묻는 것이어야 한다. 그가 한 행위와는 상관없이 그가 속한 인종이나 민족이 무엇이냐에 따라 책임을 물어서는 곤란하다. 인간 개개인의 죄의 유무는 유대인이냐 아리아인이냐는, 그가 속한 집단이 아니라 그 인간 개인이 저지른 일의 내용과 결과에 따라 판정해야 한다는 아렌트의 주장은 극히 상식적이다.

그러나 기억 전쟁에서는 '집합적 유죄'의 논리로 가해 민족 전부를 단죄하거나 피해 민족 모두에게 정당성을 부여하려는 집단 심성이 그야말로 완강하다. 독일의 전후 세대에게 홀로코스트에 대한 책임을 묻거나 일본의 전후 세대에게 일본군 '위안부'에 대한 책임을 추궁하는 일들이 자연스럽게 벌어진다. 이유는 그들이 독일인 혹은 일본인으로 태어났기 때문이다. 반대로 이스라엘이나 폴란드, 한국의 전후 세대는 참으로 떳떳하다. 희생자 민족의 일원이기 때문이다. 강의 도중 학생들한테서도 그런 태도를 발견할 때가 적지 않다. 그때마다 나는 학생들에게 한국군이 베트남에서 저지른 양민 학살에 대해 책임을 느끼는지를 묻는다. 베트남전쟁이 끝나고도 20여 년이 지나 태어난 세대이니, 까마득한 옛날 일을 책임질 수 없다고 답하는 게 당연하다. 그러면 나는 다시 묻는다. "베트남전쟁에서 벌어진 한국군의 잔학행위에 대해 자네들은 책임이 없다고 주장하면서, 왜 1945년 이후에 태어난 일본의 전후 세대에게는 그들이 태어나기도 전에 끝난 일본 제국주의의 잔학한 통치에 대한 책임을 묻는가?"

'집합적 유죄'의 논리적 함정에 빠져 전후 세대에게 책임을 물어서는 곤란하다는 데 학생들은 대부분 동의한다. 그래도 무언가 석연치 않다. 전후 세대에게 책임을 물어서는 안 된다고 해서 이들에게 과거에 대한 책임이 전혀 없다고 면죄부를 부여하기에는 어딘가 찜찜하기 때문이다. 죄를 묻기도 면죄부를 주기도 어려운 이 딜레마는 기억 전쟁의 한 축을 구성한다. 해결의 실마리는 과거에 벌어진 일에 대한 책임과 그 과거를 기억할 책임을 구분하는 데서 찾을 수 있다는 게 내 생각이다. 실존적으로 전후 세대는 과거에 벌어진 일에 대해 책임이 없다. 그러나 그 과거를 어떻게 기억할 것인가는 지금 여기의 문제이니, 전적으로 전후 세대의 책임이다. 타임머신을 타고 과거로 돌아갈 수 없다면, 기억은 전후 세대가 과거에 개입할 수 있는 거의 유일한 방법이다. 그런데 과거를 기억한다는 것은 저장된 기억을 원래 그대로 송두리째 빼내는 단순 작업이 아니다. 그것은 지배적인 사회적·문화적 코드 체계를 통해 끊임없이 재구성해야 되는 현재 진행형의 작업이다. 과거사를 끄집어내 성찰하고, 또 그 성찰의 기억을 지키고 끊임없이 재고해야 할 책임은 전후 세대에게 있는 것이다.

국경을 넘어 기억의 책임이 문제로 제기된 것은 지구화의 덕분이다. 트랜스내셔널한 기억 문화의 형성은 '내면적 지구화'라고 불리기도 한다. 동아시아 차원에서는 그보다 앞선 1980년대 초에 이미 이웃 국가가 어떠한 기억 문화를 만들고 있고 어떠한 역사 교과서로 가르치고 있는지에 대한 관심이 고조되기 시작했다. 특히 1982년 일본의 침략 사실을 축소하고 과거를 옹호하는 방향으로 일본의 교과서 검정 원칙이 수정되고, 〈대일본제국〉같이 일본의 군국주의적 과거를 미화하는 영화가 나오고, 평화헌법 개정 논의가 공공연히 발화되고, 총리가 16명의 각료를 데리고 야스쿠니 신사를 참배하는 등의 문제들이 한꺼번에 터져 나오면서 주변 국가들의 우려가 증폭되었다. 난징대학살을 우발적 사건으로 주변화하고 식민지 지배와 침략의 역사를 '미화'하는 수정주의 역사 교과서와 일본의 우경화를 추동하는 신우익의 대두 등은 파장이 커서 한국과 중국뿐 아니라 타이완, 태국, 인도네시아, 싱가포르, 베트남, 홍콩 등지에서도 정부 차원의 강력한 항의와 격렬한 반일 시위가 연일 이어졌다. 이후 동아시아 공론의 장에서는 일본의 수정주의 교과서 문제나 일본 총리의 야스쿠니 신사 참배 문제가 매년 8월이면 연례행사처럼 불거졌고, 이 소식은 한국 신문들의 1면 톱을 장식했다.

이웃의 첨예한 비판과 우려에 대해 일본 우익 역시 격렬하게 반응했다. 이들은 한 나라가 자국의 역사 교과서를 어떻게 서술할지는 그 나라가 결정할 문제이므로 주변국들이 일본의 교과서 내용을 비판하는 것은 일본에 대한 내정간섭이라고 일축했다. 일본의 우익들은 한국이나 중국이 일본의 역사 교과서나 신사 참배 문제 등을 제기하는 것 같은 내정간섭을 중단하지 않으면 전쟁이 일어날지도 모른다고 경고하기도 했다. 그것은 한편으로 동아시아 각국의 기억이 서로 참조하고 간섭하며 얽히기 시작했다는 신호였다. 그런 의미에서 1982년은 동아시아의 기억 공간이 탄생한 해였다.

사실 일본의 역사 교과서 왜곡은 이미 오래 전에 시작된 일이다. 일본 정부는 1955~1956년의 교과서 검정 지침을 통해 수정주의적 역사관을 교과서에 도입하기 시작했다. 해당 지침은 '태평양전쟁' 당시 일본에 대한 부정적인 서술은 피하고 태평양전쟁으로 아시아 각국이 서양 식민주의자들로부터 독립하기 시작했다는, 즉 일본의 침략이 아시아의 독립에 기여했다는 식으로 집필 방향을 수정할 것을 요구했다. 그 결과 난징 대학살이 일본의 교과서에서 사라지고 천황의 종전 결단이 강조되는 등 보수적인 권력 집단의 입김이 교과서 서술에 영향을 미치기 시작했다. 1962년판 중등학교 '새 사회' 교과서는 1955년판에서 사용된 '침략'이라는 용어를 '진출'로 대체했다. 이렇게 보면, 일본의 침략을 옹호하는 방향으로 1982년 개정된 역사 교과서 검정 지침이 이전 지침들보다 특별히 더 나빠졌다고 보기는 힘들다. '침략'을 '진출'로 대체한 문제도 그렇지만, 난징대학살, 731부대, 강제 징용, 3·1운동, 오키나와의 강제된 집단 자살과 관련된 문제들은 실상 1982년에 처음 불거진 것이 아니다.

교과서 서술 방향이 크게 달라지지 않았는데 1982년이 유독 시끄러웠던 이유는 동아시아 기억 공간의 형성에서 찾아야 할 것이다. 바꾸어 말하면, 일본 사회의 역사의식이 특별히 더 나빠졌다기보다는 일본의 역사의식에 대한 아시아 이웃 국가들의 감수성이 더 예민해졌던 것이다. 이전까지 일본의 국내 문제로 치부되던 일본의 수정주의 역사 교과서가

1982년 이후에는 동아시아의 문제가 된 것이다. 아시아·태평양전쟁에 대한 일본 교과서의 공식 기억이 일본 국경을 넘어 동아시아의 기억 공간에 배치되자, 과거 문제에 대해 훨씬 더 예민한 동아시아 차원의 기억의 회로를 통과해야 했던 것이다. 그것은 일본 국내에서는 경험하지 못한 새로운 차원의 트랜스내셔널한 감수성이었다.

실제로 수정주의 사관의 정수로 일컬어지는 2000년대의 《새로운 역사교과서(新しい歴史教科書)》는 많은 문제를 안고 있지만, 난징대학살이나 일본군 '위안부' 관련 서술이 1960년대 역사 교과서들보다 특별히 더 나빠졌는지는 의문이다. 1960년대 역사 교과서들이 침묵을 지키고 있는 데 비하면, 《새로운 역사교과서》는 그 같은 문제들을 적어도 언급은 하고 있기 때문이다. 완전한 부정이나 침묵보다 왜곡이 더 나쁘다고 볼 이유는 없다. 그럼에도 이전 교과서들보다 《새로운 역사교과서》가 더 여론의 뭇매를 맞은 이유는 동아시아 기억 공간의 형성과 더불어 아시아 전체 차원에서 과거를 망각하거나 왜곡하는 데 대한 비판적 감수성이 예전보다 훨씬 더 예민해졌기 때문이다. 시끄러운 게 침묵보다 낫다. 동아시아 기억 공간에서는 역사 교과서 논쟁을 비롯한 과거사 논쟁이 더 첨예하고 시끄러울수록 더 희망적이라는 역설이 성립한다. 그 소란이야말로 기억이 망각을 넘어서는 징후이기 때문이다. 그러니 지금 기억의 불일치나 차이를 걱정할 필요는 없다. 오히려 그 차이와 불협화음을 적극적으로 드러냄으로써 극복의 방법을 찾을 수 있을 것이기 때문이다.

전후 세대 중 일부는 과거를 기억할 책임을 넘어 그 과거에 '연루'되기도 한다. 예컨대 식민지인들을 강제 노동에 동원해 자본을 축적한 일본의 재벌 기업이나 동유럽인들의 노동을 착취해 부를 축적한 독일의 전범 기업들, 또는 베트남전쟁으로 '전쟁 특수'를 누리며 재벌의 반열에 오른 한국의 대기업에 취업하여 좋은 급여와 노동 조건을 누리거나 그들과의 사업적 제휴를 통해 혜택을 받는 일본·독일·한국의 전후 세대들은 본의 아니게 피 묻은 과거와 '연루'된다. 과거에 벌어진 잔학행위의 주체는 아니지만, 그 결과로 혜택을 받는 '연루된 주체'로서의 전후 세대의 문제가 제기되는 것이다. 요즘처럼 청년 실업 문제가 심각한 상황에서 재벌 기업에 취직한 이 청년들에게 과거의 범죄에 연루되지 말고 일자리를 박차고 나와야 한다고 주장한다면, 현실을 무시한 도덕주의적 강변이 되기 쉽다. 그렇다고 "그가 다니는 회사의 피 묻은 과거는 그가 입사하기 전의 일이므로 그하고는 전혀 상관없다"고 차치한다면, 이는 전후 세대가 과거에 연루되는 양상의 복잡성에 눈을 감는 것이다. '연루된 주체'로서 전후 세대의 삶은 자신들이 태어나기 전에 벌어진 식민주의 제노사이드, 홀로코스트, 인종청소, 대량 학살, 조직적 성폭력 등 반인륜적 범죄의 유산에서 자유로울 수 없다.

전후 BMW의 대주주로 등극한 콴트 가문이 좋은 예이다. 귄터 콴트(Günther Quandt)와 헤르베르트 콴트(Herbert Quandt) 부자는 제2차 세계대전 당시 동유럽 등지에서 징용된 노동자들을 헐값으로 착취하여 막대한 부를 축적했다. 전후 헤르베르트 콴트는 이렇게 번 돈을 부도 위기에 처한 자동차회사 BMW에 투자하여 회사의 파산을 막고 BMW의 대주주가 되었다. 이 이야기는 2007년 독일의 공영방송 ARD에서 콴트 일가의 사업이 성공한 비결을 속속들이 파헤친 다큐멘터리 〈콴트가의 침묵(Das Schweigen der Quandts)〉을 방영함으로써 세간에 알려지기 시작했다. 대부분의 독일인들이 자상하고 너그러운 "우리 할아버지가 결코 나치일 수 없다"고 믿었던 것처럼, 콴트 가문의 젊은 상속인들도 자기 할아버지와 아버지가 나치의 범죄행위에 편승해 큰돈을 벌었다는 사실을 받아들이기 힘들었다. 운 좋게 전범재판을 피해간 나치의 공범자였다는 주장은 더더욱 믿을 수 없었다. 이들은 〈콴트가의 침묵〉이 방영된 직후 성명을 내고, 나치 시절 콴트 가족의 행적에 대한 객관적이고 독자적인 연구를 지원하겠다고 선언했다.

콴트 재단의 의뢰를 받은 역사가 요아힘 숄티세크(Joachim Scholtyseck)가 수년의 연구 끝에 2011년 발표한 1,200쪽에 달하는 연구 결과는 "콴트 가문은 나치의 범죄와 떼려야 뗄 수 없는 관계"라는 것이었다. 충격적인 연구 결과를 접한 콴트 가문의 젊은 상속자들은 그러나 '쿨'했다. 이들은 기꺼이 거금을 쾌척하여 자신들의 할아버지와 아버지가 징용된 외국인과 노예 노동으로 내몰린 유대인을 착취해 재산을 축적한, 나치 시절의 피 묻은 과거를 기억하는 사회적 기억의 터를 만들겠다고 약속했다. 베를린 셰네바이데(Schöneweide)의 '나치 강제노동자료센터(Dokumentationszentrum NS-Zwangsarbeit)'는 그렇게 태어났다. 할아버지와 아버지가 돈을 번 페어트릭스(Pertrix) 배터리 공장 터가 그 센터의 강 건너에 있다.

사일로(silo)와 굴뚝, 쓰레기 소각시설, 시체 소각로 등을 만들던 엔지니어링 기업 '톱프와 아들들(Topf & Söhne)'의 사례도 흥미롭다. 이 회사는 나치의 강제수용소에 시체 소각로를 공급했다. 유대인 희생자들이 없으면 안 되는 사업이었다. 나치의 패배로 제2차 세계대전이 막을 내리자 사장 루트비히 톱프(Ludwig Topf)는 자살하고, 동독 정부는 회사를 국유화했다. 1990년 독일 통일 이후 국유화된 재산을 원래의 소유주에게 돌려주는 배상법이 시행되자 일가친척이 공장 부지 등 주로 부동산 반환을 요구했는데, 창업주의 손자 하트무트 톱프(Hartmut Topf)가 나서서 이들을 공개적으로 비판했다. 홀로코스트와 연루된 이득은 부도덕하다는 이

유였다. 결국 에르푸르트(Erfurt)의 공장 터는 나치의 범죄를 기억하는 홀로코스트 기억의 터로 다시 태어났다. 2011년 1월 27일 UN이 정한 '홀로코스트를 기억하는 날'에 박물관 겸 교육센터가 문을 연 것이다.

되짚어보면 BMW가 만든 고성능 자동차나 오토바이, 미쓰비시의 SUV '파제로(Pajero)'를 타는 부유한 마니아들만 피 묻은 과거에 연루된 것은 아니다. 홈플러스에서 수입해 판매하는 독일의 다국적 기업 '닥터 외트커(Dr. Oetker)'의 냉동 피자를 먹고 독일의 대중적 브랜드 '휴고 보스 (Hugo Boss, BOSS)'의 옷을 즐겨 입는 한국의 젊은이들도 나치의 추악한 과거와 연루되기는 마찬가지다. 그 자신 나치 무장친위대 대원으로 잘 알려진 외트커 박사도 그렇지만, 이런저런 나치 당조직에 군복을 납품해서 돈을 번 휴고 보스도 만만치 않다. 이들은 모두 열성적인 나치 추종자였을 뿐 아니라, 나치가 조직한 강제 노동의 수혜자였다.

대공장주나 자본가들만이 나치의 공범자였던 것은 아니다. 부유한 유대인 이웃의 집이나 고풍스러운 가구, 세련된 옷과 기타 우아한 살림살이를 욕망하고 그의 부재를 틈타 자신들의 욕망을 채운 당대의 많은 평범한 이웃도 적극적 의미에서든 소극적 의미에서든 나치의 공범자였다. 이와 관련해 한 독일인 친구가 털어놓은 이야기가 있다. 살아생전에 자기 어머니가 끔찍이도 소중히 여기던 어떤 도자기에 대한 기억이다. 어머니가 돌아가신 후에야 친구는 그 도자기가 옆집의 유대인이 강제수용소로 끌려가면서 싼값에 내놓은 물건이었다는 사실을 알았다. 어머니를 비롯한 가족 모두에게 유대인 이웃이 남기고 간 그 도자기는 이 평범한 가족이 자신들도 모르는 사이에 나치의 범죄에 연루되었음을 보여주는 힘겨운 기억의 물건이었는지도 모르겠다. 이 이야기를 해주는 내내 그 친구의 얼굴에서 곤혹스러움이 가시지 않았다. 친구의 곤혹스러움은

'연루된 주체'로서의 전후 세대가 자신이 태어나기도 전에 일어난 과거의 사건과 자신의 실존적 관계를 고민할 때 생기는 딜레마 같은 것이기도 하다. 과거에 대한 성찰적 기억은 바로 이 지점에서 시작되는 게 아닌가 한다. 그의 곤혹스러운 고민은 과거에 연루된 전후 세대의 한 사람으로서 그 비극을 기억할 책임을 어떻게 지고 나갈 것인가 하는 문제로 이어진다. 전후 세대인 그의 고민이 지나간 과거를 되돌릴 수는 없겠지만, 그 곤혹스러운 과거를 어떻게 기억해야 하며 기억의 주체로서의 그, 곧 산 자와 죽은 자의 관계는 어떻게 설정되어야 하는가에 대한 실마리를 제공해준다. 곤혹스러운 과거 앞에 당당한 사람보다 부끄러워할 줄 아는 사람이 많은 사회의 기억 문화가 더 건강한 게 아닐까?

책을 읽고 난 뒤에도 독자들 대부분은 여전히 답답할 것이다. 책 어디에도 분명한 답이 제시되어 있지 않기 때문이다. 사실 나는 답을 제시할 의도도 능력도 없었다. BMW나 미쓰비시 같은 재벌 기업만 과거의 범죄와 연루된 것이 아니라 평범한 우리네 삶도 과거와 연루되었다고 할 때, 그 과거와 '연루된 주체'의 관계는 어떻게 설정하는 것이 옳은지 나로서도 아직 막막하다. 과거의 범죄에 '연루된 주체'인 저자나 독자 모두 같이 고민하고 지혜를 모아가는 공론의 장이 열렸으면 하는 작은 바람을 안고 글을 마친다.

기억은, 산 자와 죽은 자의 대화이다.

기억 전쟁

가해자는 어떻게 희생자가 되었는가?

1판 1쇄 발행일 2019년 1월 28일
1판 6쇄 발행일 2024년 7월 8일

지은이 임지현

발행인 김학원
발행처 (주)휴머니스트출판그룹
출판등록 제313-2007-000007호(2007년 1월 5일)
주소 (03991) 서울시 마포구 동교로23길 76(연남동)
전화 02-335-4422 **팩스** 02-334-3427
저자·독자 서비스 humanist@humanistbooks.com
홈페이지 www.humanistbooks.com
유튜브 youtube.com/user/humanistma **포스트** post.naver.com/hmcv
페이스북 facebook.com/hmcv2001 **인스타그램** @humanist_insta

편집주간 황서현 **편집** 최인영 김선경 신영숙 **디자인** 김태형
조판 이희수com. **용지** 화인페이퍼 **인쇄** 청아디앤피 **제본** 민성사

ISBN 979-11-6080-204-7 03900

NAVER 문화재단 파워라이터 ON 연재는 네이버문화재단 문화콘텐츠기금에서 후원합니다.

• 이 저서는 2017년 정부(교육부)의 재원으로 한국연구재단의 지원을 받아 수행된 연구임(2017S1A6A3A01079727)